新编21世纪远程教育精品教材

• 经济与管理系列 •

国际贸易理论与政策

（第二版）

主 编 王亚星

中国人民大学出版社
· 北京 ·

作者简介

王亚星，中国人民大学商学院教授、经济学博士。主要研究领域：国际贸易政策和制度、国际商法。主要著作有：《国际贸易原理》《国际市场》《外贸体制改革方略》等。学术论文有：《试析我国技术引进的法律调整问题》《发展中国家的技术转让法律框架》《中国恢复关贸总协定缔约国地位利弊分析》等。承担过的科研课题有："中国政府采购制度研究"（国家社科基金项目）、"经济全球化下的企业国际市场分工定位与制度创新研究"（国家社科基金项目）、"抑制恶性出口竞争制度化模式的国际比较研究"（教育部人文社科研究项目）、"我国大型成套设备出口现状、发展前景及政策支持研究"（商务部机电专项资金项目）等。

本书共分十章，主要介绍了国际贸易的研究范围、研究内容，详细讲解了国际贸易的形成和发展、国际贸易理论的发展变迁、国际市场、国际货物贸易、国际服务贸易、国际贸易政策、世界贸易组织、国际反倾销和贸易保障措施等内容。本书内容既包括国际贸易最基本的概念和最基础的理论，也包括当代国际贸易的新理论和新问题；既关注国外的问题，也关注我国的问题；既有理论又有实践，内容丰富且深入浅出，适合国际贸易知识的普及，也适应国际经济贸易新形势的发展。

总　序

我们正处在教育史尤其是高等教育史上的一个重大的转型期。在全球范围内，包括在我们中华大地，以校园课堂面授为特征的工业化社会的近代学校教育体制，正在向基于校园课堂面授的学校教育与基于信息通信技术的远程教育相互补充、相互整合的现代终身教育体制发展。一次性学校教育的理念已经被持续性终身学习的理念所替代。在高等教育领域，从 1088 年欧洲创立博洛尼亚（Bologna）大学以来，21 世纪以前的各国高等教育基本是沿着精英教育的路线发展的，这也包括自 19 世纪末创办京师大学堂以来我国高等教育短短一百多年的发展史。然而，自 20 世纪下半叶起，尤其在迈进 21 世纪时，以多媒体计算机和互联网为主要标志的电子信息通信技术正在引发教育界的一场深刻的革命。高等教育正在从精英教育走向大众化、普及化教育，学校教育体系正在向终身教育体系和学习型社会转变。在我国，党的十六大明确了全面建设小康社会的目标之一就是构建学习型社会，即要构建由国民教育体系和终身教育体系共同组成的有中国特色的现代教育体系。

教育史上的这次革命性转型绝不仅仅是科学技术进步推动的。诚然，以电子信息通信技术为主要代表的现代科学技术的进步，为实现从校园课堂面授向开放远程学习、从近代学校教育体制向现代终身教育体制和学习型社会的转型提供了物质技术基础。但是，教育形态演变的深层次原因在于人类社会经济发展和社会生活变革的需求。恰在这次世纪之交，人类社会开始进入基于知识经济的信息社会。知识创新与传播及应用、人力资源开发与人才培养已经成为各国提高经济实力、综合国力和国际竞争力的关键和基础。而这些是仅仅依靠传统学校校园面授教育体制所无法满足的。此外，国际社会面临的能源、环境与生态危机，气候异常，数字鸿沟与文明冲突，对物种多样性与文化多样性的威胁等多重全球挑战，也只有依靠世界各国进一步深化教育改革与创新，促进人与自然的和谐发展才能得到解决。正因为如此，我国党和政府提出了“科教兴国”“可持续发展”“西部大开发”“缩小数字鸿沟”等基本国策。其中，对教育作为经济建设的重要战略地位和基础性、全局性、前瞻性产业的确认，对高等教育对于知识创新与传播及应用、人力资源开发与人才培养的重大意义的关注，以及对发展现代教育技术、现代远程教育和教育信息化并进而推动国民教育体系现代化，构建终身教育体系和学习型社会的决策更得到了教育界和全社会的共识。

在上述教育转型与变革时期，中国人民大学一直走在我国大学的前列。中国人民大学是一所以人文、社会科学和经济管理为主，兼有信息科学、环境科学等的综合性、研究型大学。长期以来，中国人民大学充分利用自身的教育资源优势，在办好全日制高等教育的同时，一直积极开展远程教育和继续教育。中国人民大学在我国首创函授高等教育。1952年，校长吴玉章和成仿吾创办函授教育的报告得到了刘少奇的批复，并于1953年率先招生授课，为新建的共和国培养了一大批急需的专门人才。在20世纪90年代末，中国人民大学成立了网络教育学院，成为我国首批现代远程教育试点高校之一。经过短短几年的探索和发展，中国人民大学网络教育学院创建的“网上人大”品牌，被远程教育界、媒体和社会誉为网络远程教育的“人大模式”，即“面向在职成人，利用网络学习资源和虚拟学习社区，支持分布式学习和协作学习的现代远程教育模式”。成立于1955年的中国人民大学出版社是新中国成立后最早成立的大学出版社之一，是教育部指定的全国高等学校文科教材出版中心。在过去的几年中，中国人民大学出版社与中国人民大学网络教育学院合作创作、设计、出版了国内第一套极富特色的“新编21世纪远程教育精品教材”。这些凝聚了中国人民大学、北京大学、北京师范大学等北京知名高校学者教授、教育技术专家、软件工程师、教学设计师和编辑们广博才智的精品课程系列教材，以印刷版、光盘版和网络版立体化教材的范式探索构建全新的远程学习优质教育资源，实现先进的教育教学理念与现代信息通信技术的有效结合。这些教材已经被国内其他高校和众多网络教育学院所选用。中国人民大学出版社基于“出教材学术精品，育人文社科英才”理念的努力探索及其初步成果已经得到了我国远程教育界的广泛认同，是值得肯定的。

2005年4月，我被邀请出席《中国远程教育》杂志与中国人民大学出版社联合主办的“远程教育教材的共建共享与一体化设计开发”研讨会并做主旨发言，会后受中国人民大学出版社的委托为“新编21世纪远程教育精品教材”撰写“总序”，这是我的荣幸。近几年来，我一直关注包括中国人民大学网络教育学院在内的我国高校现代远程教育试点工程。这次更有机会全面了解和近距离接触中国人民大学出版社推出的“新编21世纪远程教育精品教材”及其编创人员。我想将我在上述研讨会上发言的主旨做进一步的发挥，并概括为若干原则作为我对包括中国人民大学出版社、中国人民大学网络教育学院在内的我国网络远程教育优质教育资源建设的期待和展望：

- 新编21世纪远程教育精品教材的教学内容要更加适应大众化高等教育面对在职成人、定位在应用型人才培养上的需要。
- 新编21世纪远程教育精品教材的教学设计要更加适应地域分散、特征多样的远程学生自主学习的需要，培养适应学习型社会的终身学习者。
- 在我国网络教学环境渐趋完善之前，印刷教材及其配套教学光盘依然是远程教材的主体，是多种媒体教材的基础和纽带，其教学设计应该给予充分的重视。要在印刷教材的显要部位对课程教学目标和要求做明确、具体、可操作的陈述，要清晰地指导远程学生如何利用多种媒体教材进行自主学习和协作学习。
- 应组织相关人员对多种媒体的远程教材进行一体化设计和开发，要注重发挥多种媒体教材各自独特的教学功能，实现优势互补。要特别注重对学生学习活动、教学交互、学习评价及其反馈的设计和实现。
- 要将对多种媒体远程教材的创作纳入对整个远程教育课程教学系统的一体化设计和

开发中，以便使优质的教材资源在优化的教学系统、平台和环境中，在有效的教学模式、学习策略和学习支助服务的支撑下获得最佳的学习成效。

● 要充分发挥现代远程教育工程试点高校各自的学科资源优势，积极探索网络远程教育优质教材资源共建共享的机制和途径。

中华人民共和国教育部远程教育专家顾问
丁兴富

第二版前言

国际贸易学是研究国家之间商品交换的一个应用性经济学科，揭示了各国间的贸易规律及特点。从一国角度讲，贸易包括国内贸易和对外贸易两大类，其中对外贸易就是与他国进行的商品交换，即国与国之间形成的贸易。尽管两类贸易存在许多相似之处，但也存在许多根本性的不同。从世界范围看，这种国与国之间的贸易就是国际贸易，涉及互通有无、资源配置、交换利益等诸多关系，构成了国际经济最基本和最重要的组成部分。因此，国际贸易存在其自身规律和特点，需要我们学习和掌握。

本书共分十章，既包括国际贸易最基本的概念和最基础的理论，也包括当代国际贸易的新理论和新问题；既关注国外的问题，也关注我国的问题；既有理论又有实践，内容丰富且深入浅出，适合国际贸易知识的普及，也适应国际经济贸易新形势的发展。

本次修订，在教材当中加入了对新新贸易理论的介绍，并更新了部分数据和案例，为读者提供更加全面详实的国际贸易理论内容。

本书提纲由中国人民大学商学院博士生导师王亚星教授根据其为中国人民大学网络教育学院主讲的“国际贸易理论”课程内容而设计，具体编写人员包括陈泽鹏、范广慧、杨振华、樊瑞华、胡航、陈成云、刘涛、沈国玲、马东、王媛。本次修订由王亚星教授及其学生共同完成，具体包括硕士研究生何佳奇、黄晨慧、李斯琦、黄贺、马晓楠，博士研究生李峰、毕一博、高山。

本书的编写得到了中国人民大学网络教育学院和中国人民大学出版社的大力支持和帮助，在此一并表示衷心的感谢。由于我们的水平有限，错误和疏漏在所难免，望广大读者批评指正。

主编

目录

CONTENTS

第一章

导　论

【学习导航】

⊙ 掌握国际贸易的概念，明确国际贸易的研究对象、范围和方法。

⊙ 了解国际贸易根据不同标准的分类及意义。

⊙ 认识国际贸易在促进经济发展和维护世界和平中所起的作用。

第一节　国际贸易的研究范围

一、国际贸易的研究方法

国际贸易是世界各国经济在国际分工的基础上相互联系、相互依赖的主要形式。世界经济贸易是不断发展变化的，第二次世界大战后，随着科学技术的进步和世界生产力的提高，各国间的经济联系更加密切，经济生活国际化趋势不断加强，国际贸易的重要性日益显现。

小词典

国际贸易亦称世界贸易，泛指国际商品交换。所交换的商品包括货物、服务和知识产权。它是世界各国对外贸易的总和。对外贸易亦称进出口贸易，是指一个国家或地区与另一国家或地区之间的商品和劳务的交换。从一个国家的角度来看的对外贸易，从国际范围来看就是国际贸易。

从商品交换的角度来看，国际贸易与国内贸易都是以营利为目的的。但与国内贸易相比，国际交换的完成相当复杂，交换能否完成取决于多种因素，而诸多的因素来源于“国际”。

在国际贸易中，国际有以下两层含义：

一是指不同国家的人之间的交换关系，这是研究国际交换本身的问题，包括品质、数量、包装、价格、装运、支付等具体问题，即国际贸易实务方面的内容。其交换遵循的是约束人的行为的国际规则和国际惯例，如《联合国国际货物销售合同公约》《国际贸易术语解释通则》《跟单信用证统一惯例》等。

超链接

http://www.mofcom.gov.cn/aarticle/zhongyts/ci/200207/20020700032134.html《联合国国际货物销售合同公约》

http://www.tradelawchina.com/maoyishuyu/HTML/152.html《国际贸易术语解释通则（2010）》

http://www.tradelawchina.com/falvfagui/HTML/142.html《跟单信用证统一惯例》

二是指国与国之间的贸易关系，包括国际贸易理论，各国的对外贸易政策，对外贸易体制，签订的对外贸易条约、协定等，这一点是国际贸易与国内贸易最大的不同。

首先，国际贸易由各国的对外贸易组成，而各国的对外贸易都是由各国管制的（即管理和控制）。严格地说，任何一项国际交换都必须经过国家的批准或认可，否则不能发生。失去或者逃避国家管制的国际交换即为走私。各国的对外贸易体制包括进出口许可证、配额、反补贴、反倾销等管理制度，以此对国家的对外贸易进行管理和控制。管理和控制意味着维持进出口秩序。当然，贸易保护也体现在其中。

其次，国际贸易是世界经济的一部分，关系着各国的利益，是一种利益平衡关系。任何一种商品的出口在国际市场上都存在一定的份额比例，需要有秩序的增长。这种份额的比例关系轻易不能被打破，否则将产生国家间的贸易纠纷。

但是，由于各国贸易体制的建立都是出于自身利益的考虑，因此会造成各国之间为保护自身利益而形成贸易壁垒，从而产生贸易摩擦，甚至是贸易战。为此，为了解决各国的贸易利益平衡，促进国际贸易的发展，在各国的共同主张和协商下建立了国际贸易体制，即 WTO。

提示音

根据“国际”的两层含义，我们将国际贸易的内容分成两个部分来研究。第一部分是国际贸易实务部分，将在另外的课程中讲授；第二部分是国际贸易的理论、政策和制度方面的内容，是本课程讲授的内容。

国际贸易作为经济学的一个分支，它的研究要遵循以下一些研究方法。

（一）宏观分析与微观分析相统一的方法

在当代西方经济学中，按研究对象的不同，可将其划分为微观经济学与宏观经济学两个部分。微观经济学以单个经济单位为研究对象，研究单个经济单位进行资源配置的问题，如价格理论、生产理论、消费理论。宏观经济学以整个国民经济活动为考察对象，研究经济中各有关总量的决定及变化。

国际贸易活动从一国来看就是对外贸易活动。对外贸易作为整个国民经济的一个组成部分，它也有宏观和微观两个层次的活动。这就要求我们在分析国际贸易活动（关系）时，一方面要从宏观经济的角度出发，重点研究一国应采用怎样的政策手段和发展战略去调整本国的对外贸易关系，从而促进本国经济的发展；同时也要对本国与他国的贸易协调进行分析，从而为企业从事外贸活动提供宏观经贸理论知识和指导。另一方面，要重视对微观贸易活动内容的分析，如对价格决定问题的研究，对政策运用给生产者、消费者造成影响的研究等。

（二）实证研究与规范研究相统一的方法

规范研究方法是以一定的价值判断为基础，提出某些标准作为分析处理国际贸易的标准，作为制定行为准则的依据，并研究如何才能符合这些标准。规范研究有很强的政策倾向。实证研究方法则排斥价值判断，通过一系列定义、假说来探索国际贸易活动中的规律，提出用于解释经济活动的理论。实证研究具有很强的“纯理论”色彩。

国际贸易学中坚持实证研究与规范研究相统一的方法，是本学科特点的要求，即国际贸易学是理论与政策紧密相连的一门学科。不论是从历史上看，还是从目前来看，人们在提出一种贸易政策时，总是指出其理论根据，而在阐述某一理论时，也总是指出其政策意义。有人认为，马歇尔以前的国际贸易理论是一种“纯理论”，因而具有实证研究的特色。而当代的国际贸易研究者中，不少人将自己的研究称为“政策探讨”，偏重于政策分析和评价，似乎具有较强的规范研究特色。但事实上，人们是很难将实证研究与规范研究完全区分开的。例如，李嘉图的比较成本说，一方面在做出各种假设后，客观地阐述了国际贸易的基础和过程，属于实证研究之列；另一方面，也可以说，他是在论述自由贸易的好处，为当时英国的自由贸易政策提供理论依据，从而又有规范研究的色彩。

（三）定量分析和定性分析相统一的方法

定量分析侧重于对数量关系的变化进行考察，它是指将数学上的一些基本概念、算法准则和推演公理运用到国际贸易学的研究中。定性分析则旨在揭示事物和过程的质及结构性的联系。

这里需要特别指出，在国际贸易学的研究中，要十分重视定量分析方法。这是因为，国际贸易学中的许多理论的阐述要运用经济学的基本概念及结论，而这些经济学知识往往是用数学方法给出的，或者是借用几何图形来描述的。例如，马歇尔对相互需求论的精确分析；用生产可能性曲线对贸易条件的分析；用消费无差异曲线与生产可能性曲线对贸易利益的分析；关税的经济分析以及经济发展对国际贸易的影响分析。因此，离开定量分析是很难全面而准确地阐述国际贸易理论的，也很难让人们理解和掌握这些理论。

（四）静态分析与动态分析相统一的方法

静态分析有两点要求：一是在研究某一因素对过程的影响时，假定其他变量固定不变；二是在阐述某一贸易理论时，要注意理论产生的特定历史条件，注意其在特定社会经济条件下的进步意义，即要研究不同历史断面下的贸易活动（关系）及理论。

动态分析的要求也有两点：一是要对事物变化的过程进行分析，即要对国际贸易理论的形成和发展进行阐述，不但要说明不同历史阶段上其对应贸易理论的进步性，还要说明其理论的局限性及新理论产生的必然性，要对不同阶段的理论加以比较分析；二是要对变动中的各个变量对过程的影响加以分析。

（五）历史与逻辑相统一的方法

国际贸易学在本质上是一门历史性的科学。因此，在研究国际贸易活动及由此产生的各种经济关系时，要十分重视对历史材料和现实材料的收集，注意回答国际贸易活动不断出现的新问题；在分析和介绍有关理论时，要注意将其放在当时的历史环境条件下去进行；在局部、具体内容的研究上，以历史的先后为序。但作为一门独立的学科，国际贸易学显然不同于经济发展史，它不能把史料作为研究对象。历史与逻辑相统一的方法就是要把国际贸易理论的研究与发展着的国际贸易历史辩证地结合起来，要从史料中、从国际贸易活动的现象中，抽象出概念，阐述其中的规律性。在理论内容的研究上要以逻辑的先后为序。

二、国际贸易的研究范围

国际贸易的研究范围大体上包括国家的对外贸易管理和国际贸易体制两方面。

（一）国家的对外贸易管理

对外贸易是国家经济的一部分，并不是漫无目的地自然发展的，需要对其进行管理与控制，使其符合国家总体经济发展的需要。在这一过程中，国家直接参与了国际贸易，用以保护国家的对外贸易利益。

1. 制定对外贸易政策，确定外贸发展方向

发展中国家的对外贸易战略，是发展中国家经济发展方式的重要组成部分，也是对外贸易政策的具体体现。第二次世界大战后，发展中国家采用的发展战略主要有以下两种：

想一想　发展中国家为什么要采取某种对外贸易战略来促进经济发展，而不实行完全的放任自流政策？

（1）进口替代的发展战略。

这种发展战略的主要特点是通过扩大初级产品的出口促进经济的发展。这是发展中国家在经济发展初期不得不采取的一种贸易形式。这种形式的主要特点是以国内产品来代替主要的进口产品，有意识地努力促进国内工业的成长与扩大。其目的是要通过限制工业制成品进口，扶植新建的本国工业、减少外汇支出和改善国际收支。执行进口替代政策的结果对发展中国家的经济发展具有促进作用。消费品工业和冶金、机器制造、化学工业等都有所发展，在不同程度上实现了工业品的自给，减少了外汇支出，培养出了一批技术和管理人才，为本国工人提供了更多的就业机会并增加了收入，还有利于引进外国资本与技术。但是，这种贸易形式也带来一些严重的问题。在保护政策下建立起来的工业往往成本高、效率低，资源分配也不够合理；保护措施还会使出口工业因竞争力弱或汇价不利而受到打击，影响工业的发展。因此，在 20 世纪 60 年代中期以后，许多发展中国家转向出口替代的贸易形式。

（2）出口导向的发展战略。

所谓出口导向就是以非传统的出口商品（加工的初级产品、半制成品和制成品）代替传

统初级产品的出口。出口导向产品开始时多集中在劳动密集型的产品上。采用出口导向贸易形式的发展中国家和地区，需要具备一定的条件和基础，主要包括政治上的稳定，有效率的组织机构，正确的经济政策，接近出口市场，有保障的技术、管理人才和劳动力供应等。从执行结果来看，一些发展中国家和地区采用出口导向贸易形式促进了经济的发展，经济发展水平迅速地提高，特别是制造业发展迅速，经济结构由单一经济向多样化、现代化发展，农业和对外贸易的发展速度也比较快，外汇储备增多，外债偿还能力也相对提高。

但是执行出口导向贸易形式的发展中国家和地区的经济发展，是在严重依赖国际市场和外国资本，以及加重对本国劳动人民的剥削的基础上实现的，存在许多的问题和困难。这些国家发展起来的工业多是面向出口的工业，严重依赖国际市场，出口市场集中，大部分原料、燃料都依靠进口，因而发达国家的经济波动对这些国家的影响很大。同时，发展中国家和地区发展经济所需的资金与技术也严重依赖发达国家，受到发达国家特别是跨国公司的控制。所有这些都给发展中国家和地区的经济发展带来了不利的影响。

对外贸易政策是各国在一定时期内对进口贸易和出口贸易所实行的政策。各国制定对外贸易政策的目的在于：保护本国市场、扩大本国产品的出口市场、促进本国产业结构的改变、积累资本或资金、提高对外贸易的能力以及维护本国对外的经济、政治关系。自对外贸易产生和发展以来，基本上有两种类型的对外贸易政策，即自由贸易政策和保护贸易政策。自由贸易政策的主要内容是：国家对国际贸易活动采取不干预或少干预的基本立场，取消对进出口贸易的限制和障碍，取消对本国进出口商的各种特权和优惠，关税税率逐步降低，纳税商品项目减少，税法简化，使商品自由进出，在国内外市场上自由竞争。保护贸易政策的主要内容是：国家对国际贸易活动采取干预和管制的基本立场，国家采取各种限制进口的措施，以保护本国的工业和市场免受外国商品的冲击，并采取各种政策手段，对本国的出口商品给予津贴和优惠，鼓励出口，以刺激本国工业的迅速发展。

2. 建立对外贸易的各项管理制度，进行外贸的管理与控制

各国通过统计一定时期内一国出口总额和进口总额之间的差额，有针对性地采取对外贸易管理制度中的各项措施，对外贸进行管理和控制。

小词典

贸易差额是指一定时期内一国出口总额和进口总额之间的差额，用以表明一国对外贸易的收支状况。当出口总额超过进口总额时，称为贸易顺差，我国也称为入超；当进口总额超过出口总额时，称为贸易逆差，我国也称为出超。通常贸易顺差以正数表示，贸易逆差以负数表示。如果进口总额和出口总额相等，则称为贸易平衡。

一国的进出口贸易收支是其国际收支中经常项目最重要的组成部分，故贸易差额状况对一国的国际收支有重大的影响。

对外贸易政策主要是通过关税制度、非关税壁垒等来体现和实施的。

关税是进出口商品经过一国关境时，由海关代表国家向进出口商征收的一种赋税。关税是最重要的对外贸易政策措施之一。关税的种类很多，主要包括以下几种：

(1) 进口税。

进口税是一个国家的海关在国外商品输入时对本国进口商征收的一种正常税，又称进

口正税。它通常是在国外商品进入关境或国境时征收，或是在国外商品由自由港、自由贸易区或海关保税仓库提出运往国内市场时由海关征收。进口税是关税中最重要的税种，也是保护关税的主要手段。一国通过征收高额进口税，可以提高进口商品的成本从而削弱其竞争能力，起到保护国内生产和国内市场的作用。它还是在贸易谈判中迫使对方妥协让步的重要手段。我们通常所说的关税壁垒就是指高额进口税。但是，保税仓库一般暂不缴纳进口税，如以后投入国内市场再行纳税；如以后再复出口，则不纳税。

（2）出口税。

出口税是指一国海关在本国商品输往国外时对出口商征收的关税。征收出口税必然会抬高本国商品的成本和在国外市场上的销售价格，降低其竞争能力，不利于扩大出口。因此发达国家现在一般不征收出口税，发展中国家也有减少的趋势，只有在为了增加财政收入，或者为了保护本国资源，保证本国生产需要和本国市场供应时，才适当地征收出口税。

（3）过境税。

过境税是一国向通过其关境的外国商品所征收的关税，又称通过税。为了鼓励外国商品过境以增加本国有关行业的收益和财政收入，第二次世界大战后大多数发达国家已不再征收过境税，仅在外国商品通过其领土时征收少量的准许费、印花费、签证费和统计费等。

（4）进口附加税。

进口附加税是指发达国家对进口的商品除征收正税（进口税）外，还往往根据某种目的再加征一种附加关税，又称特别关税。进口附加税通常是一种限制进口的临时性措施。征收这种关税的目的主要是：对付国际收支危机，维持进出口平衡；防止外国商品倾销；对某国实行歧视或报复政策等。

（5）差价税。

差价税又称差额税，这是当本国生产的某种产品的国内价格高于进口的同类商品的价格时，按国内价格与进口价格间的差额征收的一种关税。其目的是削弱进口商品的竞争能力，保护国内生产和国内市场。差价税是随着商品的国内外价格差额的变动而变动的，因此它是一种滑动关税。对于征收差额税的商品，有的规定按价格差额征税；有的规定在征收正常关税以外另行征税，这种差额税实际上属于进口附加税。

（6）特惠税。

特惠税又称优惠税，它是对来自特定的国家和地区的全部进口商品或部分进口商品给予特别优惠的低关税或免税待遇。其他国家和地区不得根据最惠国待遇原则要求享受这种优惠待遇。

（7）普遍优惠制。

普遍优惠制简称普惠制，它是发达国家对于从发展中国家或地区进口的商品，尤其是制成品和半制成品，普遍给予优惠关税待遇的一种制度。普惠制有三个原则，即普遍的原则（指发达国家应对所有发展中国家出口的制成品和半制成品给予普遍的优惠待遇）、非歧视的原则（指应使所有发展中国家都不受歧视、无例外地享受普惠制待遇）、非互惠的原则（指发达国家应单方面给予发展中国家关税优惠，而不要求发展中国家或地区提供反向优惠）。

非关税壁垒是指除关税以外的一切限制进口的措施，可分为两大类：一类是直接的非关税壁垒措施，指进口国直接对进口商品的数量或金额加以限制，或迫使出口国直接限制商品出口，如进口配额制、"自动"出口限制等；另一类是间接的非关税壁垒措施，指进口国对进口商品制定严格的条例和标准，间接地限制商品进口，如进口押金制、苛刻的技术标准和卫生检疫规定等。非关税壁垒有以下主要措施：

（1）进口配额制。

进口配额制又称进口限额，是指一国政府在一定时期内，对于某些商品的进口数量或金额加以直接的限制。配额以内的货物可以进口，超过规定额度不准进口，或征收高额关税或罚款。它是发达国家对商品进口数量进行限制的重要手段。

进口配额制有两种形式：一种是绝对配额，它是指对某种商品在一定时期内的进口规定一个最高额度的数量或金额，超过后就不准进口；另一种是关税配额，是指不限制商品进口的绝对数额，而对在一定时期内规定配额的进口商品给予低税、减税或免税待遇，对超过配额的进口商品则征收较高的关税、附加税或罚款，这实际上限制或禁止了超过配额以外的商品进口。

（2）"自动"出口配额制。

"自动"出口配额制又称"自动"限制出口，是指出口国家或地区在进口国的要求或压力下，自动规定一定时期（一般为三年）内某些商品向该进口国的出口量，在限定的配额内自行控制出口，超过配额即禁止出口。

"自动"限制出口有两种形式：一种是由出口国单方面自行规定出口的限额，可以由政府规定配额或者本国厂商按照政策"自动"限制出口；另一种是由出口国与进口国双方通过谈判规定"自动"出口限额。

（3）进口许可证制。

进口许可证制是指商品进口必须事先领取许可证，否则一律不准进口。进口许可证必须注明有效期与进口商品名称、来源、数量及金额等。

按进口许可证与进口配额的关系，许可证分为有定额的许可证和无定额的许可证。有定额的许可证是指有关机构预先规定有关商品的进口配额，然后在规定配额的限度内，根据进口商的申请，对于每一笔进口货发给一定数量的进口许可证。无定额的许可证是指在没有规定配额的情况下，对申请者个别发放某种商品的进口许可证。这种许可证是在个别考虑的基础上进行的，没有公开的标准，因而给正常贸易造成了更大的困难，具有更强的限制进口的作用。

（4）外汇管制。

外汇管制是指一国政府通过法令对国际结算和外汇买卖进行管制，以实现国际收支平衡和本国货币汇率稳定的一种制度。

按外汇管制要求，出口商必须把出口所得的外汇收入按官方汇率卖给外汇管制机关，进口商进口商品需要外汇时也必须在外汇管制机关按官方汇率申请购买外汇。本国货币出入境也要受到严格的限制。实行外汇管制的目的在于通过集中使用外汇控制商品进口的数量、种类和国别。

（5）进口押金制度。

进口押金制度又称进口存款制，指进口商在办理进口时，必须预先按进口金额的一定比率和规定的时间，在指定的银行无息存放一笔现金，这样就增加了进口商的资金负担，从而起到了限制进口的作用。

（6）海关估价制度。

海关估价制度是指发达国家通过海关高估进口商品的价格，有意提高进口商品的关税负担，阻碍商品的进口。

（7）进口和出口的国家垄断。

进口和出口的国家垄断是指在发达国家的对外贸易中，对某些商品或全部商品的进出口规定由国家直接经营，或者把商品的进口或出口的垄断权给予某个垄断组织。这种国家垄断主要集中在烟酒、农产品和武器三类商品上。

（8）歧视性的政府采购政策。

歧视性的政府采购政策是指国家通过法令和政策规定政府机构在采购商品时必须优先购买本国商品，从而使进口商受到歧视，限制了进口商品的出售。这种歧视性政策有时还延伸到与对外贸易有关的海运、承包工程等方面。

（9）征收各种国内税。

征收各种国内税是指国家利用国内课税制，对进口商品和国产商品实行不同的征收方法和不同的税率，从而增加进口商品的纳税负担，削弱其竞争能力，达到抵制和限制进口的目的。这是一种比关税更灵活、更易于伪装的贸易政策手段。国内税通常不受贸易条约或多边协定的限制，国内税的制定和执行属于本国政府机构，有时是地方政权机构的权限。

（10）最低限价和禁止进口。

最低限价是指一国政府规定某种进口商品的最低价格，当进口商品的价格低于规定的最低价格时，则加征进口附加税或禁止进口。

当限制进口已不足以解救国内市场所受的冲击时，便直接颁布法令禁止某些商品的进口。

（11）采取苛刻繁多的技术标准、卫生检疫规定以及商品包装和标签规定。

剪贴板

发达国家往往打着维护生产安全和消费者健康的幌子，制定种种极其繁杂而又经常变化的规定，使国外产品难以适应，从而起到限制国外产品进口和销售的作用。

3. 签订对外贸易条约与协定，安排同其他国家的贸易交往

贸易条约和协定是两个或两个以上的主权国家为确定彼此的经济关系，特别是贸易关系方面的权利和义务而缔结的书面协议。如果两个国家间没有签订贸易条约或协定，则不能有直接的贸易交往。

贸易条约和协定按照缔约国的多少，可分为双边贸易条约和协定与多边贸易条约和协定。前者是两个主权国家之间所缔结的贸易条约和协定，后者是两个以上主权国家共同缔结的贸易条约和协定。这些贸易条约和协定一般都反映了缔约国对外政策和对外贸易政策的要求，并为缔约国实现其对外政策和对外贸易政策的目的服务。

作为对外贸易政策措施之一的贸易条约和协定，同关税、非关税等对外贸易的措施相比较，有其不同之处。许多关税和非关税措施是由主权国家的政府以立法或行政措施来实现的，因而属于国内法范畴。而贸易条约和协定必须由两个或两个以上的主权国家进行协商达成协议，所以，它受到国际法规范的约束。但是，贸易条约和协定与其他对外贸易措施之间又有着密切关系和相互配合的作用。这些国内立法和行政措施往往是一个国家政府

与其他国家政府进行贸易条约和协定谈判的基础。当一个国家的立法或行政措施同其他国家的立法和行政措施发生利益上的冲突时，就必须通过双边或多边谈判，采取协议的方式来进行解决。当一个国家立法和行政措施的某些规定转变为贸易条约和协定的条款或规定时，缔约国一方的政府就应承担贸易条约和协定的义务。

贸易条约和协定是国际条约和协定的一种。但贸易条约和协定同其他政治性的国际条约和协定相比又有其一定的特殊性。从其内容上看，贸易条约和协定主要是确定缔约国之间的经济和贸易关系。从国际法角度上看，贸易条约和协定往往遵守某些国际法通用的法律条款，如最惠国待遇条款和国民待遇条款等。从国际惯例上看，贸易条约和协定既可在建立正式外交关系的国家之间签订，也可在没有建立正式外交关系的国家之间签订；既可在不同国家的政府间签订，也可在不同国家的政府与民间团体之间或双方的民间团体之间签订。但政治性的国际条约和协定一般只能在建立正式外交关系后由有关国家的政府签订。现仅就贸易条约和协定的内容结构及所适用的主要法律待遇条款，简单介绍如下：

（1）贸易条约和协定的内容结构。

贸易条约和协定一般由序言、正文和结尾三个部分组成。序言通常载明缔约双方发展经济贸易关系的愿望及缔结条约或协定所遵守的原则。贸易条约和协定的正文是贸易条约和协定的主要组成部分，它是有关缔约各方权利、义务的具体规定。不同种类的贸易条约和协定，其正文所包括的条款和内容有所不同。贸易条约和协定的结尾包括条约和协定的生效、有效期、延长或废止的程序、份数、文字等内容，还有签订条约和协定的地点及双方代表的签名。缔结条约和协定的地点对于需要经过批准的条约和协定有着特别的意义，如果条约是在一方首都签订的，按惯例，批准书就应在对方国家的首都交换。贸易条约和协定一般以缔约各方的文字写成，并且规定两种文本具有同等的效力。

（2）贸易条约和协定中所适用的主要法律待遇条款。

在贸易条约和协定中，通常所适用的法律待遇条款是最惠国待遇条款和国民待遇条款。

1）最惠国待遇条款。

小词典

最惠国待遇条款是贸易条约和协定的一项重要条款。它的基本含义是：缔约国一方现在和将来所给予任何第三国的一切特权、优惠及豁免也同样给予缔约对方。最惠国待遇的基本要求是使缔约一方在缔约另一方享有不低于任何第三国享有的待遇。换言之，即要求一切外国人或外国企业处于同等地位，享有同样的待遇，不给予歧视待遇。

最惠国待遇分为无条件的最惠国待遇和有条件的最惠国待遇两种。无条件的最惠国待遇是指缔约国一方现在和将来给予任何第三国的一切优惠待遇，立即地、无条件地、自动地适用于对方；有条件的最惠国待遇是指如果一方给予第三国的优惠是有条件的，则另一方必须提供同样的补偿，才能享受这种优惠待遇。

最惠国待遇条款可以适用于缔约国经济贸易关系的各个方面，也可以只在贸易关系中某几个具体问题上适用。在签订贸易条约和协定时，缔约双方往往对最惠国待遇的范围加以列举。在列举范围以内的事项适用最惠国待遇条款，在列举范围以外的，则不适用最惠国待遇条款。最惠国待遇条款的适用范围很广，通常包括以下几个方面：有关进口、出口、过境商品的关税及其他各种捐税；有关商品进口、出口、过境、存仓和转船方面的海关规则、手续和费用；进、出口许可证的发给和行政手续；船舶驶入、驶出和停泊时的各种税收、费用和手续；关于移民、投资、商标、专利及铁路运输方面的待遇。在具体签订贸易条约和协定时，缔约双方可以根据两国的关系和发展贸易的需要，在最惠国待遇条款中具体确定其适用的范围。

在贸易条约和协定中，一般都规定有适用最惠国待遇的限制或例外条款。最惠国待遇条款适用的限制是指将适用范围限制于若干具体的经济和贸易方面。例如，在关税上的最惠国待遇只限于某些商品，或最惠国条款只包括缔约国的某些地区等。最惠国待遇适用的限制可分为直接限制和间接限制两种。直接限制是指在贸易条约或协定中明确规定最惠国待遇适用范围的限制，通常从商品范围上、地区上和商品来源上等加以限制。间接限制是指未在条约或协定中明确规定，而采用其他办法（如将税则精细分类等）以达到限制缔约国的某些商品适用最惠国待遇的范围。

最惠国待遇条款适用的例外是指某些具体的经济和贸易事项不适用于最惠国待遇。在现代的贸易条约和协定中最常见的最惠国待遇的例外有以下几种：第一，边境贸易。一些国家往往把边界两边 15 千米以内的小额贸易在关税、海关通关手续上给予减免等优待，不适用于任何缔结有最惠国待遇条款国家的正式贸易关系。第二，关税同盟。已经结成关税同盟的成员国之间，在关税上的免税待遇，应作为最惠国待遇的例外。第三，国内法令和规章中的某些规定。即一国为了维护社会秩序、国家安全、人民保健，防止动植物病害、衰退、死亡等而制定的法令和规章。在执行的过程中缔约国双方有权对这类商品的输入或输出加以限制或禁止，这种行为不应作为对最惠国待遇的违背。第四，沿海贸易和内河航行。在航行问题上，对于缔约国一方在沿海贸易和内河航行方面给予他国的优惠视为例外。第五，多边国际条约或协定承担的义务。缔约国一方参加其他多边国际条约或协定而履行其所承担的义务如触及最惠国待遇利益者，应视为例外。第六，区域性特惠条款。即若干特定的国家之间通过条约或协定相互给予的优惠待遇，应作为最惠国待遇的例外。第七，其他例外。

剪贴板

沿海捕鱼、武器进口、金银外币的输出入和文物、贵重艺术品的出口限制和禁止等，常作为例外。

2）国民待遇条款。

小词典

国民待遇条款是法律待遇条款之一。它的基本含义是指缔约国一方保证缔约国另一方的公民、企业和船舶在本国境内享受与本国公民、企业和船舶同等的待遇。

国民待遇条款一般适用于外国公民或企业经济权利，如外国产品所应缴纳的国内捐税，利用铁路运输和转口过境的条件，船舶在港口的待遇，商标注册、著作权及发明专利权的保护等。但是，国民待遇条款的适用是有一定的范围的，并不是将本国公民或企业所享有的一切权利都包括在内。例如，沿海航行权、领海捕鱼权、购买土地权等，通常都不包括在国民待遇条款的范围之内，这些权利一般都不给予外国侨民或企业，只准本国公民和企业享有。

（二）国际贸易体制

世界贸易组织（WTO）简称世贸组织。它是根据乌拉圭回合多边贸易谈判达成的《建立世界贸易组织协定》于 1995 年 1 月 1 日建立的，并按照乌拉圭回合多边贸易谈判达成的最后文件所形成的一整套协定和协议的条款作为国际法律规则，对各成员之间经济贸易关系的权利与义务进行监督、管理的正式国际经济组织。

世界贸易组织是在原关税与贸易总协定（GATT）的基础上，取代关税与贸易总协定而建立起来的。可以说世界贸易组织起源于关税与贸易总协定，要深入了解世界贸易组织，必须先了解关税与贸易总协定。

1. 国际贸易组织的酝酿和关税与贸易总协定的形成

第二次世界大战结束以后，国际经济关系面临混乱局面，亟待建立新的国际经济秩序。经过各国努力，重建国际经济秩序有所进展：在金融方面成立了国际货币基金组织（IMF），重建国际货币制度，以维持汇率的稳定和国际收支的平衡；在投资方面建立国际复兴开发银行（通称世界银行，IBRD），以鼓励对外投资，通过筹措资金来促进第二次世界大战后经济的复苏与发展；在贸易方面拟建立国际贸易组织（ITO），以扭转日益盛行的贸易保护主义和歧视性贸易政策，促进国际贸易的发展。

超链接

http://www.people.com.cn/GB/jinji/20020929/834267.html 国际货币基金组织简介

http://tv.people.com.cn/GB/14645/9062977.html 二十国峰会背景：国际货币基金组织及世界银行简介

在上述三个方面，国际货币基金组织和国际复兴开发银行的建立比较顺利，而国际贸易组织的建立却经历了复杂的过程。

第二次世界大战后初期，美国在经济上处于领先地位，为了在世界经济、政治领域中建立霸权地位，美国从国际金融、投资和贸易等各个领域进行对外扩张。在贸易方面，美国提出了"贸易自由化"口号，首先倡议建立一个制约和减少国际贸易限制的多边公约。该方案被称为"扩大世界贸易与就业方案"，用以确定国际贸易所有方面的规则，并拟定建立国际贸易组织。在这个方案中，提出了建立新的国际贸易体系的一系列基本原则，包括削减关税、消除贸易壁垒、取消数量限制和外汇管制、解散导致贸易歧视待遇的经济贸易集团、在最惠国待遇和国民待遇的基础上建立多边自由化贸易体系等。1946 年 2 月美国在此基础上正式拟定了《国际贸易组织宪章草案》。同月，联合国经济及社会理事会接受并通过了美国提出的关于召开世界贸易与就业会议的建议，并成立了筹备委员会。

1946 年 10 月，在伦敦召开了世界贸易与就业会议的第一次筹备会议，会议讨论了由美国提出的《国际贸易组织宪章草案》，但该草案未被与会国接受，因而决定成立一个宪章起草委员会，负责起草国际贸易组织宪章。1947 年 4 月 23 日在日内瓦召开了包括美国、英国、法国、中国、印度等 23 国参加的世界贸易与就业会议第二次筹备会议，谈判由起草委员会草拟的《国际贸易组织日内瓦宪章草案》，最后通过了该草案。这次会议持续到同年 10 月，23 个与会国还举行了关税与贸易总协定的第一次谈判（第一回合谈判）。由于宪章须经与会各国政府批准才得以生效，因此在这次会议上，与会国将第一回合谈判的协议连同《国际贸易组织宪章》中有关贸易政策的部分构成了一份单独的协定，即今天的《关税与贸易总协定》，以便在《国际贸易组织宪章》尚未生效的情况下临时适用。

1947 年 10 月，在古巴哈瓦那举行的联合国贸易与就业会议上审议并通过了《国际贸易组织宪章》，即所谓的《哈瓦那宪章》，送交各国政府批准，因包括美国在内的一些国家的国会认为该宪章与国内立法内容有悖，未予批准，致使成立国际贸易组织的设想未能实现，而上述临时适用的《关税与贸易总协定》却在 1947 年 10 月 30 日经有关国家签字，并于 1948 年 1 月 1 日起生效。当时签字国有 23 个，它们是：美国、英国、法国、中国、澳大利亚、比利时、巴西、加拿大、缅甸、锡兰（现斯里兰卡）、智利、捷克斯洛伐克、古巴、印度、黎巴嫩、卢森堡、荷兰、新西兰、挪威、巴基斯坦、南罗得西亚（现津巴布韦）、叙利亚、南非，这些国家后来被称为创始缔约国。

超链接

https://www.wto.org/english/docs_e/gattdocs_e.htm《关税与贸易总协定》

后来，由于种种原因，《国际贸易组织宪章》未获通过，国际贸易组织也未能建立。《关税与贸易总协定》始终作为一个临时性条约而存在，它是关于减少贸易壁垒、商定国际贸易政策的共同准则，是调整各国贸易关系的国际多边协定。它本身不是一个正式的国际经济贸易组织，也不是联合国的专门机构，但在世界贸易组织没有正式成立前，关税与贸易总协定一直在国际上发挥着重要的作用，它提供了一套调整国际贸易关系的规则和程序，并对缔约国之间的权利和义务做了具体的规定，经过近几十年的发展，演变成为一个事实上的国际经济贸易组织，为后来世界贸易组织的产生打下了良好的基础。

关税与贸易总协定的最高权力机构是缔约国全体大会，其职权包括：增补、修改协定（立法权）；解释协定条款（解释权）；批准下属机构受委托提出的建议；豁免缔约国义务；就缔约国贸易政策、贸易纠纷进行裁决；批准总协定预算；授予非缔约国观察员资格等。缔约国大会每年在日内瓦举行一次，闭会期间由代表理事会负责处理日常和紧急事务。代表理事会实际上成为总协定的核心机构，其职权包括：筹备缔约国大会；在缔约国大会闭会期间继续讨论会议提出的所有问题，审议出现的紧急情况；根据需要成立附属机构，决定它们的职权范围；任命专家小组成员，决定专家小组的职权范围，审议专家小组报告等。代表理事会成员为所有要求参加的缔约国代表，目前约有 2/3 的缔约国参加了代表理事会。代表理事会的决策采取一致原则，不进行投票表决。为对重大问题进行长期、系统的考察，理事会下设若干委员会研究有关问题，如国际收支委员会、贸易与发展委员会、关税减让委员会等。另外，关税与贸易总协定还根据需要，设立了处理重要问题的工作组和解决成员国间争议的专家小组等临时机构。关税与贸易总协定设有以总干事为首的秘书处，负责准备和召开缔约国大会的工作，为代表理事会及其下设机构提供服务，组织多边贸易谈判等。

2. 关税与贸易总协定的内容及基本原则

《关税与贸易总协定》由序言和正文构成。序言主要是说明关税与贸易总协定的宗旨。关税与贸易总协定的宗旨是：充分利用世界资源、扩大商品生产和交换、促进各缔约国的经济发展、彼此减让关税、取消其他贸易壁垒和取消国际贸易上的差别待遇。

《关税与贸易总协定》的正文分为四个部分，共38条。第一部分包括第1、2两条，是《关税与贸易总协定》的核心条款，主要规定缔约国之间在关税与贸易方面相互提供无条件最惠国待遇和关税减让事项。第二部分包括第3条～第23条，是《关税与贸易总协定》的重要条款，主要就缔约国相互提供国民待遇、海关估价、补贴、外汇安排、进口数量限制等贸易政策加以规定和规范。第三部分包括第24条～第35条，主要是就《关税与贸易总协定》的适用范围、加入和退出的手续、关税谈判及关税减让表的修改等问题所做的程序性规定。第四部分包括第36条～第38条，是1965年增加的，主要规定对发展中国家的贸易与发展应尽量给予关税和其他方面的特殊优惠等。《关税与贸易总协定的临时适用议定书》规定，各缔约国应全面实施《关税与贸易总协定》第一、三部分条款的规定，并在各缔约国现行国内法许可范围内实施第二部分条款的规定。此外，《关税与贸易总协定》还有若干附件，对协定条款进行说明和补充，成为《关税与贸易总协定》有关条款的组成部分。

《关税与贸易总协定》条款中贯彻了以下规范缔约国贸易政策的基本原则：

（1）非歧视原则。

非歧视原则或称无差别待遇原则，主要体现在《关税与贸易总协定》最惠国待遇条款和国民待遇条款上。最惠国待遇分为有条件和无条件的两种形式。《关税与贸易总协定》实行的是无条件最惠国待遇。它适用于进出口、所征收进出口关税和费用，以及税费的征收方法、进出口手段等。规定最惠国待遇条款的目的是消除缔约国间贸易、关税、航运、公民法律地位等方面的歧视（差别待遇），使它们具有同等的贸易机会，平等地进行贸易竞争，推动自由贸易和缔约国经济的发展。《关税与贸易总协定》的国民待遇条款只适用于从国外进口的商品。规定国民待遇条款的目的是保证缔约方能真正享受关税减让的成果，使国外产品能在平等的条件下与进口国国内产品竞争，保障进口产品在经销过程中不受歧视性待遇。

小词典

国民待遇指缔约国相互保证给予对方自然人、法人和商船在本国境内享有与本国自然人、法人和商船同等的待遇。

（2）互惠的关税减让原则。

《关税与贸易总协定》要求各缔约国通过关税谈判，在彼此做出互惠让步的基础上，逐步降低关税。关税减让的实现方式是进行缔约国间的关税谈判，并达成关税减让表。减让表中所规定的税率，任何缔约国无权单方面修改。不过，缔约方每三年可对减让表中商品的约束关税提出修改和撤销，条件是需与有关主要缔约方协商，并与存在实质性利害关系的缔约方达成协议；经修改、撤销某些减让后的关税总体水平不高于原来的总水平。

超链接

https://www.wto.org/english/tratop_e/schedules_e/goods_schedules_e.htm 成员关税减让表

（3）取消数量限制原则。

《关税与贸易总协定》要求，缔约国只能通过关税来保护本国产品，一般不得实行进出口数量限制，即使确有必要实行数量限制，也不得歧视性地禁止、限制缔约方的进出口。该原则主要针对禁止进口、配额管理和进口许可证等做法。

（4）反倾销与限制出口补贴原则。

《关税与贸易总协定》禁止缔约国在出口中实行倾销，并允许缔约国在其某项工业由于倾销造成重大损害，或产生重大威胁，或对某一国内工业的新建产生严重阻碍时，征收反倾销税加以抵制。不过，征收反倾销税的条件是要证明倾销中有损害的存在，并证明倾销与损害为因果关系。而且，征收反倾销税有以下几个原则：不得超过倾销差价；暂时性的，仅限于在消除倾销损害所需要的时间内征收；实行非歧视原则。

补贴分为生产补贴和出口补贴，《关税与贸易总协定》并非一概禁止实行不损害其他缔约国的国内生产补贴，对于有助于补贴国的经济发展的国内生产补贴，《关税与贸易总协定》并不反对，但《关税与贸易总协定》要求缔约国不采取损害其他缔约国的国内生产补贴。关于出口补贴，《关税与贸易总协定》要求缔约国不得对制成品实行出口补贴；对初级产品出口补贴则仅限于要求缔约国承诺对其加以限制。如出口补贴对另一缔约国国内工业造成重大损害或产生重大威胁时，该国可以征收反补贴税（抵消税）。

（5）透明度原则。

《关税与贸易总协定》要求，缔约国政府必须公布本国有关外贸基本权利、义务的法规和条例，使各缔约国政府和贸易商得以了解。具体内容包括：对产品的分类或估价，捐税或其他费用的征收率，对外支付的规定，关于进出口货物的销售、分配、运输、保险等的法规，与其他国家缔结的有关协定等。这种透明度是互惠的，各缔约国彼此都要公开。这样做的目的是防止缔约国相互间进行不公开贸易，从而导致歧视待遇。《关税与贸易总协定》要求的透明度是有一定范围的，对于妨碍法令的贯彻执行、违反公共利益和损害企业正当商业利益的机密资料，不要求缔约方予以公开。

（6）磋商调解原则。

为维护缔约国在《关税与贸易总协定》中获得的正当权益，缓和和解决缔约国间的贸易纠纷，《关税与贸易总协定》规定，一缔约国因有关《关税与贸易总协定》的执行问题向缔约对方提出抗议时，后者应予以充分考虑并进行协商。如未能圆满解决，经缔约一方要求，可由缔约国全体与另一缔约国进行协商。该原则并不是要保证缔约方严格执行《关税与贸易总协定》条款，只在于求得一个各当事国都能接受的解决争端的办法。因此，它并不是对一国违反《关税与贸易总协定》规定的行为进行的法律制裁，而是通过解决争端，保持缔约国间权利和义务的平衡。

《关税与贸易总协定》上述基本原则的实行存在若干例外。一是一般例外。即为保障人民生命或健康、为维护国内公共秩序而制定的限制、禁止进出口某种商品的措施。二是安全例外。即为保护国家基本安全利益制定的措施。三是适用领土范围的例外。包括自由贸易区和关税同盟成员国相互给予的特别优惠和豁免，缔约一方为便利边境贸易所提供的权利和优惠，可不适用于其他缔约国。四是发展中国家的例外。发展中国家为发展经济、扶植幼稚工业、提高人民一般生活水平、平衡国际收支等，可以在关税、进口数量限制、最惠国待遇等有关规定的实施方面做一定程度的例外处理，如实行数量限制，将补贴包括对工业品的补贴列入经济发展计划，要求实行非对等的更优惠的关税待遇等。五是解除义务。缔约国可通过共同行动解除一缔约国所应承担的某项义务，普惠制就是通过共同行动解除了给惠国本应承担的无条件最惠国待遇的义务后实行的。六是免责条款。一缔约国承担的义务（包括关税减让）引起某些商品输入量大量增加，以致对该国同类产品或竞争产品的生产者造成重大损害或构成威胁时，该国可全部或部分地停止执行其所承担的义务。

此外，《关税与贸易总协定》还分别在有关条款中分散地规定了若干例外情况，包括：一是缔约国为了实施农业计划、稳定农产品市场，可以对农、渔产品实行数量限制；二是为维持国际收支平衡，可在短期内实行进口数量限制，条件是得到国际货币基金组织的认可和不实行歧视；三是纺织品在实际运用中也作为例外，暂时实行配额管理；四是历史性优惠即某些国家间在历史上长期形成的优惠关系，可不适用于其他缔约国等。

《关税与贸易总协定》的上述基本原则，在世界贸易组织中仍然适用并继续实施贯彻，它也是世界贸易组织所遵循的基本原则。

想一想 关税与贸易总协定与世界贸易组织有什么联系和区别呢？

第二节 国际贸易分类

国际贸易的范围广泛，类别繁多，从不同的角度可以分为以下几种类型。

一、总贸易与专门贸易

小词典

总贸易是以国境为标准划分商品进出口的统计方法。它把凡是进入国境的商品一律列为进口，凡是出国境的商品一律列为出口。进入国境的商品总和为总进口，出国境的商品总和为总出口。其中，本国商品出口后未经任何加工又原样进口的叫复进口；本国进口的商品未经任何加工又出口的叫复出口。

总贸易统计中还包括转口贸易和过境贸易。转口贸易是指购进的商品并非用于国内消费，而是向其他国家再行出售的贸易，这种贸易需要出入国境。过境贸易是指外国的商品经过本国，出入国境的贸易，也叫“通过贸易”。过境贸易有直接过境和间接过境两种情况。直接过境是外国商品进入本国国境后不做停留，直接通过。间接过境是指外国商品进入本国国境后，先存入海关保税仓库，在未经任何加工的情况下从保税仓库中提出并运往国外。间接过境被列入总贸易的统计之中。

上述各种情况统计出来的总进口额和总出口额之和，即为该国的总贸易额。总贸易反映了一国在国际商品流通中所处的地位和所起的作用。目前，实行总贸易的国家主要有日本、英国、加拿大、澳大利亚、苏联及东欧等一些国家，我国采用的也是这种贸易体系。

小词典

专门贸易是以关境为标准划分商品进出口的统计方法。“关”，即指海关。根据这种划分，外国的商品进入本国国境后，暂时存在保税仓库，不进入海关，则一律不列为进口，只有从外国进入关境的商品以及从保税仓库提出，进入关境的商品才列为进口，称为专门进口。对一切运出海关的商品均列为出口，称为专门出口。

专门进口额与专门出口额之和为专门贸易额。专门贸易反映了一国作为生产者和消费者在国际贸易中所处的地位和所起的作用。实行专门贸易的国家有美国、德国、意大利和瑞士等一些国家。

上述各国的商品进口总额之和或商品出口总额之和构成国际贸易总额。目前，世界各国公布的商品进口总额或出口总额或按总贸易计算，或按专门贸易计算，有的国家还同时公布按两种方法计算的进出口总额。联合国所公布的各国的贸易额和国际贸易额一般都注明总贸易额或专门贸易额。

二、有形贸易和无形贸易

有形贸易，是指由具有一定形状的实体商品的进口和出口构成的国际交换。商品的进口是一国从国外购进商品，用于国内的生产和消费。商品的出口是一国向国外售出由本国生产或加工的商品。实体商品的进出口构成了国际贸易的基本形式。

无形贸易，是指由无形商品的进口和出口构成的国际交换，包括技术贸易和服务贸易。无形贸易虽然不显示在海关的贸易统计上，但仍然是国际收支的重要组成部分。技术贸易，是指具有一定交换价值的技术商品的进出口。所谓交换价值是指作为商品交换的技术必须具有一定的专门用途，它为技术进口国所没有，并需要使用。技术交换是否发生是以技术是否“跨越国境”来衡量的，即交换的技术必须是越过了技术出口国的国境才构成技术出口，不包括技术咨询或技术服务等内容。服务贸易包括的范围比较广泛，世界贸易组织将其分为四大类：跨境提供、境外服务、商业存在和自然人流动。

三、直接贸易和转口贸易

直接贸易，是商品的进口国与出口国直接进行的贸易。两国之间从事直接贸易必须签订贸易条约或贸易协定。转口贸易，是商品进口国与出口国通过第三国进行贸易，对第三国来说，就是转口贸易。

在转口贸易中，第三国与商品的进口国、出口国进行的是直接贸易。从事转口贸易的目的，一是进出口国可能无法进行直接贸易；二是利用第三国优越的地理环境、贸易环境方便交易；三是出口国利用第三国交易绕过进口国的贸易壁垒或贸易管制。

四、一般贸易和加工贸易

一般贸易，是商品交换国之间从事的纯粹的商品交换，不含任何加工成分。一般贸易多在商品生产出口国与商品消费进口国之间进行，但其核心内容是国际商品流通。

加工贸易，专指商品生产加工出口国与商品进口国之间进行的贸易。在加工贸易中，商品生产加工出口国专门为商品进口国生产加工商品，二者存在生产加工关系，表现为商品进口国为商品生产加工出口国提供生产该商品所需的技术、设备和原材料，商品生产加工出口国按商品进口国的要求为其生产加工商品。如“三来一补”、返销贸易等。

第三节 国际贸易的作用

国际贸易可以促进世界各国经济的发展和维护世界和平，其具体的作用表现在下述几个方面。

一、促进世界经济的发展

第一，国际贸易加速了生产力的国际化进程。生产力的国际化是生产力社会化的延伸，当生产力的社会化超出国家范围，作用于国际社会时，即为生产力的国际化。生产力的国际化表现首先是从国际商品交换开始的。商品的国际交换促进了各国之间的相互依赖关系。随着商品交换的不断扩大，一国之内有限的生产能力难以满足要求，需要各个国家之间直接在生产领域进行广泛的合作，使生产力的发展扩大到了国际范围。特别是在第二次世界大战之后，第三次科技革命的爆发，相继出现了电子工业、航天工业、核工业等新的工业部门，这些新工业部门的生产，有时需要结合数国之财力、物力、科技力等才能得以实现。这就使得各国不得不加强国际经济技术合作，使生产力的国际化进程加快。此外，随着国际贸易的不断发展，商品的品种和花样不断增多，更新换代不断加快，也需要各国在生产领域进行广泛的经济合作。如国际上一些成龙配套的加工装配工业、合资、合作企业等，都是生产力国际化的具体体现。

第二，国际贸易促进了国际分工的深化。国际分工是世界各国在生产上的分工，国际分工主要是通过国际贸易来实现的。早期的国际分工大都是部门之间的分工，如工业和农业之间、工业部门之间的分工。这种分工从生产方面来看，还没有超出国家的范围。各国的商品都是在各自的国家里进行生产的，通过国际贸易交换才能实现分工，并依此确定不同商品生产国在国际分工中所处的地位和起到的作用。例如，19 世纪形成的国际分工，从贸易方面来看，是发达国家的工业制成品同落后国家的原料和粮食的交换形成的“垂直型分工”。这种分工即所谓的“世界城市”与“世界农村”之间的分工。随着国际贸易的发展，生产力的国际化使各国在生产领域里进行了广泛的合作，不仅打破了国家界限，还深入到企业内部、车间工种、生产工序和工艺中，使国际分工由原来的部门分工发展到部门内部的分工。这种分工使各国的生产和交换纵横交错地紧密联系在一起，推动了世界经济的发展。

第三，国际贸易加强了国际间科学技术的交流与发展。在人类经济活动中，科学技术同生产是分不开的。只有将科学技术的成果应用于生产之中，才能使生产不断地发展。因此，人们总是在不断地进行科学发明和创造。应用新技术、新工艺和新的科学管理方法来发展生产、提高劳动生产率。但是，科学技术的发明、创造和应用首先是在个别国家开始的，然后才通过各种渠道，主要是国际贸易推广到其他国家和地区。目前，科学技术已经作为商品在国际间直接进行交换。国际贸易不仅促进了科学技术的交换，还起到了保护和发展科学技术的作用。在某一国家创造出来的发明，其以后的发展状况取决于对它的扩展和传播的情况。如果传播范围有限，会由于一些偶然的情况使技术“失传”，如发生战争、发明人死亡等。国际贸易可以将科学技术传播到各个国家，广泛的传播使技术得到了保留。不仅如此，由于科学是无止境的，某项发明在不同的国家会得到不同的应用，并得到不断的补充、完善和发展，在一个发明的基础上得到更多的发明。

二、推动各国国内的经济发展

第一，国际贸易能够协调社会再生产按比例发展。任何一个社会的经济发展，在客观上都要求国民经济各部门之间的发展保持一定的比例关系，即平衡发展。但是，由于各国的自然条件、生产能力、经济结构、技术水平以及历史和社会的多方面原因，每一个国家都不能生产自己所需要的一切物品，必须通过对外交换来补缺。同时，在国内也不能完全消费掉自己所生产的所有产品，需要通过对外交换。这就是说，无论哪个国家，在生产和消费之间，供过于求和供不应求的矛盾都会经常发生，而且在有些情况下又不能在本国范围内通过自我生产和消费来很好地实现各部门之间的平衡。因此，通过对外贸易，输出本国多余和闲置的物资，引进本国欠缺和急需的物资，可以纠正国民经济各部门之间的比例失调，促进社会再生产的发展。

第二，国际贸易能够节约社会劳动、提高经济效益。各国的经济技术条件不尽相同，生产各种商品所耗费的原料、付出的劳动也是不同的。有些国家生产这种商品的成本低、质量高，有些国家则生产另一种商品的成本低、质量高，各有所长。在这种情况下如果不进行对外贸易，每个国家都将生产其国内所需要的一切商品，包括本国不具备生产能力和生产条件的商品，造成人力、物力、财力等各方面的巨大浪费。通过国际贸易，各国都可以出口国内生产条件有利、劳动消耗少、成本低、质量高的产品，换回不利于国内生产的商品，从而节约了不必要的社会劳动消耗，提高了经济效益。

第三，国际贸易是解决国家建设资金不足，发展经营资源的重要途径。一个国家的生产建设的发展需要有充足的资金。但是，各个国家包括发达国家，在重大建设项目上也不会在短期内备足所需的全部资金，需要引入国外资金。特别是经济上比较落后的国家发展国民经济，单凭本国的资金积累是不行的。由于资金短缺，它们连发展生产所必需的基本建设都不能实现，更谈不上加快经济建设了。因此，引进外资是发展经济的一个有效的途径。引进外资的益处主要表现在两个方面：一是引进外资为国家扩大建设投资提供资金来源。国家在发展经济建设中，经常会出现扩大投资与资金短缺之间的矛盾，在本国短期内不能迅速增加资金积累的情况下，往往需要吸引外资来增加资金积累，备足建设资金。二是引进外资会带来丰富的经营资源。所谓经营资源，是指商品的生产和销售管理所需要的科学的经营管理方法及情报信息系统等。经营资源的引进会使国家改变旧的经营管理、提高经济效益。这对引进国是非常有益处的。引进外资往往与引进先进的技术、成套设备和先进的科学管理相配合，为资本引进国带来国内所没有的或缺乏的经营资源。因此，引进外资对资金引进国来说，引入的巨额资金不但弥补了投资的缺口，而且随之而来的经营资源对国内的经济建设将会起到更大的作用。这种作用在发展中国家的表现尤为突出。

三、有利于维护世界和平

第一，国际贸易是发展中国家要求平等的斗争武器。国际贸易是资本主义生产方式的产物，长期以来是资本主义国家剥削和压迫殖民地、半殖民地国家的工具。它不仅使落后国家在经济上依附于发达国家，还使落后国家的政治为发达国家所操纵和控制。第二次世界大战之后，随着殖民地的瓦解，广大发展中国家在政治上相继独立，但经济上还没有完全独立。为了争取完全的独立，发展中国家联合起来建立各种国际组织，如石油输出国组织、七十七国集团等，通过对原料、能源、粮食等的控制，共同向发达国家提出平等要求，同发达国家进行有理、有利的斗争。几十年来，发达国家在广大发展中国家的压力下不得不做出一些让步，如取消一些歧视性措施，给予发展中国家普遍优惠制待遇等，使双方形成了一种既相互依赖又相互制约的关系，从而使发展中国家在国际政治、经济中的地位不断提高，同发达国家的贸易关系也不断得到改善。

第二，国际贸易能够促进各国之间的友好往来。各国之间的友好关系多数是通过贸易往来联结起来的。“贸易是先行官”，国家之间可以通过贸易往来相互合作、相互联系，进而在相互了解、相互尊重的前提下，平等地建立外交关系。另外，通过贸易往来也能加强各国人民之间的相互了解，加深各国人民相互之间的友谊，从而促进各国友好关系的发展，有利于维护世界和平。

【讨论区】

背景　每年的情人节，美国有很大部分的新鲜玫瑰从南美地区进口，但物美价廉的进口新鲜玫瑰侵蚀了美国本土新鲜玫瑰的市场，将一部分美国当地的新鲜玫瑰种植者挤出了该行业，相关行业的从业人员抱怨不断，认为国际贸易损害了他们的切身利益。但这是一件绝对的坏事吗?

问题　请用这个冬季玫瑰的案例解释进行国际贸易可获得的利益。

分析　冬季玫瑰的案例为解释国际贸易为何有利可图提供了绝好的例子。首先考虑要在2月份给美国人提供新鲜的玫瑰是如何不容易。这些花必须生长在加热的温室里，在能源、资本投入以及其他稀缺资源方面花费很大。这些资源本可以用来生产其他商品，由于不能兼顾，就不可避免地出现产品间的替换。为了生产冬季玫瑰，美国就不得不少生产其他产品，比如计算机。经济学家运用机会成本这一概念来描述这种产品之间的替换。玫瑰的机会成本若用计算机来表示的话，就是用生产一定数量玫瑰的资源所能生产计算机的数量。

例如，假设美国为情人节种植1 000万枝玫瑰。如果将种植这些玫瑰的资源用来生产计算机，则可生产10万台。于是，这1 000万枝玫瑰的机会成本就是10万台计算机。相反，如果生产的是计算机，则这10万台计算机的机会成本就是1 000万枝玫瑰。

这1 000万枝玫瑰也可以在南美种植。这样的话，用计算机来衡量的这些玫瑰的机会成本则很可能比在美国的要低。一则，在南半球种植二月玫瑰将容易得多，因为南半球的2月是夏季而非冬季。再则，相对于美国工人来说，南美工人在生产复杂产品如计算机时的效率要低一些。也就是说，给定数量的资源用来生产计算机的话，在南美生产的数量会比在美国生产得少。于是，这种替换在南美则可能变成1 000万枝玫瑰相当于3万台计算机。

机会成本的差异给世界生产提供了一个互利性重新组合的可能性。让美国停止种植冬季玫瑰，将这些资源转而用来生产计算机；与此同时，让南美计算机工业中的必需资源转而用来种植玫瑰。这样，在生产上的变化结果将如表1-1所示。

表1-1

	万支玫瑰	万台计算机
美国	−1 000	＋10
南美	＋1 000	−3
合计	0	7

请看发生的变化：世界上种植的玫瑰还是跟以前一样多，但现在可以生产更多的计算机。所以，当美国集中生产计算机且南美集中种植玫瑰时，这生产上的重组将增大整个世界经济馅饼的规模。由于世界作为一个整体比以前生产了更多的东西，则在理论上可能提高每个人的生活水平。

【本章小结】

在国际贸易中，国际有两层含义：一是指不同国家的人之间的交换关系，二是指国与国之间的贸易关系。前者是国际贸易实务方面的内容，将在另外的课程中讲授，后者是国际贸易理论、政策和制度方面的内容，将是本书的讲授内容。国际贸易的研究范围主要有国家的对外贸易管理和国际贸易体制两方面。在对外贸易管理中，国家需要制定对外贸易政策，确定外贸发展方向；建立对外贸易的各项管理制度，从事外贸的管理和控制；签订对外贸易条约和协定，安排同其他国家的贸易往来。国际贸易体制则包括关贸总协定和世界贸易组织。国际贸易按照不同的标准分类，可以分为总贸易和专门贸易、有形贸易和无形贸易、直接贸易和转口贸易、一般贸易和加工贸易。国际贸易在促进世界经济发展、推动各国国内经济发展和维护世界和平方面都起到了重要作用。

【复习思考】

1. 为什么说国际贸易与国内贸易最大的不同在于各国的对外贸易政策、体制和签订的对外贸易条约、协定？

2. 采取出口导向的贸易形式给发展中国家带来了哪些好处和弊端？

3. 为什么需要在关税与贸易总协定的基础上建立一个正式的国际经济贸易组织？

4. 试述国际贸易的作用。

第二章

国际贸易的形成与发展

【学习导航】

- ⊙ 掌握国际贸易产生的条件，了解前资本主义时期和资本主义时期的国际贸易。
- ⊙ 从静态比较优势和动态比较优势的比较中明确当代国际贸易的发展趋势。
- ⊙ 掌握国际分工的变化情况，以及从国际资本流动的角度去把握国际贸易与国际直接投资的融合。

第一节　国际贸易的形成

一、国际贸易产生的条件

关于国际贸易的形成问题，目前仍有不同的观点。有些人认为国际贸易与对外贸易是同时产生的，即有了对外贸易就标志着有了不同国家间的商品交换，这就决定了国际贸易的产生。另一部分人则认为，国际贸易是一定历史阶段的产物，属于历史范畴，它是在人类社会生产力发展到一定阶段才产生和发展起来的，具体地讲，它是资本主义生产方式的产物。笔者赞成后一种观点。

我们知道，对外贸易是一个国家同其他国家进行的商品交换活动。对外贸易的产生有两个基本条件：一个是商品经济的产生，即有剩余产品可以作为商品进行交换，出现了专门用于交换的商品和货币，为商品的广泛交换创造了条件；另一个是国家的形成，每一个国家都有确定的管理地域，有了内外的区分。具备了这两个条件，就产生了对外贸易。因此，从根本上来说，社会生产力的发展和社会分工的扩大是对外贸易产生和发展的基础。

在原始社会初期，人类处于自然分工状态，生产力水平极度低下，人们只能在集体劳动的基础上获取有限的生活资料，并在公社成员之间进行平均分配，维持自身生存的需要。因此，这一时期既没有剩余产品和私有制，也没有阶级和国家，当然也就没有对外贸易。

人类历史上第一次社会大分工推动了社会生产力的发展，开始有了少量的剩余产品，于是在氏族公社之间、部落之间出现了剩余产品的交换。这是最早的、原始的、偶然的物物交换。人类社会第二次社会大分工进一步推动了社会生产力的发展。手工业的出现，逐渐产生了直接以交换为目的的商品生产。商品生产和商品交换的不断扩大，产生了货币，商品交换逐渐变成了以货币为媒介的商品流通，并随着商品货币关系的发展，出现了专门从事贸易的商人。人类社会第三次社会大分工出现了一个只从事商品交换的阶级。随着生产力的发展，商品生产和商品交换活动更加频繁、更加广泛地发展起来，加速了私有制的产生，阶级和国家相继产生。在这个时期，商品交换开始超越国界，产生了对外贸易。

超链接

http://news.eastday.com/epublish/gb/paper149/1/class014900002/hwz273131.htm 三次社会大分工

在前资本主义时期，自给自足的自然经济占统治地位，国家内部的商品生产和商品交换尚未获得充分的发展，商品经济处于极其次要的地位。在这一时期，商品交换都是最简单的交换，人们对于个别的生活必需品也只是开展一些少量的交换。这种状况决定了对外贸易在国家的经济生活中也处于极其次要的地位，表现为：进行对外交换的国家都是邻近国家，对外交换的商品也多为奢侈品，国家对外贸易也没有统一的管理。因此，在这一时期，由于生产力水平、生产方式和交通条件的限制，对外贸易不但在其交换范围和交换商品的品种上有很大的局限性，而且是自发形成的，各国之间还没有建立起经常性的、稳定的贸易关系，对外贸易还带有浓厚的区域性。所以，这一时期各国间的对外贸易还不具有广泛的国际性，不具有国际贸易的性质。

提示音

对外贸易的产生并不预示着国际贸易也同时产生，只有当各国的对外贸易具有了广泛的国际性时，才可以说国际贸易产生了。

国际贸易是在国际分工和世界市场形成的基础上发展起来的世界性贸易。它的特点一是交换商品的广泛性，即大多数商品都成为世界市场的交换商品，并且这些商品普遍用于各国的生产和生活之中；二是交换地域的世界性，即几乎所有的国家都或多或少地参加了国际交换。这两个特点表明，国际贸易只能是在资本主义生产方式下形成并发展起来的。

二、前资本主义时期的国际贸易

前资本主义时期指国家形成之后到资本主义生产方式产生之前这段时期，包括奴隶社会和封建社会。严格地说，在这一段时期的对外贸易不具备国际贸易的普遍特征。

原始社会初期，人类处于自然分工状态，生产力水平很低，人们在共同劳动的基础上获取有限的生活资料，仅能维持本身生存的需要，因此，没有剩余产品，没有私有制，没有阶级和国家，也就没有对外贸易。生产力的发展、交换关系的扩大，加速了私有制的产生，从而使原始社会日趋瓦解，这就为过渡到奴隶社会打下了基础。

在奴隶社会初期，由于阶级矛盾形成了国家，国家出现后，商品交换超出了国界，产生了对外贸易。奴隶社会是以奴隶主占有生产资料和奴隶为基础的社会，自然经济占统治地位，生产的目的主要是为了消费，参加交换的商品不多，商品生产在整个社会中不占主要地位，普通平民商品交换的范围仅限于必须交换的生活必需品，因此，对外贸易交换几乎没有实际意义。而且，由于生产技术落后，交通不发达，对外贸易的范围受到很大的限制，交换多与周边国家和地区进行。由于奴隶主占有全部生产资料，奴隶是生产资料的一部分，因此更多的大型交换集中在少数奴隶主之间。奴隶社会对外贸易的商品，最主要的对象是奴隶，当时希腊的雅典是贩卖奴隶的中心之一，每年交易流动的奴隶有 20 万人左右。其次是专供奴隶主享用的奢侈品，如宝石、贵金属、香料、装饰品以及各种织物、丝绸等，在贸易中占有较大的比重。食品也是对外贸易的对象，如谷物、葡萄酒、橄榄油等在当时也很盛行。当时欧洲兴起的主要贸易民族是腓尼基、希腊、罗马等，我国在夏商时代已进入奴隶社会，贸易集中在黄河流域。总之，奴隶社会国际贸易的发展是与暴力掠夺、海上抢劫、贩卖奴隶密切联系在一起的。受自然经济的制约，国际贸易在奴隶社会经济中的地位并不重要，但对奴隶社会的影响是深远的，它促进了手工业的发展、商品经济的扩大，对奴隶社会向封建社会的过渡起了一定的推动作用。

封建社会的国际贸易虽然较奴隶社会有了进一步的发展，但由于其经济占主导地位的仍然是自给自足的自然经济，因而贸易的规模和范围还是很有限的。对外贸易的商品构成主要是奢侈品和土特产品，如丝绸、宝石、象牙、香料、瓷器、毛麻纺织品和部分农产品。对外交换的商品种类不多、规模不大。国际贸易的地理范围具有明显的区域性，贸易中心一开始位于地中海东部。由于阿拉伯民族善于经商，因而成为联结欧亚非三大洲贸易的中间商人。公元 1 世纪以后，随着意大利北部和波罗的海沿岸城市的兴起，贸易中心转移到意大利，国际贸易的范围扩大到地中海、北海、波罗的海和黑海沿岸。我国封建社会时期很长，早在公元前 2 世纪的西汉，就开辟了从新疆经中亚通往中东和欧洲的著名的“丝绸之路”，将中国的丝绸、瓷器、茶叶、香料等销往欧洲。在唐朝，不仅通往中亚、西亚的陆路贸易继续有所发展，而且还开辟了通往波斯湾一带及朝鲜和日本等地的海上贸易。当时首都长安城不仅是唐代政治、经济、文化中心，也是国际贸易中心之一。到了宋朝、元朝，海上贸易得到了进一步的发展，广州、泉州成为海上贸易繁盛的两大港口。明朝郑和七次下“西洋”，经东南亚、印度洋到达非洲东岸，途经 30 多个国家，携带大量金银、绸缎、瓷器、铜器、铁器等，换回珠宝、象牙、药材、优良种子等，并向亚洲等许多国家传播了我国的火药、指南针和手工业等技术，同时也把这些国家的土产、优良种子等输入我国。

封建社会的国际贸易仍然反映了时代的特征。由于自给自足的自然经济占统治地位，社会分工和商品经济仍不发达，国际贸易的范围、规模、商品种类都有很大的局限性。那个时代的国际贸易主要是为满足王室贵族、地主阶级奢侈的需要服务，在社会经济中不占重要地位，但它对于促进商品经济的发展，促进各国之间的经济、贸易关系的发展仍然有着重要的作用。封建社会的经济虽然也是自然经济，但社会形态已经发生了根本变化，地主与农民之间是生产资料的租赁关系，所有的人都是交换的主体，交换的商品也不断增加。早期的封建地租采取劳役和实物形式，进入流通领域的商品不多。到了封建社会的中期以后，随着手工业的发展，封建地租转变为货币地租的形式，贸易范围也不断扩大，特别是到了封建社会晚期，随着城市手工业的发展，商品经济和对外贸易都有了相应的迅速发展，商品种类有所增加，贸易范围不断扩大。利益驱使的远距离的跨国交换促进了各国之间的经济往来以及文化技术的交流，同时促进了资本主义因素的发展和封建社会的解体。

总的来说，在奴隶社会和封建社会，由于自然经济占统治地位和交通条件的限制，国际贸易在当时的社会经济中都不占主要地位，贸易的范围和商品都有很大的局限性，贸易活动也不频繁。直到资本主义社会，大规模机器工业建立以后，国际贸易才获得广泛的发展。国际贸易真正获得巨大的发展，出现在早期资本主义生产形成和发展时期。在资本主义生产方式下，国际贸易额急剧扩大，国际贸易活动范围遍及全球，商品种类日益繁多，国际贸易的地位与作用不断提高，已成为资本主义扩大再生产的重要组成部分。不过，在资本主义发展的各个具体时期，国际贸易的发展情况又不尽相同。

第二节　资本主义时期国际贸易的发展

想一想　国际贸易产生于资本主义时期，是哪些特殊条件促使了它的产生呢？

一、国际贸易是资本主义生产方式的要求

资本主义时期，生产方式发生了巨大的改变，大机器的使用使国际贸易的发展成为必然。

众所周知，资本主义的生产方式是在产业革命后得以确立的。大机器生产创造的财富为国际贸易的发展提供了雄厚的物质基础；同时也促进了交通运输和通信设备的进步，为对外贸易的世界性创造了条件。

（一）资本主义生产方式准备时期的国际贸易

资本主义生产方式准备时期，即16世纪—18世纪中叶，是资本原始积累和工场手工业大发展的时期，也是新航线发现和世界市场开始产生的时期。随着新航线的发现，欧洲国家便开始对殖民地采取暴力、掠夺、欺骗和奴役的方式进行贸易。西班牙垄断了美洲、欧洲的贸易；而葡萄牙则独占了非洲和亚洲的市场。16世纪后半期，西班牙和葡萄牙的手工业开始衰落，英国、荷兰的资本主义生产发展起来了。随着殖民地的扩大，殖民地在宗主国的对外贸易中的地位日益提高，商品种类也逐渐增多，并出现了一些新的品种，主要是工业原料和城市居民的消费品，贩卖黑人在当时欧洲国家与殖民地贸易中占有很重要的地位。随着贸易路线的改变，贸易中心转移到了大西洋沿岸的城市，如阿姆斯特丹、巴黎、马赛和伦敦等。在这个时期，由于工场手工业的广泛发展，劳动生产率得到了提高，商品生产和商品交换也发展起来，促进了国际贸易的发展。这个时期的国际贸易，明显地反映出资本原始积累的一些特征，特别是欧洲国家通过暴力、掠夺和欺骗等方式，扩大了

对殖民地的贸易，殖民地在宗主国对外贸易中的比重和地位日益提高，宗主国从中攫取了巨额利润。不过，整体来说，由于这一时期资本主义大机器工业尚未建立，交通工具还不完善，国际贸易的规模、范围和商品品种都受到了一定的限制。

超链接

http：//www. leitour. com/city/amsterdam. htm 阿姆斯特丹介绍

（二）资本主义自由竞争时期的国际贸易

18 世纪后期至 19 世纪中叶是资本主义的自由竞争时期，也是资本主义生产方式得到确立的时期。欧洲国家先后发生了产业革命和资产阶级革命，建立了资本主义的大机器工业。大工业建立以后，生产力迅速提高，社会产品大大增加，为国际贸易的发展提供了空前丰富的物质基础，真正的国际分工开始形成。同时，交通运输和通信联络工具的巨大发展和广泛使用，缩短了国际的距离，推动了国际贸易的发展。这时，国际贸易才真正体现了世界性质的含义。这个时期，英国、法国、德国和美国在国际贸易中占主要地位，欧洲国家进一步推行殖民政策，除美洲与非洲外，广大的亚洲国家和地区也变成了殖民地。资本主义国家在殖民地强行发展单一作物的片面生产，使殖民地成为自己产品的销售市场和原料来源地，成为宗主国的农业和原料的附庸。与此同时，国际贸易的商品结构也发生了显著的变化。商品的种类越来越多，工业品特别是纺织品的贸易迅速增长，谷物成为国际贸易中的大宗商品。从 19 世纪后半期起，机器设备和运输工具在国际贸易中的地位日益重要，钢、铁、石油制品和其他原料的贸易也不断发展。随着资本主义大机器生产的发展、商品种类的增多、贸易数量的增加，对外贸易的组织形式也发生了相应的变化。贸易商行和股份公司取代了垄断殖民地贸易的特权公司，19 世纪后半期出现了许多专业交易所，如商品交易所、租船交易所、证券交易所等，它们已成为经常营业的机构和买卖一定数量商品的中心。贸易方式进步的同时，各种信贷关系随之发展起来，同时经营国际贸易的组织机构也纷纷建立并日益专业化，国家之间的贸易条约关系也逐渐发展起来。

（三）资本主义垄断时期的国际贸易

19 世纪 70 年代，自由竞争的资本主义向垄断资本主义过渡。欧洲和美国发生了第二次工业革命，使得钢铁、石油、汽车、化学、电气工业等许多新工业部门获得了巨大发展。世界市场的扩张速度已赶不上世界工业生产的增长速度，生产与市场之间的矛盾日益尖锐化，主要资本主义国家争夺市场的斗争加剧。国际贸易地理格局的突出变化是英国在世界贸易中的地位在下降，其他西欧国家、北美、非洲、拉丁美洲国家在世界贸易中的比重在上升，欧洲以外的国家的出口货物对欧洲市场的依赖性越来越大。世界贸易商品结构的特点是初级产品和制成品所占的比重持续稳定，随着发达资本主义国家对矿产原料需求的增加，矿产原料在初级产品贸易中所占的比重有了增加，而食品和农业原料的比重有所下降。

在帝国主义时期国际贸易发生了重大的变化，并明显带有垄断的特点。由于生产和资本的高度积聚和集中，垄断组织在经济生活中起着决定性的作用，它们不仅控制了国内贸易，而且控制了国际贸易，国际贸易成了垄断组织追求最大限度利润的重要手段。在国际贸易中，垄断组织通过垄断价格，不断扩大不等价交换，把资本输出和商品输出直接结合起来，加重了对殖民地、附属国的掠夺，同时殖民地附属国不仅在国际贸易上，而且全部经济都卷入错综复杂的国际经济联系中，形成了资本主义的世界经济体系。各主要资本主义国家之间的竞争更趋激烈，关税壁垒与非关税壁垒等贸易政策措施进一步加深了帝国主义国家之间的矛盾，而随着帝国主义发展不平衡的日益加剧，帝国主义国家之间为了争夺销售市场、原料产地和投资场所的斗争更趋尖锐化，并引起了第一次世界大战的爆发。战争结束后，除了美国由于作为军需品供应国而大发战争财和日本乘机在亚洲捞到一些利益之外，欧洲各交战国的经济都遭到了严重的破坏。在战争创伤未愈的情况下，资本主义世界又爆发了经济危机，严重地影响了国际贸易的发展。

随着生产力的发展，国际贸易的内容也不断扩大，除了包括货物贸易外，还包括服务贸易。20 世纪的国际贸易是世界各国经济在国际分工的基础上相互联系、相互依赖的主要形式。第二次世界大战后，特别是 20 世纪 80 年代以来，在科学技术进步和世界生产力增长的推动下，各国间的经济联系更加密切，经济全球化趋势不断加强，国际贸易的规模、范围、形式都得到了空前的发展。同时，国际贸易的发展反过来又促进了社会生产力的发展，加速了整个社会财富的增长。

由此可见，在资本主义大机器为主的规模生产条件下，各国国内有限的自然资源和原料远远满足不了其生产的要求，需要摆脱国家和地区的局限性，从国外资源丰富的地区进口原料。与此同时，规模生产使商品急剧增加，一国的国内消费也是有限的，需要打破地域，开拓国外市场。于是，过去那种地方的和民族的自给自足的经济和闭关自守的状态被打破了，各个国家和民族都被卷入世界性的生产和交换之中。因此，由于一切国家的生产和消费都具有了世界性，各国的对外贸易才具有了世界性质，形成了具有普遍意义的国际贸易。

剪贴板

马克思说：资产阶级在它已经取得了统治的地方把一切封建的、宗法的和田园诗般的关系都破坏了……新的工业的建立已经成为一切文明民族的生命攸关的问题；这些工业所加工的，已经不是本地的原料，而是来自极其遥远的地区的原料；它们的产品不仅供本国消费，而且同时供世界各地消费。旧的、靠本国产品来满足的需要，被新的、要靠极其遥远的国家和地带的产品来满足的需要所代替了。①

二、国际贸易促进了资本主义的发展

首先，国际贸易促进了国际分工向有利于资本主义的方向发展。资本主义对外贸易的发展是与西欧各国资本主义生产方式的建立和发展紧密联系在一起的。马克思曾经指出："对外贸易的扩大，虽然在资本主义生产方式的幼年时期是这种生产方式的基础，但在资本主义生产方式的发展中，由于这种生产方式的内在必然性，由于这种生产方式要求不断扩大市场，它成为这种方式本身的产物。"② 马克思的这一科学论断，揭示了对外贸易与资本主义生产方式之间的本质联系。

---

① 马克思，恩格斯. 马克思恩格斯选集：第 1 卷. 2 版. 北京：人民出版社，1995：274，276.

② 马克思，恩格斯. 马克思恩格斯选集：第 2 卷. 2 版. 北京：人民出版社，1995：458.

在资本主义生产方式下，开拓国际市场成为它们掠夺国外资源的主要手段，硬性打开了相对落后国家的市场，以至于形成殖民地统治。马克思批判了资本主义生产方式占主导地位的国际分工和国际交换的不合理性，他以 19 世纪中叶西印度生产咖啡和砂糖为例，"你们也许认为生产咖啡和砂糖是西印度的自然禀赋吧。二百年以前，跟贸易毫无关系的自然界在那里连一棵咖啡树、一株甘蔗也没有生长起来。也许出不了五十年，那里连一点咖啡、一点砂糖也找不到了，因为东印度正以其更廉价的生产得心应手地跟西印度虚假的自然禀赋竞争"[①]。也就是说，资本主义生产方式下的国际分工是由资本主义国家获取的利益决定的，国际分工的发展是牺牲了他国利益，从而致富的。一旦东印度生产的咖啡和蔗糖给英国带来更大的利益，原来的国际分工将发生变化，西印度将成为新分工的牺牲品。对外贸易促进了资本主义生产方式的诞生，为资本主义生产提供了劳动力、资本和市场，促进了资本的原始积累。

其次，资本国际化使世界各国都成为资本主义的生产地和直接销售地。资本国际化经历了以下几个阶段：一是商品资本的国际化时期，这一时期是自由竞争资本主义时期，商品生产是在国内完成的，而商品交换却是跨国完成的；二是货币资本国际化时期，进入垄断资本主义后，由于垄断组织积累了巨额资本，以借贷资本等形式的货币资本输出，即间接投资形成了资本的国际化；三是生产资本的国际化时期，生产资本直接进入国际领域，以直接投资的形式形成资本的国际化，由此表明整个资本循环的过程已经国际化。资本输出的国际化使国际分工进一步细化，使各国经济越来越相互依存，贫富差距也进一步拉大。

最后，国际金融市场的形成与货币制度的建立使资本主义制度得到推广。随着国际贸易的发展，国际分工进一步深化，国际市场不断扩大，其范围由单纯的商品市场扩大到资本市场，并形成了以各国货币相互兑换的外汇市场，构成了一个完整的世界市场。而这个市场的规则、制度及运作是资本主义制度在世界范围内的延续，使资本主义得到了空前的发展。如第二次世界大战之前，英国是世界上最发达的资本主义国家，货币制度是以英镑为中心的"金本位制"，由于 19 世纪西欧和美国的工业化进程促进了世界贸易的飞速发展，黄金储备不敷需要，各国政府对本国货币规定了含金量，即规定了黄金平价。于是，各国货币通过金本位制度，相互联系在一起。金本位制在第一次世界大战前发挥了良好的作用，直到国际贸易因大战而中断。第二次世界大战结束后，布雷顿森林会议成立了国际货币基金组织，确立了以美元为中心的世界货币体系。国际货币体系，是指各国对货币的兑换、国际收支的调节、国际储备资产的构成等问题共同做出的安排所确定的规则、采取的措施及相应的组织机构形式的总和。所以，世界市场是资本主义制度在国际上的翻版。

第三节　当代国际贸易的发展趋势

一、国际贸易竞争由静态比较优势向动态比较优势转变

当代国际贸易总的来说，发展速度很快，世界商品出口贸易额从 1950 年的 607 亿美

---

① 马克思，恩格斯. 马克思恩格斯选集：第 1 卷. 2 版. 北京：人民出版社，1995：228.

元增加到1999年的54 600亿美元，2010年增加到15.3万亿美元，而2017年全球出口贸易总额为17.73万亿美元。但在各个具体的历史阶段，它的发展是有起伏的，经历了由迅速发展转向缓慢、停滞和回升的过程。

从第二次世界大战结束初期到1973年，是国际贸易迅速发展的阶段，这一阶段国际贸易增长速度之快在历史上是空前的。战后世界出口贸易量的增长速度大大超过战前，从1948年到1973年，世界出口贸易量的年均增长率为7.8%，而战前，从1913年到1938年，世界出口贸易量的年均增长率仅为0.7%。战后世界出口贸易量的增长速度超过了工业生产的增长速度，工业制成品在国际贸易中所占的比重从1953年起一直超过初级产品所占的比重。

从1973年到1985年，是国际贸易缓慢发展、甚至停滞的阶段，世界出口贸易量的增长速度放慢，甚至停滞。从1973年到1985年，世界出口贸易量的平均增长率为2.4%，较1948年到1973年世界出口贸易量的年均增长率下降2/3以上。1981年世界出口贸易量增长停滞，1982年世界出口贸易量不仅没有增长，据关税与贸易总协定估计，反而下降2%。出口贸易量的增长速度低于工业生产的增长速度，出口贸易值增长起伏较大。本阶段贸易增长速度放慢、甚至停滞的主要原因是：

（1）经济危机的爆发。1974年到1975年资本主义世界爆发的经济危机标志着战后资本主义世界迅速发展阶段已经结束，进入了“滞胀”时期。其表现是：“两高”（高失业率、高通货膨胀率）、“一低”（低经济增长率）。20世纪80年代初，资本主义世界又爆发了战后最严重的经济危机，投资和生产长期不振，市场萎缩，贸易保护主义抬头，各资本主义国家为了转嫁危机、缓和国内的失业，都高筑关税和非关税壁垒，限制外国商品的进口，这样就直接影响了对外贸易的发展。

（2）能源危机的爆发。所谓能源危机就是1973年以来的石油供应短缺和价格猛涨，1973年开始的第一次石油冲击使油价猛增三倍多，1979年油价又提高一倍。石油价格的上涨促使了原料和其他产品成本的提高，使制成品价格上涨，不利于产品在国外市场的竞争和销售，影响了贸易的发展，使资本主义国家贸易条件和国际收支状况大大恶化。与此同时，发达资本主义国家又加快了对能源的开源节流和能源转化运动，大大节省了对传统能源的消耗和进口。

（3）货币制度危机的爆发。以美元为中心和以固定汇率制度为基础的资本主义国际货币体制，在20世纪70年代初，已宣告彻底瓦解；美元已不是等同于黄金的货币。但是，浮动汇率制取代固定汇率制并没有改变资本主义货币金融市场上日益加剧的不稳定状况。实行浮动汇率制后，美元虽已不是中心货币，但仍是国际结算中的主要支付手段和许多国家的主要储备货币。美元一有变动，就会影响国际货币金融市场的稳定，这对20世纪70年代以来国际贸易的发展是很不利的。

（4）农业危机严重。20世纪80年代初期以后，资本主义国家农业危机严重，农产品大量过剩；发展中国家进口粮食大量减少，这又减少了世界粮食的交易量，不利于国际贸易的发展。

20世纪80年代后半期至现在，是国际贸易发展速度的回升阶段。世界出口贸易量的增长速度开始回升，出口贸易值迅速增长，出口贸易量的增长速度超过世界经济增长速度。本阶段西方工业发达国家自1983年起经济一直在持续发展，世界贸易集团化趋势不断加强；科技创新使产业结构优化，国际分工日益广泛，高新技术产品大量增加，全球经济一体化趋势加强；资本国际化迅猛发展，跨国公司大量出现，国际相互投资增加；贸易方式多样化，服务贸易迅速发展；西方主要国家货币汇率的大幅度升降，特别是美元大幅度升值和日元、德国马克大幅度贬值直接影响贸易的回升；“关贸总协定乌拉圭回合多边贸易谈判”达成的协议和世界贸易组织的建立，进一步促进了国际贸易自由化。这些原因都促使国际贸易发展速度回升。

从国际贸易格局上来看，各种类型国家发展很不平衡。发达资本主义国家在世界贸易中仍占支配地位，这是世界贸易的主要特征之一，这种特征形成于19世纪，在20世纪上半叶保持下来至今未变。发展中国家（地区）整体在世界贸易中的地位，从战后初期至20世纪90年代初呈下降趋势。但自20世纪90年代初以来，发展中国家（地区）在世界进出口贸易中的地位不断提高。与此同时，各主要发达国家的对外贸易发展也很不平衡。一方面表现为日本以及德国等欧盟成员国的贸易实力迅速增长，另一方面表现为英国和美国世界贸易地位的逐渐下降。战后美国的世界贸易地位下降的主要原因是商品竞争能力下降，它与美国劳动生产率的增长速度较慢、产品竞争能力和适应性不强等原因有关。而德国、日本的世界贸易地位迅速提高的主要原因，与它们的经济高速增长和大力引进国外先进技术以及所采取的有利于提高商品竞争力的政策措施密切相关。

从当代国际贸易的发展来看，俄林意义上的资源禀赋带来的优势不再自动转化为竞争优势，竞争优势更多地取决于后天的因素，包括劳动力素质、产业技术水平、市场成熟状况、政府工作效率等。所以，在贸易与投资自由化的推动下，贸易障碍的不断消除使有形商品与无形商品以及各种生产要素跨国流动的成本大大降低。基于要素流动的增长，劳动力、资本、技术和自然资源变得不再相对稀缺。因此，国际竞争更多地取决于要素资源在全球范围内的合理配置和有效利用。

当代国际贸易这种资源比较优势与竞争优势的分离使贸易竞争的核心内容发生了根本的改变。竞争核心不再是资源禀赋意义上的比较优势，而是后天因素带来的竞争优势。因此，获得国际贸易利益的关键不再是静态的比较利益，而在于动态的比较利益，即比较利益动态化进程中激励出产业的国际竞争力。这一点，我们可以从战后的美国、日本等发达国家及“亚洲四小龙”等“新兴工业化国家”的发展历程中得到证实。例如美国战后在钢铁、汽车等产业相继失去了优势，一般商品贸易出现巨额赤字，但它在高科技领域以及金融、保险等领域仍具有并保持着优势地位，因此可以说美国的比较优势已从一般商品转到了高科技产品，从商品（货物）转到了服务上。根据这样的判断，发展中国家仅停留于获得自然资源利用和廉价劳动力的静态比较优势带来的贸易利益是微不足道，甚至是危险的。

二、国际分工的多样化与细化

（一）国际分工概述

人类社会的经济发展史就是一部社会分工产生、发展的历史。在历史上，曾经出现过三次社会大分工，但只有在国家出现和社会生产力发展到一定水平之后，才产生、形成国际分工。

小词典

国际分工是指世界上各国之间的劳动分工。它是社会分工发展到一定阶段、国民经济内部分工超越国家界限发展的结果，是国际贸易和世界市场的基础。它是一国国内社会分工的延伸，表现为生产的国际化和专业化。

国际分工与社会分工是有区别的。社会分工是指社会不同部门之间和各部门内部的分工，是各种社会形态所共有的，而国际分工是在生产力发展到一定阶段才出现的，特别是在资本主义大机器工业建立以后才形成的；国内社会分工的商品交换受国内价值规律的制约，而国际分工的商品交换则受国际价值规律的制约；国内社会分工的商品交换是通过国内贸易进行的，而国际分工的商品交换则是通过国际贸易进行的；国内的商品交换受到的限制比较少，相对来说是比较自由的，而国际分工之间的商品交换则受种种限制，如对外贸易政策、各国的货币政策、贸易壁垒、限制性商品惯例等。

（二）国际分工的发展阶段

1. 国际分工的萌芽阶段（16 世纪到 18 世纪中叶）

在资本主义以前的各个社会经济形态中，由于自然经济占主导地位，生产力水平低，因此只存在着不发达的社会分工和不发达的地域分工。随着生产力的发展，11 世纪欧洲城市的兴起，手工业与农业进一步分离，特别是 15 世纪末到 16 世纪上半期的“地理大发现”和随后的殖民地开拓，促使了世界市场的产生，使世界贸易迅速扩大，并促进了手工业向工场手工业的过渡，也促进了在工场手工业生产基础上的国际分工的产生和发展。从此，资本主义进入了资本原始积累时期。在这个时期，西欧殖民主义者一方面加强了对本国人民的剥削；另一方面，用暴力手段和超经济的强制手段对拉丁美洲、亚洲和非洲进行掠夺。他们开矿山、建立种植园，发展了以奴隶劳动为基础的、为世界市场而生产的农场主制度，从而建立了早期的资本主义国际专业化生产。1699 年英国贸易与种植园高级专员说：“我们的意图就是要把种植园安排在美洲，那里的人应该专门生产那些英国不生产的产品。”当时盛行一时的三角贸易是宗主国与殖民地间分工的典型表现形式。

2. 国际分工的形成阶段（18 世纪 60 年代到 19 世纪 60 年代）

这个阶段发生的第一次工业革命，使国际分工进入发展与形成的新阶段。

小词典

工业革命又叫产业革命，是以大机器工业代替工场手工业的革命。

工业革命首先发生在英国，接着迅速扩展到其他国家。工业革命的完成，标志着资本主义经济体系的确立，它加快了商品经济的发展，社会分工的发展，也促进了国际分工的形成。

大机器工业的建立为国际分工的发展奠定了物质基础。在产业革命以前，一个国家的工业主要是加工本国的原料。英国纺织工业加工的是本国所生产的羊毛；德国加工本国的麻；法国加工自己的丝和麻；印度加工本土所生产的棉花。但是技术的进步使机器工业越来越摆脱本身所需原料的地方局限性；改革了的运输方式提供了电报等现代化的通信工具，使工业加工的原料大部分来自海外，过去结合在一个家庭里的织布工人和纺纱工人，这时被机器分开了，由于有了机器，现在纺纱工人可以住在英国，而织布工人可能住在其他国家。

大机器工业生产的低廉价格与新的运输方法，使生产的产品不仅供应本国的消费，而且同时供应世界各地的消费。物美价廉的商品成为英国资产阶级征服国外市场的武器，使得其他国家按照英国生产和消费的需要改变它们的产业结构，成为原料产地和商品销售市场。例如，印度已成为英国生产棉花、羊毛、亚麻、黄麻、蓝靛的地方，澳大利亚变为英国的羊毛殖民地。这样，原来的一国范围内的城市与农村的分工、工业部门与农业部门之间的分工，就逐渐演变成世界城市和世界农村的分离与对立，演变成以先进技术为基础的工业国与以自然条件为基础的农业国之间的分工。而且，随着国际分工的发展，世界市场上交换的商品种类发生了变化，诸如小麦、棉花、羊毛、咖啡、铜、木材等大宗商品取代了那些满足贵族需要的奢侈品。

这时期建立的国际分工体系是一种垂直型的国际分工体系，一头是以英国为首的国家，一头是沦为世界农村的广大的亚非拉国家和殖民地。

3. 国际分工的发展阶段（19 世纪中叶到第二次世界大战期间）

这个时期资本主义世界爆发了第二次产业革命，机械、电气工业发展迅速，石油、汽车、电力、电器工业的建立，交通运输工具的发展，特别是苏伊士运河和巴拿马运河的开通，电报、海底电缆的出现，都大大促进了资本主义生产的迅速发展，促进了新的国际分工体系的迅速发展。在这个时期垄断代替了自由竞争，资本输出成为主要的经济特征之一。过去，亚、非、拉美国家只被卷入国际商品流通，而现在则被纳入世界资本主义生产，从而使宗主国同殖民地、工业品生产国同初级产品生产国之间的分工日益加深，形成了国际分工新体系。

殖民主义者通过人为的强制手段和市场力量以及资本输出，逐渐把亚非拉美国家变为畸形的、片面的、单一经济的国家，主要作物和出口商品只限于一两种产品，而且绝大部分销售到工业发达国家的市场上去，因此造成了亚非拉美国家的两种依赖性：一是经济生活对少数几种产品的依赖性；一是对世界市场，特别是对工业发达国家市场的高度依赖。

随着国际分工体系的形成，参加国际分工的每个国家都有许多生产部门首先是为世界市场而生产的，而每一个国家所消费的生产资料和生活资料，都全部或部分地包括许多国家的劳动者的劳动，其结果加强了世界各国间的相互依赖关系，加强了对国际分工的依存性。

4. 国际分工的深化阶段（第二次世界大战后）

第二次世界大战后，兴起了第三次科技革命和产业革命，出现了电子、信息、服务、软件、宇航、生物工程和原子能等新型产业，渗透到经济生活的各个方面，对国际分工产生了重大影响。同时，非殖民化过程开始，各殖民地纷纷开始独立。跨国公司发展迅速，资本输出的形式发生了变化，一些社会主义国家建立并参加国际分工。

超链接

http://www.pep.com.cn/gzls/js/lsxh/hybd/2012_1/hyjb_1_1_1/czz_1/2/201311/t20131121_1173166.htm 第一次工业革命

http://www.pep.com.cn/gzls/js/lsxh/hybd/2012_1/hyjb_1_1_1/czz_1/2/201311/t20131121_1173256.htm 第二次工业革命

http://www.pep.com.cn/czls/js/ztzy/dsckjgm/jxfz/jxkj/201312/t20131223_1177736.htm 第三次科技革命

第二次世界大战前，工业制成品生产国与初级产品生产国之间的分工占主导地位，其次才是工业发达国家之间的分工。在工业国间的分工中，占主导地位的是各国之间不同工业部门之间的分工，例如在钢铁、冶金、化学、机械制造、汽车、造船、造纸、纺织等工业部门间的分工。战后，科学技术和经济的迅速发展改变了战前的国际分工格局，工业国之间的分工居于主导地位，经济结构相似、技术水平接近的工业国之间的分工取代了经济结构不同、技术水平不同的工业国与农业国之间的分工。随着科学技术的进步和社会分工的发展，原来的生产部门逐步划分为更多更细的部门。在越来越多的生产领域中，以国内市场为界限的生产已经不符合规模经济的要求，因此，在一国国内部门之间的分工向部门内部分工发展的同时，越来越多地跨越国界，形成国家间工业部门内部的分工。部门内部分工的主要形式有：

（1）同一产品不同型号、不同规格的专业化分工。一般说来，同类产品往往具有不同的型号和规格，不同国家对同一类产品按不同型号或规格进行分工，从事专业化生产，以适应国内外市场的需要。例如，美国着重发展大功率的轮式和履带式拖拉机；英国发展中型轮式拖拉机；德国生产小功率轮式拖拉机。

（2）零配件和部件生产的专业化分工。由于各国科技和工艺水平的差异，一国对某一种零配件或部件的生产具有优势，另一国对另一种零配件或部件的生产具有优势，因此就产生了零配件或部件的专业化生产。战后，这种形式的专业化生产，在许多产品的生产中得到了广泛的发展。例如，在喷气式飞机、原子能发电站设备、电子计算机、汽车、拖拉机、收音机、电视机等大批量生产时所需的各种零配件或部件往往在不同国家中进行专业化生产。

（3）工艺过程的专业化分工。这种分工是指不同国家对生产过程的不同阶段进行专业化生产。例如，在化学工业方面，某国的一些工厂专门生产半成品，然后出口这些半成品供给设在其他国家的化工厂去生产各种化学制成品。

剪贴板

举世闻名的德国拜耳公司以它所生产的中间产品提供给世界各地的上万家化工厂，制造各种化学成品，就属于工艺过程的专业化。

从国际分工产生到第二次世界大战前，殖民主义宗主国主要从事工业制成品的生产，而殖民地、附属国和落后国家则主要从事于以自然条件为基础的农业或矿业的生产。战后的科技革命和跨国公司的经营活动，某些工业产品的生产从发达国家向发展中国家或地区转移，加上许多发展中国家或地区扶植民族工业的发展，导致了发达国与发展中国家或地区之间工业部门分工的发展。其主要表现为：

（1）高精尖的复杂加工工业与简单的加工工业（如食品工业、胶合板工业、工艺品工业、农矿原料的初步加工工业等）的分工。

（2）资本技术密集型制成品生产与劳动密集型制成品生产的分工。

（3）资本技术密集型零、部件生产或工艺与劳动密集型零、部件生产或工艺之间的分工。

从国家的经济所有制上看，不仅有资本主义国家，而且还有一批社会主义国家参加国际分工。第二次世界大战前，参加国际分工的国家主要是以私有制经济为主的资本主义类型的国家。第二次世界大战后，随着一批社会主义国家的成立，资本主义生产关系一统国际分工的时代结束了。

从经济一体化上看，区域性经济集团内部分工趋势加强。战后世界性经济一体化和区域性经济一体化的趋势同时并存，在世界性经济一体化进展的同时，区域性经济集团化的进程也明显加快。一般来说，这些经济集团不同程度地存在着内向性和排他性，对内逐步下降、取消关税和非关税壁垒措施，促进集团内成员国之间商品贸易、服务贸易与投资的自由化；对外继续采取关税与非关税等排他性措施，在不同程度上阻碍着经济集团与非成员国之间分工与贸易的发展，其结果导致了经济集团内成员国之间分工和贸易发展趋势的加强。

从分工类型上看，垂直型分工日益向水平型分工过渡。按照参加分工的各国经济发展水平，国际分工可分为以下三种类型：

（1）垂直型国际分工。即经济发展水平不同的国家之间的纵向分工，主要指发达国家与发展中国家之间制造业与农业、矿业的分工。19 世纪形成的传统国际分工就属于垂直型分工。当时少数欧美国家是工业国，而绝大多数亚非拉地区的国家则沦为殖民地、半殖民地，成为农、矿业国。第二次世界大战后，这种类型的分工有所削弱，但仍然是发达国家与发展中国家之间的一种重要分工类型。

（2）水平型国际分工。即经济发展水平基本相同的国家之间的横向分工，主要指发达国家之间在工业部门上的分工。从历史上看，这些国家的工业发展有先有后，技术水平存在着差异，工业部门发展不平衡等，因而形成了这种类型的分工。第二次世界大战后，由于科技进步与工业的迅速发展，这种类型的分工也进一步发展。

（3）混合型国际分工。即垂直型与水平型混合起来的国际分工。例如，德国是典型的混合型国际分工的代表，它对发展中国家是垂直型，而对其他发达国家是水平型。

第二次世界大战后，科技进步和工业发展促进了国际分工的发展，导致了垂直型分工向水平型分工的过渡。

从商品形式上看，国际分工从有形商品领域向服务业领域扩展，并出现了相互结合、相互渗透的趋势。战后随着科技进步和各国经济相互依赖性的加强，国际服务贸易也迅速发展，推动着服务业国际分工发展，国际分工从有形商品生产分工向服务业分工扩展。由于各国经济发展不平衡，不仅在商品生产上表现出差异，也在服务业上表现出差异。发达国家的技术密集型服务业发展迅速，而以高技术、资本密集型服务参加服务业国际分工；发展中国家劳动密集型服务业发展较快，而以建筑工程承包、劳务输出等劳动密集型服务参加服务业国际分工。随着科技发展和各国产业结构的调整，服务几乎渗透到社会再生产过程的各个领域，促进了生产国际化和服务国际化的交织发展，出现了商品生产的国际分工和服务业国际分工相互结合、相互渗透的趋势。这个趋势又推进了整个国际分工的进一步深化和发展。

从分工的性质上看，发达国家与发展中国家之间的分工性质开始有所改变，但在总体上，国际分工仍然是资本主义性质。第二次世界大战后，帝国主义殖民体系的瓦解，亚非拉地区原有的殖民地和附属国纷纷取得政治上的独立，逐步走上了发展本国民族经济的道路，成为发展中国家。殖民体系的瓦解和民族经济的发展，使发展中国家能够在更大程度上自主地决定参加国际分工，原有的国际分工的殖民性质开始有所改变，它们在国际分工中的地位有所提高。但是，当代国际生产关系中资本主义生产关系仍居于支配地位，世界生产力的大部分仍集中在少数发达国家，这些国家在事实上控制着当代国际分工格局、规模与内容，决定国际分工的性质，发展中国家受剥削和掠夺的被动地位并没有彻底改变。从整体上看，现存的国际分工仍然具有资本主义的不合理、不公平和不平等的性质。

总之，战后国际分工发生了重大变化，从以自然资源为基础的分工逐步让位给以现代化工艺、科技为基础的分工；以工业部门之间的分工逐步让位给工业内部的分工；以非经济集团国家间生产品的分工开始转向经济集团内部的分工；以工业国与农业、矿业国间的分工逐步转向不同层次工业部门的分工；纵向型分工逐步过渡到横向水平型分工等。

（三）国际分工的影响因素

国际分工要受到各种因素的影响和制约，主要因素有：社会生产力发展、自然条件、各国在国际分工中的地位和所执行的政策等。具体如下：

（1）社会生产力是国际分工形成和发展的决定性因素。生产力的增长是社会分工的前提条件，它突出表现在科学技术的重要作用上，三次科技革命都深刻地影响了国际分工的发展。各国的生产力水平决定了其在国际分工中的地位，随着生产力的发展，各种经济类型的国家都加入国际分工的行列中，形成了世界性的分工。生产力的发展对国际分工的形式、广度、深度和产品内容起着决定性的作用。

（2）自然条件是一切经济活动的基础，包括地理条件、地质条件、资源状况、气候、国土面积等，都对国际分工起着重要的作用。但是，随着生产力的发展，自然条件对国际分工的作用正在逐渐减弱，因此，自然条件只提供国际分工的可能性，不提供现实性。因此，在生产力水平和自然条件之间，前者居于主导地位。

（3）人口分布的不均衡会使分工和贸易成为一种需要。现代大规模生产，使分工成为必要的条件，这种分工跨越了国界，就产生了国际分工。随着劳动规模越来越大，分工就越来越细，任何一个国家都不可能包揽所有的生产，必须参与国际分工。另外，国家商品市场的规模也制约着国际分工，在一个国家和地区，人口越是稠密，个人支付能力越强，市场就越大，从而分工的实现程度就越高。同样，交换距离和运输条件对国际分工也有一定的影响。

（4）资本国际化促进了国际分工的迅速发展。自19世纪末以来，资本输出就成为资本主义国家重要的经济现象。战后，跨国公司的迅猛发展和在国际经济中地位的提高，发展中国家对外政策的变化，都大大加速了资本的国际化进程，对国际分工的深入发展起着重要的作用。

（5）生产关系与国际分工也有着密切的联系。既然国际分工是社会分工超出国家界限的结果，因此，社会生产关系也会超出国界而形成国际生产关系，主要包括：生产资料所有制形式、各国在国际分工中的地位，以及它们在国际分配、国际交换和消费中的各种关系。上层建筑一般指建立在经济基础之上的政治法律制度和社会意识形态，它既可以推进国际分工的形成和发展，也可以对国际分工起到阻碍和延缓的作用，如制定保护贸易政策、闭关锁国等。

（四）国际分工的多样化与细化

科技进步和工业发展导致了垂直型分工向水平型分工的过渡。在经济全球化与技术革命的推动下，传统意义上明确的垂直分工与水平分工形态逐渐模糊，国际分工呈多样化趋势。一方面，发达国家与发展中国家尽管仍以垂直分工为主，但为了寻求合理的资源配置和更高的贸易利益，直接投资以跨国公司为纽带，将商品生产、销售世界化，使世界各国成为其生产、销售链条上不同的环节，使两类国家的分工形态不再是简单的垂直，而是垂直与水平分工的融合；另一方面，发达国家之间的分工形态也从产业间的水平分工向产业内分工转变，表现为同类产品在发达国家之间既出口又进口，进出口交叉进行。这种情况表明，发达国家之间的国际分工进一步细化，原来意义上产业间的水平分工已呈垂直状态，而产业内分工则呈现新的水平分工状态，其分工竞争的核心是产品的差异化。

新的国际分工状况表明，各国企业需要根据其自身的实力在国际分工形成的生产、分工链条中寻找位置，从依赖商品生产过程的竞争转向依赖商品生产环节的竞争。企业可利用产业内的国际分工，把握自身所处的环节，适时借助产业扩散、业务外包、合同采购、供应链管理等手段，将自己以往直接从事的生产经营业务转移出去，集中优势力量在所处环节上做好生产经营，以便在激烈的环节竞争中占有一席之地。

小词典

供应链管理是指对整个供应链系统进行计划、协调、操作、控制和优化的各种活动和过程，其目标是要将顾客所需的正确的产品（right product），在正确的时间（right time），按照正确的数量（right quantity）、正确的质量（right quality）和正确的状态（right status）送到正确的地点（right place），即“6R”，并使总成本最小。

（五）国际分工对国际贸易的影响

国际分工是当代国际贸易的基础，国际贸易的发展受国际分工的影响。

1. 国际分工影响国际贸易的发展速度

从国际贸易发展来看，在国际分工发展快的时期，国际贸易也发展快；相反，在国际分工缓慢发展时期，国际贸易也发展较慢或处于停滞状态。因此，国际分工是当代国际贸易发展的主动力。据统计，1800—1913 年，世界人均生产每十年增长率为 7.3%，而世界人均贸易额每十年增长率为 33%，显然大大高于世界生产的发展。相反，1913—1938 年，世界生产发展缓慢，国际分工处于停滞状态，国际贸易量在这个时期年平均增长率只有 0.7%。第二次世界大战后，国际分工又有了飞速的发展，国际贸易的发展速度也加快了，并快于以前各个时期。1948—1973 年国际贸易量年平均增长率为 7.8%，1973 年后年平均增长率有所下降，但仍超过第二次世界大战前。

2. 国际分工影响国际贸易地理方向

小词典

国际贸易地理方向亦称“国际贸易地区分布”（international trade by region），用以表明世界各洲、各国或各个区域集团在国际贸易中所占的地位。计算各国在国际贸易中的比重，既可以计算各国的进出口额在世界进出口总额中的比重，也可以计算各国的进出口总额在国际贸易总额（世界进出口总额）中的比重。

国际分工发展的过程表明，在国际分工处于中心地位的国家，在国际贸易中也占据主要地位。从 18 世纪到 19 世纪末，英国一直处于国际分工中心国家的地位，它在资本主义世界对外贸易中一直独占鳌头。英国在资本主义世界对外贸易总额中所占比重 1820 年为 18%，1870 年上升到 22%，随着其他国家在国际分工中地位的提高，英国的地位在逐步下降，但直到 1925 年它在国际贸易中仍占 15%。从 19 世纪末以来，发达资本主义国家成为国际分工的中心国家，它们在国际贸易中的地位一直居于支配地位。发达资本主义国家在世界出口中所占比重 1950 年为 60.8%，1980 年为 62.6%，1991 年又上升到 72.4%，2010 年占全球出口总量的 53.9%，2017 年稳定在 54%。

各国对外贸易的地理方向与各国相互分工的程度呈正方向变化。19 世纪国际分工的主要形式是宗主国同殖民地落后国家之间的分工，即前者出口工业品，后者出口农矿产品。这种垂直分工形式决定了当时国际贸易主要在殖民地同宗主国这两类国家间进行。第二次世界大战后，国际分工发生了变化，从出口制成品、进口原料为主变为生产专业化协作为主，即从垂直分工变为水平分工。国际贸易的地理方向也随之发生了变化，变为以发达国家间的贸易居主导地位，而发达国家同发展中国家间的贸易则居次要地位。1913—1984 年，前者在整个世界贸易中的比重从 43%上升到 52%，而后者从 52%下降到 17.1%。

3. 国际分工影响国际贸易的商品结构

随着国际分工的发展，国际商品结构与各国的进出口商品结构不断发生变化。第二次世界大战后，这种变化表现在以下几个方面：第一，工业制成品在国际贸易中所占比重超过初级产品所占的比重。第二次世界大战前，由于殖民主义宗主国与殖民地落后国家的国际分工以垂直型分工为主，故初级产品在国际贸易中的比重一直高于制成品。从 1953 年起，工业制成品贸易在国际贸易中所占比重超过初级产品贸易所占比重。到 1990 年工业制成品所占比重已达到 71%，而初级产品所占比重则降到 29%。第二，发展中国家出口中的工业制成品不断增长。随着发达国家与发展中国家分工形式的变化，发展中国家出口中的工业制成品不断增加，所占比重从 1970 年的 18.5%提高到 1990 年的 54%。发展中国家出口制成品在世界贸易中所占比重也在增长。第三，中间性机械产品的比重提高。随着国际分工的深化和跨国公司在国际分工中地位的提高和作用的加强，工业内部、公司内部贸易的增加，中间性机械产品在整个机械工业制成品贸易中的比重不断提高，在各主要发达国家制成品贸易中约占 70%以上。第四，服务贸易发展迅速。服务贸易在近年来，特别是在发达国家有了迅速的发展。服务贸易在各发达国家对外贸易中都占很大比例。世界服务贸易额从 1967 年的 700 亿美元～900 亿美元剧增到 1994 年的 10 800 亿美元，进入 21 世纪，呈现指数型增长，2010 年全球服务贸易总额为 7.56 万亿美元，2017 年突破 10 万亿美元。

4. 国际分工影响国际贸易利益分配

国际分工可以扩大整个国际社会劳动的范围，发展社会劳动的种类；可以使贸易参加国扬长避短、发挥优势，有利于世界资源的合理配置；可以节约全世界的劳动时间，从而提高国际社会的生产力。因此，国际分工的发展是一个进步的过程。但是，由于国际分工的产生与发展是在资本主义生产方式内进行的，它代表了生产力发展的进步过程，同时也体现了资本主义社会的生产关系，因此，国际分工也成为旧的不平等的国际经济贸易秩序的重要组成部分。

在资本主义国际分工体系中，帝国主义国家的分工是比较平等或平等的关系。但是，在帝国主义国家与殖民地、半殖民地、落后国家间的分工却是中心和外围的关系，两者之间是控制与被控制、剥削与被剥削的关系。这种不平等的分工关系决定了殖民地、半殖民地、落后国家的不平等的贸易关系。

帝国主义国家凭借自己在市场上的独占地位，在国际贸易中高价卖出，低价买进，进行不平等交换；通过对外贸易转嫁经济危机，把国际贸易中的利益大部分、有时甚至是全部占为己有，使殖民地、半殖民地落后国家的贸易条件不断恶化，大大影响了这些国家的经济发展。

第二次世界大战后，随着发展中国家在政治上取得独立、民族工业的不断发展、在国际政治经济舞台上的不断斗争，发展中国家在国际分工中的地位有所改善，贸易利益有所增加，但是还未发生根本性、实质性的变化。

5. 国际分工的发展使各国对外贸易依存度不断提高

小词典

对外贸易依存度也叫对外贸易系数，是一国对外贸易额（出口额与进口额之和）在该国国民生产总值（或国内生产总值）中所占的比重。

（1）随着国际分工的发展，尤其是第二次世界大战后国际分工的深入发展，整个世界贸易依存度都在不断提高，世界出口依存度已从 1950 年的 8.5%提高到 1980 年的 17.1%，2017 年世界出口依存度高达 23.9%。它表明随着国际分工的深入发展，世界经济生活在不断地国际化。

（2）随着国际分工的深入发展，国际分工已成为各国国民经济运转的一个必需条件，国际贸易的重要性有了显著的提高。不同类型的国家的出口依存度都有了不同程度的增长。从 1950 年到 1980 年间，发达资本主义国家的出口依存度从 7.7%增长到 26.8%。

（3）随着国际分工的深入发展，贸易方式也向着多样化方向发展。

三、国际贸易与国际直接投资的融合

国际资本移动是指资本从一国或地区跨越国界向别的国家或地区移动、转移进行商品生产和金融等服务业方面的投资活动。它是资本主义发展到垄断阶段后的重要经济现象。国际资本移动按投资方式可分为直接投资和间接投资。国际直接投资是一个国家的投资者输出生产资本直接到另一个国家的企业进行投资，并由投资者直接进行企业的经营和管理，以获取利润为目的的一种投资形式。

第二次世界大战后，国际资本移动发生了很大变化，主要有：国际直接投资迅速发展并占主导地位，投资规模迅速扩大；国际资本移动中的主体是发达国家，但发展不平衡；国际资本移动的国别地区流向发生了较大的变化，由发达资本主义国家流向发展中国家和一些前属领地的单向型转变为发达国家相互间的对流型移动，并且发达国家间的双向投资比重仍在继续提高；国际资本移动的部门结构发生了显著变化，战前和战后初期，发达资本主义国家的对外直接投资大部分投入自然资源开发，如采掘工业以及公用事业，20 世纪 60 年代中期以来逐步转向制造业和商业、金融、保险、运输等服务行业，并且主要集中在一些发展迅速、以高新技术为特征的新兴工业部门；新兴工业化国家和地区对外资本移动持续稳定发展，20世纪60年代后期以来，一些发展中国家和地区通过积极有效地引进外资和先进技术，大力发展经济贸易，使本国或本地区经济实力大大增强，也从资本的输入国转变为资本的输出国；国家垄断资本在国际资本移动中发挥着重要作用，第二次世界大战前，国际资本移动主要是发达资本主义国家的私人资本，第二次世界大战后，发达资本主义国家通过政府援助大量向发展中国家输出资本，资本输出成为国家垄断资本主义的重要组成部分。

国际资本移动速度的加快和规模的扩大是国际贸易迅速发展的重要原因。战后初期，美国政府便开始向西欧和日本进行国家资本输出，美国进出口银行的贷款规定，所得贷款必须全部用于购买美国商品，而且货物须由美国船只装运，由美国保险公司保险。西欧和日本在经济恢复以后对其他发展中国家进行的援助和贷款也属于这类性质。发达国家给予其他国家，主要是发展中国家的巨额官方或私人出口信贷，成为扩大发达国家大型成套机器设备出口的重要手段。另外，资本输出也成了确保原料进口的手段，发达国家的跨国公司通过建立独资、合资企业以及各种非股权安排来保证原料长期稳定的供应，促进了初级产品的生产与贸易。由此便扩大了商品在国家间的流动，促进了国际贸易的发展。第二次世界大战后，国际贸易和国际直接投资相互融合，主要表现在以下几方面：

首先，跨国公司引领的国际贸易和国际生产成为经济全球化的核心力量。跨国公司通过在其他国家和地区设立生产基地，将国际分工从部门间、部门内发展至公司内部，直接表现为国家间分工在深度和广度上的扩展，国家间贸易往来的发展。跨国公司的直接投资不仅大幅度地提高了东道国的出口竞争力，也显著带动了这些国家出口的增长。直接投资还为东道国带来了先进技术、管理经验和国外销售渠道，为东道国在国际产业转移和全球化链条中不断升级换代创造了机遇和条件。但跨国公司的目的是将东道国的优势资源和优势企业纳入自身经营的轨道，获得更大的利益。

其次，立体的、网状的竞争成为跨国公司利用直接投资在竞争中保持不败的重要手段。在国外的生产和贸易部门进行投资的跨国企业可利用自身的优势，及时、准确地收集当地市场的商业信息，并与其他地区建成信息网络。这对企业根据市场状况适时地生产适销对路的产品、改进产品的销售都是极其有利的。

最后，跨国并购成为国际贸易竞争的重要形式。利用跨国并购降低企业内和企业间的交易成本，通过企业改组使其更加灵活，从而运用它们竞争与合作并存的双重优势。其手段一是规模越来越大，形成规模经济；二是强强联合，使竞争优势更加明显。

【讨论区】

背景 2003年中美双边贸易额首次突破千亿，达到1 263亿美元。2015年中美双边贸易额达5 980.7亿美元，同比增长1.3%。中国对美国进口额达到1 161.9亿美元；出口额约4 818.8亿美元。中美贸易顺差接近3 656.9亿美元。近年中日双边贸易的增长十分迅速。2003年达1 335.7亿美元，2015年增至2 786.7亿美元，中方逆差73.1亿美元，而在2000年，中国还顺差21亿多美元。

问题 为什么同样是发达国家，美国对中国保持长期的逆差，而日本却对中国保持长期的顺差呢？

分析 十分明显，在国际贸易的分工中，美日处于上游，主要生产技术和资本密集型产品；而中国则相比仍然处于下游，主要生产劳动密集型产品，并以此为基础进行加工贸易。

近年来，中国的宏观经济形势得到持续改善。中国已越来越成为日本企业通过对外直接投资来改善经营环境、提升盈利水平的首选对象。2003 年度在日本总体对外直接投资比上年减少 9.2%的情况下，对华直接投资却急剧增长了 65%。因此，日本对华投资的扩大必然加大了中国对日本产品的需求（这往往是进行投资的条件），尤其是加工贸易中的零配件或者技术等。因此，必然加大对日的贸易逆差。中国由于自身的国际分工的位置，实际上成了日本产品的生产基地。中国对美国贸易顺差的扩大，实际上是日本产品对美国的贸易顺差扩大。从中，我们可以发现：由于进行了国际投资，日本可以转移对美国的巨大的顺差，从而减轻来自美国的压力，而中国实际上是这种转移的一个中转站。

【本章小结】

国际贸易是一定历史阶段的产物，具体地讲，它是资本主义生产方式的产物。它的产生有两个基本条件：一个是商品经济的产生，出现了专门用于交换的商品和货币，为商品的广泛交换创造了条件；另一个是国家的形成，每一个国家都有确定的管理地域，有了内外的区分。具备了这两个条件，就产生了对外贸易。前资本主义时期的国际贸易不发达，国际交换偶然发生，不够稳定。资本主义时期，生产方式发生了巨大的改变，大机器的使用使国际贸易的发展成为必然。由于一切国家的生产和消费都具有了世界性，各国的对外贸易才具有了世界性质，形成了具有普遍意义的国际贸易。从当代国际贸易的发展来看，由于贸易障碍的不断消除，使有形商品与无形商品以及各种生产要素跨国流动的成本大大降低，资源禀赋带来的优势不再自动转化为竞争优势，竞争优势更多地取决于后天的因素，资源比较优势与竞争优势分离。在经济全球化与技术革命的推动下，传统意义上明确的垂直分工与水平分工形态逐渐模糊，国际分工呈多样化趋势。跨国公司引领的国际贸易和国际生产成为经济全球化的核心力量，立体的、网状的竞争成为跨国公司利用直接投资在竞争中保持不败的重要手段，跨国并购成为国际贸易竞争的重要形式。

【复习思考】

1. 国际贸易的产生需要哪些具体条件？
2. 影响国际分工产生与发展的因素有哪些？
3. 国际分工对国际贸易有什么影响？
4. 为什么说国际贸易促进了资本主义的发展？

第三章

国际贸易理论

【学习导航】

⊙ 掌握古典贸易理论，即绝对成本理论和比较成本理论。

⊙ 掌握现代贸易理论，重点学习要素禀赋理论的假设、内涵及要素价格均等化定理。

⊙ 掌握国际贸易新理论，重点理解新贸易理论与上述理论的关系以及波特的金刚石模型。

国际贸易的基础理论可以分为两大类：一类为贸易保护理论，如早期产生的重商主义学说、李斯特的保护幼稚工业理论等；另一类为自由贸易理论，由英国古典政治经济学派的代表人物亚当·斯密创立，并得到不断的发展。本书所介绍的是以自由贸易为主线的经济理论，如绝对优势理论、比较成本理论、国际相互需求方程式及现代国际贸易理论等。实际上，自由贸易理论也好，贸易保护理论也好，其核心都是比较利益。自由贸易理论的比较优势是自然条件的发展来决定的比较，所以理论中存在许多假设，但却反映出其透过现象看本质的能力；而贸易保护理论则是通过制造的一些条件或障碍来获得比较优势，理论较为现实和实用。从国际贸易理论的发展线索来观察，当代的国际贸易理论基本上是两种理论的混合体。因此，过于明确地将理论划分为自由贸易的还是贸易保护的似乎没有太大的意义。

第一节　古典贸易理论

一、绝对成本理论

英国古典经济学的典型代表人物亚当·斯密于1776年出版了《国民财富的性质和原因的研究》一书，在批判了重商主义的基础上，首次提出了绝对成本理论。这一理论成为现在自由贸易理论的先驱。

剪贴板

亚当·斯密（Adam Smith，1723—1790）是经济学的主要创立者。他于1723年出生在苏格兰的克科底，青年时就读于牛津大学。1751年到1764年在格斯哥大学担任哲学教授。在此期间发表了他的第一部著作《道德情操论》，确立了他在知识界的威望。但是他的不朽名声主要在于他在1776年发表的伟大著作《国家财富的性质和原因的研究》（即《国富论》）。该书一举成功，使他在余生中享受着荣誉和爱戴。他于1790年在克科底去世。斯密一生未娶，没有子女。

亚当·斯密所处的时代，正值产业革命初期，大机器的使用使生产规模迅速扩大，大机器生产的产品本国难以消化，而所需要的原材料等，本国也难以提供，因此需要扩大对外贸易，消除贸易障碍。但当时的英国所奉行的是重商主义理论，实行贸易保护政策，限制了英国的对外贸易发展。因此，亚当·斯密建立的自由贸易理论使英国摆脱了困境。他认为，两国间的贸易基于绝对优势。

小词典

绝对成本是指在某种商品的生产上，一国所需的劳动成本绝对低于另一国，在劳动生产率上占有绝对优势。

当一国相对另一国在某种商品的生产上更高效，但在另一种商品的生产上效率却更低时，两国就可以通过专门生产自己有绝对优势的产品并用其中一部分来交换其有绝对劣势的商品。这样资源可以被最有效地使用，而且两种商品的产出会更高。

例如第一章“讨论区”中提及的案例：当西方的情人节到来时，美国需要大量的玫瑰。然而由于气候原因，在美国本土种植玫瑰需要花费大量的成本，如在温室中种植，其生产的效率是比较低的。而在南美，由于这个时候正是玫瑰种植的好季节，所以其生产成本很低。但是，在另一种商品如计算机的生产上，由于其受技术影响比较大，众所周知，美国的计算机生产效率绝对地高于南美。在这种情况下，如果两国都生产自己占绝对优势的产品，然后通过贸易来获得另一种商品，那么两国就都会获利。南美专门生产玫瑰，而美国则专门生产计算机，用各自多余的产品交换自己所需的产品，那么，玫瑰和计算机都会增产，两国的福利也都会得到提高。

事实上，国家如同个人一样，并不需要生产它所需要的全部产品。相反，它仅生产自己能最高效生产的商品，并用这些商品的一部分去交换它所需要的其他商品。这样，总产出和每个人的福利就都能得到提高。正是这点与重商主义存在明显的差别。重商主义认为一国仅在他国损失的情况下才可能获利，所以倡导国家严格控制经济和贸易活动。但是通过绝对成本理论的分析，可以看出所有国家都可以通过自由贸易获利，因此，亚当·斯密及其随后的追随者都倡导自由放任，主张政府尽可能少地干预经济活动。自由贸易会使世界资源利用效率更高，使整个世界的总体福利最大化。

亚当·斯密的绝对成本理论有两个核心：一个是国际分工，另一个是自由贸易。其实通过上面的分析已经不难看出，国家之间通过国际贸易增加福利主要有两个步骤：首先就是各国专门生产自己具有绝对优势的商品，这实际上是一种垂直性的国际分工，即优势商品都是在一国内完成生产的；接下来就是通过自由贸易相互交换自己具有绝对劣势的商品，如果各国都实行贸易保护，交换不充分，分工也就难以建立。下面我们看一个绝对成本的例子（见表3-1），通过对它的分析，我们将会对这一理论有更加深刻的理解，同时也为我们下一部分的分析提供一个参考框架。

演算簿

表3-1　美英大米和布匹的生产能力比较

	美国	英国
大米（吨/劳动日）	0.5	0.3
布（匹/劳动日）	0.2	0.4

表3-1表明，1个劳动日在美国可以生产0.5吨大米，而在英国只能生产0.3吨；1个劳动日在美国可以生产0.2匹布，但是在英国却可以生产0.4匹。因此，不难看出，美国在大米的生产上具有绝对优势，但在布的生产上，英国具有绝对优势。根据绝对优势理论，美国可以专门生产大米，英国可以专门生产布，通过国际贸易交换对方的布和大米。

那么，通过分工是否可以增加各国的福利呢？我们可以粗略地计算一下：在分工前，如果美国在大米和布的生产上各花费100天，那么，它将获得50吨大米和20匹布；同样的，如果英国也在两者的生产上各花费100天，那么，它将获得30吨大米和40匹布。所以，在分工前花费400个劳动日，两国所得共为80吨大米和60匹布。

通过国际分工，美国专门生产自己具有绝对优势的大米，而英国则专门生产布，同样，各自花费200天，结果将会是什么呢？美国共生产了100吨大米，英国共生产了80匹布。比分工前增加了20吨大米和20匹布，整个世界的产出得到了明显的增加。如果美国拿出50吨大米交换大于20匹的布，那么它的福利将会得到提高；同样英国拿出40匹布交换大于30吨大米，它的福利也会得到提高。很显然，这种贸易是可以发生的，如美国用40吨大米交换英国的30匹布，那么两国的福利实际上同时得到了提高。当然，这中间涉及交换的可能性以及两国的具体获利问题，这将在后面得到解决。

然而，绝对成本理论只能解释现在世界贸易中的一小部分交易，这主要是由于这一理论存在着天然的缺陷，即“绝对”。由于该理论强调的是绝对优势，而与发达国家相比，很多发展中国家在各种商品的生产上都处于绝对劣势，根据这一理论它们就不能参加国际交换。如果参加也是只买而不能卖。但事实上不是这样，而是所有的国家都能够参加国际交换，因而理论与实际不相符合，所以说是一个缺陷。

对此，英国古典经济学派的另一位代表人物大卫·李嘉图进行了补充，在该理论的基础上建立了“比较成本理论”，成为国际贸易的奠基理论，直到今天仍是 WTO 的理论基础。

二、比较成本理论

比较成本理论是由大卫·李嘉图提出来的，他对绝对优势理论解决不了的问题进行了进一步的研究，在他的《政治经济学及赋税原理》(1817) 中阐述了这一理论。

剪贴板

大卫·李嘉图 (David Ricardo，1772—1823) 是古典政治经济学理论的集大成者。他生于伦敦一个犹太家庭，14 岁时开始经商，在伦敦交易所从事投机活动，26 岁时已经成为英国金融界的富有人物。此后，他开始进行科学研究。不久，对政治经济学发生了浓厚兴趣，钻研了《国富论》。1810—1820 年，是李嘉图最富有成就的时期。《黄金的高价》等许多重要著作的出版使其成为一名有权威的货币理论家。1817 年《政治经济学及赋税原理》出版，此书成了他最重要的著作。

根据比较成本理论，即使一国在两种商品的生产上与另外一国相比都处于劣势，就是说不存在斯密所强调的绝对优势，仍然可能有互惠贸易。因为，与另一国相比，本国两种商品的比较劣势是不一样的，它可以专门生产并出口其劣势相对较小的商品（这是其具有比较优势的产品），同时进口其劣势相对较大的商品。

提示音

这一理论的目的在于说明国际贸易的基础是比较优势，而不是斯密所认为的绝对优势。这种优势是比较的结果：两利相权取其重，两弊相衡取其轻。例如，一位医术高明的医生同时也是最好的护士。但是我们应该让他同时兼任医生和护士吗？当然不是，他应该集中全力诊治病人，让护士去从事护理工作。因为对诊治和护理两种工作而言，护士在护理上的成本是相对较低的，具有相对的比较优势。

为了进一步分析该理论，需要对这一理论的假设做如下说明：

（1）假设世界是由两个国家组成，它们只生产两种商品。

（2）生产要素在一国国内可以自由流动，在两国之间则完全不能流动。

（3）两国的国际贸易是在完全竞争的条件下进行的。

（4）商品价值由劳动决定。

（5）两国的生产成本不变，不存在规模收益，也不考虑技术进步和经济发展。

在上面假设的基础上，李嘉图的比较成本理论的核心思想是：两国生产力不等，其中一国在任何一种商品的生产上成本都高于另一国，即与另一国相比该国处于绝对的劣势。在这种情况下，两国间进行国际贸易的可能性依然存在，这是因为在任何商品的生产上两国的劳动成本差距并不是相等的。因此，处于绝对优势的国家也不必生产全部商品，而是应该集中生产其绝对优势较大的商品；同样的，处于绝对劣势的国家也不必全部停产，仍然可以生产其比较成本较小的商品，这时通过国际交换，依旧可以增加世界产出，参加贸易的国家也都可以节约社会劳动，提高本国福利。下面我们举一个简单的例子（见表 3-2），证明这一理论的正确性，即我们必须证明通过专门生产比较优势的商品，国际贸易依然可以为两国增加福利。

演算簿

表 3-2　英葡毛呢和葡萄酒的生产能力比较

	毛呢 X 单位	葡萄酒 Y 单位
英国	100 劳动日	120 劳动日
葡萄牙	90 劳动日	80 劳动日

从这个例子中我们可以看出：英国和葡萄牙同时生产毛呢和葡萄酒两种商品。英国生产 X 单位的毛呢需要 100 个劳动日，而葡萄牙需要 90 个；生产 Y 单位的葡萄酒，英国需要 120 个劳动日而葡萄牙需要 80 个。在这两种商品的生产上，英国处于绝对的劣势，葡萄牙处于绝对的优势。按照绝对优势理论，英国是不能参加国际交换的。但按照比较成本理论，我们可以做如下分析：

英国生产的 X 单位的毛呢比葡萄牙落后 10 个劳动日，而生产的葡萄酒则落后 40 个劳动日，即与葡萄牙相比，在毛呢的生产上英国的成本消耗要比在葡萄酒的生产上相对较小（100：90＜120：80）。所以在毛呢的生产上英国具有比较成本优势。因此，英国应当专门生产毛呢同葡萄牙交换葡萄酒。

分工前，两国共同生产 2X 单位的毛呢，2Y 单位的葡萄酒共需要：100＋120＋90＋80＝390 劳动日。

分工后，英国生产 2X 单位的毛呢需要 200 劳动日，葡萄牙生产 2Y 单位的葡萄酒需要 160 劳动日，两者共计 360 劳动日，比未分工时节省了 30 劳动日，增加了世界财富。

从交换角度看，英国以 100 劳动日生产的毛呢同葡萄牙 80 劳动日生产的葡萄酒交换似乎吃亏，但这些酒在英国的国内需要 120 劳动日才能生产出来，实际上节省了 20 个劳动日。同理，葡萄牙以 80 劳动日生产的葡萄酒交换的毛呢，在其国内生产需要 90 个劳动日才能完成，也节省了 10 个劳动日。因此交换能够进行，这是因为两国都能在这样的交换中获得好处。

这样，比较成本理论就把国际交换从个别现象推广到一般，从而解释了所有的国家都可以参加国际交换的原因。

为什么会出现比较优势这种情况呢？李嘉图解释说，因为国际价值不能受国内价值规律的支配。由于各国的劳动力和资本不能在各国间自由地流动，商品的生产还是在不同的国家内进行的，因此需要通过国际分工和国际交换来实现。如果各国的劳动力和资本能够自由流动的话，则毛呢和葡萄酒的生产都将在葡萄牙进行。

从整体上看，大卫·李嘉图比较成本理论的问世标志着国际贸易学说总体系的建立。著名经济学家萨缪尔森称它为“国际贸易不可动摇的基础”。这一理论作为反映国际贸易领域的一般原则和规律的学说，具有很高的科学价值和现实意义，具体表现在以下几个方面：

第一，比较成本理论表明，不论一个国家处于什么发展阶段，经济力量是强是弱，都能确定各自的相对优势，即使处于绝对的劣势也能从劣势中找到相对优势。各国根据比较成本原则来安排生产、进行贸易，那么贸易双方都可以用较少的劳动消耗交换到比闭关自守时更多的产品，增加总的消费量。这个理论比起斯密的绝对优势学说对于贸易分工基础的认识，无疑是大大前进了一步。

第二，比较成本理论表明，价值规律的作用在世界市场的背景下发生了重大的变化。我们知道，在一个国家内部价值规律的作用是劳动生产率低的商品生产者被不断地逐出市场。但是比较成本理论则使我们相信，在国家之间发生平等交换关系的条件下，劳动生产率落后国家的生产者不仅不会因竞争而被淘汰，反而有可能从国际贸易中获得利益。因此，经济落后的国家不应该惧怕对外开放，只要采取正确的外贸发展战略就可以从国际分工和国际交换中获得利益，从而推动本国经济的发展。

想一想　比较成本理论是完美的吗？

当然，比较成本理论也存在诸多不足，主要有以下几点：

首先，该理论虽然以劳动价值论为基础，但是就整体而言，李嘉图的劳动价值论是不彻底的，这是他未能正确区分价值与交换价值的结果。该理论本身没有解释为什么葡萄牙用 80 劳动日生产的葡萄酒同英国 100 劳动日生产的毛呢能够进行交换，以及为什么这种交换还能互利以及交换中的利益来自何处。

其次，比较成本理论赖以成立的假设过于苛刻，并不符合经济现实，这就大大削弱了该理论的适用性。现实世界中是不存在完全竞争市场的；劳动生产率并不是固定不变的，一个国家可以通过技术引进和革新来提高技术水平，从而改变比较成本的比率，那么国际贸易分工的格局也将发生变化。

再次，比较成本理论与现实的国际贸易实际不太相符合。按照这一学说，比较利益相差越大则越可能发生贸易。从这点出发，目前国际贸易最应该发生在发达国家与发展中国家，而现实状况是发达国家之间的贸易是国际贸易的主体。

最后，比较成本理论只是说明了两国进行交换的可能性，但是对于具体的交换比率则没有涉及。关于这一问题，英国古典经济学派的另一位代表人物约翰·斯图亚特·穆勒进行了回答。

三、国际相互需求方程式

剪贴板

约翰·斯图亚特·穆勒（John Stuart Mill，1806—1873）是英国古典经济学派的最后一位代表人物，是英国资本主义空前繁荣时期的经济学家。主要著作有《政治经济学原理》(1848)、《论政治经济学中若干尚未解决的问题》(1844）等。因其从市场需求的角度研究经济学，脱离了劳动价值观，因而被人们称为庸俗经济学家。

穆勒主张自由贸易，推崇和拥护李嘉图的理论，但他发现，李嘉图虽然论证了国际分工和国际贸易给参加分工和贸易的国家所带来的利益，讨论了国际贸易的供给和成本方面的问题，却没有进一步具体论述国际交换的需求方面和实际交换比率等问题。也就是说，没有论述参加贸易的两个国家对商品的劳动差额在交换中如何进行分配的问题。事实上，在交换中不可能将所有的交换利益都归一方占有，而是双方都会获得利益，即交换本身的利益应当是双方共同分配的，否则贸易就不会进行。那么，在交换中双方的利益是如何分配的呢？交换利益的分配比例又是如何呢？为了解决这样一些问题，穆勒创立了国际相互需求方程式。

小词典

国际相互需求方程式根据所给定的两国国内不同商品交换比率的上下限，由参与交易国家对于彼此商品的需求强度来确定实际的国际贸易条件，即出口价格与进口价格的比率。

首先，穆勒在比较成本理论的基础上，用两国商品发生交换的上下限度，描述了贸易双方对劳动差额的分配利益的范围问题，然后在这个范围内按比例进行分配，而比例的确定不是人为的规定，而是由双方对交换产品的需求来决定的（见表 3-3）。

演算簿

表 3-3　英德呢绒和麻布的生产能力比较

	呢绒（码）	麻布（码）
英国	10	15
德国	10	20

按照比较成本理论，德国生产麻布有比较利益，可以专门生产麻布出口，而英国生产呢绒有比较利益，可以专门生产呢绒出口。那么，按照穆勒的理论如何做进一步的分析呢？

(1) 确定双方交换比例的上限和下限。

穆勒认为，对英国来说，如果交换比率为10码呢绒交换20码麻布最为有利，而对德国则毫无意义，因为在德国的国内也可完成这样比例的交换，没必要与英国进行交换。反之，如果交换比率为10码呢绒换15码麻布，则英国也不会进行这种交换。所以，交换上限为对方国内的交换比率；下限为本国国内的交换比率。因此，当国际交换比率达到上限或下限时，必有一方蒙受损失，从而退出交易。

(2) 在可交换的范围内确定交换双方利益的分配比例。

在确定了国际交换的上下限之后，还要确定在这个范围内利益如何分配，即谁多谁少的问题。例如，10码呢绒换取16码麻布，对英国来说多得了1码麻布，对德国来说则相对节省了4码麻布。

那么，这个利益的分配由什么来决定呢？显然不是由双方的协商来决定。穆勒认为，一个国家同另一个国家产品相互交换的价值，应当恰好是使这个国家的出口总额支付进口总额的价值。因此，两国之间交换的利益分配是以双方对交换产品的需求来决定的。

假设，交换比例为10∶17，当英国进口的麻布的需求是17码麻布的1 000倍时，它需要提供10码呢绒的1 000倍，而这时德国也正需要，则双方的交换达到平衡，即双方对交换产品的需求恰好可由自己的供给抵消。国际交换比例就可以在10∶17的国际需求方程式中确定下来。

$$(1\,000\times10):(17\times1\,000)=10:17$$

但是，如果其中一方的需求量发生变化，则会打破原有的平衡，重新建立新的平衡。

例如，当英国只需要17码麻布的800倍时，它只提供10码呢绒的800倍；而德国需要10码呢绒的1 000倍，仍要提供17码麻布的1 000倍时，则等式不能成立。

$$(800\times10):(17\times1\,000)\neq10:17$$

这时候，英国和德国的市场需求将发生变化。英国市场上的麻布将出现供过于求的情况，引起麻布价格的下降，从而增加了对麻布的需求，比如增加到18码麻布的900倍；而德国市场上的呢绒将出现供不应求的情况，引起呢绒价格的上升，从而减少了对呢绒的需求，比如减少到10码呢绒的900倍时，则形成了10∶18的新的交换比例，使交换重新达到平衡。

$$(900\times10):(18\times900)=10:18$$

所以，根据穆勒的理论，两国间的商品交换是根据相互需求决定的，前提是各自的全部输入商品的价值等于其全部输出的价值，如果双方的交换不能按需求平衡，就会自动调整交换比例，使双方的进出口达到平衡。

由此可见，穆勒对李嘉图的比较成本理论做了重要的补充和发展，其重要之处就是完善了需求理论，使市场经济理论的最基本框架得以确立。

首先，穆勒补充了国际贸易为双方带来的利益范围问题，为双方的交换比例的变动确立了一个客观的范围和界限，超出界限则国际贸易不会发生。

其次，补充了双方在利益分配中各占多少的问题，指出由需求来决定的重要意义。即导致国际交换的原因不仅仅在供给和成本方面，还要重视需求方面的作用。实际的、唯一的均衡条件是由两国对于各自交易对手商品的相对需求强度决定的。外国对于本国商品的需求强度越大于本国对于外国商品的需求强度，则两国间两种商品交换比率越接近外国国内的交换比率；反之，如果本国对于外国商品的需求强度越大于外国对于本国商品的需求强度，则贸易条件越接近本国国内的交换比率。

综上所述，古典政治经济学派建立的贸易理论以国际分工为基础，通过自由贸易来实现交换，分工与交换的基础是比较利益，在劳动价值的范围内，由双方的相互需求来决定。

第二节　现代国际贸易理论

一、资源禀赋理论

剪贴板

资源禀赋理论也叫赫克歇尔-俄林模式（H－O模式）。顾名思义，这个理论得名于赫克歇尔和俄林两个人。两人都是瑞典经济学家，而且是师徒关系。赫克歇尔是近代经济学家，俄林是当代著名的经济学家。俄林的代表作是《域际和国际贸易》(1933)，他于1977年获得诺贝尔经济学奖。

李嘉图认为比较成本优势是国际分工和国际贸易发生的基础，而比较成本优势则是各国间劳动生产率的差异即由此产生的劳动成本的差异。但是李嘉图并没有解释劳动成本的差异或机会成本的差异又是因何而产生的。这一问题在资源禀赋论中得到了初步的解决，该理论从各国资源禀赋供给情况的差异具体分析了国际贸易格局的状况，开辟了国际贸易理论研究的一个新阶段。

1919年，赫克歇尔发表了《实力的作用》一文，在文中提出了自由贸易具有使要素收益平均化倾向的假设。他指出，产生比较成本的差异还必须有两个前提条件：一是两个国家的要素赋予不一样，即生产要素的供给情况不同，如自然资源、劳动力和资本等；二是不同产品在生产过程中所使用的要素不同，如有的使用劳动力多一些，有的使用资本多一些等。

赫克歇尔指出只有具备了这两个前提，国家间才能发生贸易交往，但他并未提出一个完整的理论模型，论证也不严密。要素禀赋理论的主要内容及地位得益于俄林，他接受了赫克歇尔学说的主要论点，并做了进一步的研究，从而使后人称谓的赫克歇尔-俄林模式得以完成，该理论被称为现代国际贸易理论的开端。

与比较成本理论一样，该理论也是建立在一系列的假设条件之上的：

（1）贸易中有两个国家、两种商品、两种生产要素即劳动和资本。

（2）两国在生产中都使用相同的技术。

（3）在两个国家中，两种商品分别是劳动密集型和资本密集型商品。

（4）两种商品的生产都是规模报酬不变的。

（5）两国的需求偏好相同。

（6）在两个国家中，两种商品和两种要素市场都是完全竞争的。

（7）在一国内，要素可以自由流动，但要素不能在国际间自由流动。

想一想　H－O模式与比较成本理论的假设有何区别？

从中可以发现，与比较成本理论的假设相比，该理论的假设存在一些显著不同：

（1）李嘉图认为商品价值是由劳动决定的，而H－O模式则假设商品单靠一种要素是无法生产的，其他要素如资本也是必不可少的。

（2）与李嘉图认为的在国际商品交换中等量劳动交换原则是不能成立的不同，H－O模式内含着国内、国际贸易都是区域间的商品交换，在本质上是相同的。

（3）H－O模式假设两国使用相同的技术，具有相同的劳动生产率，与比较成本理论强调的劳动生产率的差异是国际贸易的原因根本不同。

H－O模式的基本原理可以归纳为以下两大方面：

（1）关于国际贸易发生的原因。

俄林认为，国际贸易发生的原因是由不同地区或国家之间商品价格的差异引起的，而引起国家之间商品价格差异的根本则是各国的资源禀赋的差异。

设甲、乙两国生产A、B两种商品。如果甲国的A商品比乙国的A商品便宜，乙国的B商品比甲国的B商品便宜，则会发生甲国用A商品与乙国的B商品交换的贸易行为。为什么呢？

这是因为，由于各国自然条件和经济条件存在差异，导致各国生产要素“丰裕”程度即要素丰裕度的差异，包括土地、劳动力和资本的多少等的不一致，从而决定各国在生产中所使用的生产要素密集程度的差别。如劳动力供给较多的国家，其劳动力价格便宜，密集地使用劳动力生产的产品成本较低，在价格上具有较强的竞争能力，因此，这样的国家可以大量生产密集地使用劳动力的产品出口。这类产品被称为“劳动密集型产品”，这类国家也被称为“劳动力密集型国家”。当然，就会有土地密集型、资本密集型以及技术密集型，现在或许还有信息密集型产品和国家。在这里需要指出的是，衡量要素丰裕度可以用两种方法：一种是以实物单位定义；另一种是以相对要素价格定义。在第一种方法中，如果一国的可用总资本和可用劳动的比率大于另一国的比率，则我们认为这一国家是资本丰裕国家；在第二种方法中，如果一国的资本租用价格（利率）和劳动的时间价格（工资率）的比率小于另一国，则我们同样认为这一国家是资本丰裕的。

因此，一个国家因其资源赋予条件的特点，决定了该国最适宜生产的商品种类，使各国的资源得到充分有效的使用。所以，国际贸易发生的原因在于各国生产要素赋予条件的差异，一个国家从事国际交换的比较利益就在于出口那些在生产中密集地使用该国最丰裕的生产要素的商品，进口那些在生产中密集地使用了该国最为稀缺的生产要素的商品。这一原理被称为赫克歇尔-俄林定理。

（2）国际贸易可使生产要素价格趋于均等化。

提示音

根据该理论，国际商品交换可以使得国内生产要素配置发生变化，因而使要素供求关系发生变动，一个国家过多地出口使用其丰裕资源生产的商品，将使该资源相对减少，要素价格提高；反之，一个国家过多地进口其稀缺资源生产的商品，将会使该资源相对增加，要素价格降低，最终会造成国际要素价格的均等化趋势。国际贸易可以替代生产要素的国际流动而熨平各国间要素价格差异。

以日本和澳大利亚为例：两国发生贸易，日本出口纺织品，澳大利亚出口小麦。随着专业化的生产和贸易的扩大，对于日本来说，一方面，纺织品产量的增加将导致劳动力需求的增加，劳动力会从本国的小麦生产中转移过来，同时劳动力价格也会逐渐上涨；另一方面，原来相对稀缺的土地由于劳动力的转移而变得相对丰裕，因此其价格也将会有所下降。澳大利亚正好与此相反，劳动力价格逐渐下降，土地价格逐渐上涨。随着贸易的进行，两国在劳动力和土地上的价格将有可能趋于一致。

但是，对于这种均等化，俄林认为只能是一种趋势。因为影响市场价格的因素复杂多变，不同地区的市场又存在差别，价格水平难以一致；同时生产要素即使是在国内，生产要素在部门间的移动也不是完全充分的；而且某一产业对几个要素的需求往往是“联合需求”，这种结合具有整体性和固定性，从而影响了要素价格的均等。

但是美国经济学家保罗·萨缪尔森用数学的方法证明了：在特定的条件下，生产要素价格均等不仅仅是一种趋势，国际贸易将使不同国家间同质生产要素的相对和绝对收益必然相等。这通常被称为是要素价格均等化定理。由于其从H-O模式中引出，因此又往往被称为赫-俄-萨定理。

要素禀赋理论被认为是现代国际贸易的基础理论。从理论上看，这一原理有如下特点：

第一，与李嘉图的比较成本理论不同，该理论是建立在多种要素的基础之上的，认为商品是由多种要素共同完成生产的，更加符合现实情况，在理论上是一种进步。

第二，该理论把李嘉图的个量分析扩大为总量分析，从一国经济结构的最基本因素解释贸易格局，这些分析对于国家如何利用本国的资源优势参与国际分工获得贸易利益具有重要的现实意义。

第三，该理论本质上仍然属于比较成本理论，只不过这种比较成本所带来的优势是自然形成的。

但是由于该理论的许多假设条件完全出于理论需要而显得过于苛刻，同时该理论在许多情况下也不符合实际情况，没有能够反映出国际贸易的客观运动规律，而且也没有分析需求对国际贸易的影响，因此，要素禀赋理论也同样存在许多缺憾。

二、里昂惕夫之谜

瓦西里·里昂惕夫是俄国出生的美国经济学家，哈佛大学行政管理学院经济学教授。瓦西里·里昂惕夫吸取了苏联编制的1923—1924年国民经济平衡表的经验，在1936年发表了《美国经济制度中的投入产出的数量关系》，建立了“投入产出”分析法，并因此而获得了 1973 年诺贝尔经济学奖。

1953 年 9 月里昂惕夫在其发表的《国内生产和对外贸易：美国资本状况再考查》一文中，运用“投入产出”分析法考查美国对外贸易的商品结构时，发现美国出口的商品是“劳动密集型产品”，而进口的商品则是“资本密集型产品”，这一结果刚好与赫克歇尔-俄林理论相悖。因赫克歇尔-俄林理论为西方经济学界广泛接受，因此里昂惕夫做出的这一结果被称为“里昂惕夫稀少生产要素论之谜”简称“里昂惕夫之谜”或“里昂惕夫反论”。

里昂惕夫在他的论文中的研究方法是：根据 1947 年美国的统计资料，采用了包括 200 个产业在内的生产 100 万美元价值的美国出口产品和进口替代产品所需的资本及劳动比率，制成“投入-产出表”，特别是着重分析了直接对外贸易的产业，发现美国的进口替代产品（国内生产用来替代进口的产品）的资本密集程度高于其出口产品；而美国出口产品的劳动密集度大于进口替代商品。这一结论不仅使他自己大吃一惊，百思不得其解，更使欧美经济学界大为震动。当时，有人指责他所用 1947 年的数据不具有典型性，因为战争刚刚结束，贸易模式很可能遭到扭曲。

1956 年，里昂惕夫发表了《要素比例与美国贸易的结构：进一步的理论和经验分析》一文，对 1951 年美国每百万美元出口产品和竞争性进口替代产品对国内资本和劳动力的需求额进行了计算，结果与 1953 年做出的结论相同。此后，另一位经济学家鲍德温用 1958 年和 1962 年的数据再做计算，结果与里昂惕夫相同。还有学者用 20 世纪 50 年代日本对美贸易结构进行分析，结果是出口的资本密集型程度高于美国；用印度的与美国相比较，也是印度对美出口的资本密集型程度高。这表明里昂惕夫之谜具有普遍性，于是引起了人们的极大兴趣，围绕这个谜做出了各种各样的解释。

（1）里昂惕夫的解释。

里昂惕夫认为，造成这样一个谜的原因是因为美国工人的劳动效率高，大约是其他国家工人的 3 倍。如果以单位劳动效率来衡量，美国将是一个劳动力丰富而资本相对稀缺的国家，这一解释试图与俄林的理论相吻合。

但他的这一解释并不具有说服力，有人把美国工人与欧洲工人的劳动效率进行了比较，发现美国工人的劳动效率顶多比欧洲工人高 1.2 倍～1.25 倍，不可能高出 3 倍，因此这一解释站不住脚。

（2）关税扭曲解释。

许多经济学家认为，里昂惕夫的结论为美国的关税所歪曲。因为美国出于某些政治和集团利益的需要，对雇佣大量不熟练工人的劳动密集型产业采取关税保护政策，造成国外的劳动密集型产品难以进口，而资本密集型产品的进口却相对容易。外国却恰好相反，落后国家为维护本国工业的发展，对资本密集型产品加以限制，因而使美国资本密集型产品难以打入国外市场，劳动密集型产品却容易出口。

（3）人力资本说。

 **小词典**

人力资本是指资本与劳动力结合而形成的一种新的生产要素。

人们通过对劳动力进行投资，可以使劳动力的素质得到极大改善，劳动生产率获得极大提高。一般来说，资本充裕的国家往往同时也是人力资本充裕的国家，从而人力资本充裕也是这类国家参与国际分工的基础。实际上，人力资本是一种资本的投入，对它的投资是一国的资本存量，即算作是产品生产中的资本投入。美国经济学家鲍德温统计并计算了美国进出口行业从业人员的平均受教育年限，并将平均教育成本记入美国的资本存量，从而得出了美国仍然是资本相对丰富的国家，出口的基础依然是资本密集型产业的结论。

(4) 自然资源开采与消耗解释。

一些经济学家认为，里昂惕夫的分析忽视了自然资源对美国的作用。如果美国严重依赖某些自然资源的进口，如石油，而国外开采这些自然资源消耗的资本/劳动比率大于其他输往美国的产品时，也会出现输入以资本密集型产品为主的情况。这种解释的依据是：自 20 世纪以来，美国大规模机器工业生产的发展在很大程度上是消耗自然资源型的。

(5) 要素密集反向说。

一些学者提出，按照 H－O 模式，无论生产要素的价格比例如何，某种产品总是以某种要素密集型的方法生产的，而这种论断是不现实，也是不正确的（对 H－O 模式提出批评）。他们认为，某种商品在某个国家既定的生产要素价格的条件下是劳动密集型的，但在另一个国家既定的生产要素价格的条件中却可能是资本密集型的，如小麦在发展中国家的生产是劳动密集型的，而在美国却是资本密集型的。因此，同一种产品的产出存在“要素密集型反向”。根据这种解释，美国的进口产品在美国可能是资本密集型生产，而在国外则是劳动密集型生产。因而，采用进口替代品进行计算，从美国的角度来看，会造成进口以资本密集型为主的错觉。反之，美国的出口产品在美国的国内可能是劳动密集型产品，而在国外则可能是资本密集型生产的。所以，用美国的标准进行衡量也会造成出口是劳动密集型产品的假象。

要素密集度反向或要素密集度逆转在理论上简单明了，但是人们用实证的方法进行检验认为，这种说法在现实经济生活中并不是普遍现象，只能在特定的条件和环境下解释里昂惕夫反论。

(6) 产品需求偏向论。

这是一种强调需求因素的解释。这种观点认为，各国由于国内需求不同，可能出口那些在成本上并不完全占优势的产品，而进口那些在成本上（同本国的生产相比）不占优势的产品。如美国对资本密集型产品的需求远远大于其本国生产能力，即使本国的资本密集型产品的生产更有优势，但仍需要大量的进口，如技术等；相反，国外对劳动密集型产品有大量的需求，即使美国的劳动密集型产品不占有优势，仍可能大量地出口，如纺织品等。这种解释也有一定的道理，指出了 H－O 模式只注重地域性，注重资源赋予性，而忽视了对需求的分析的弱点。

三、产品生命周期理论

从斯密的绝对优势理论到李嘉图的比较成本理论再到要素禀赋理论，它们有一个共同的理论假设就是技术不变。而我们知道，这一假设明显不符合当今的现实，技术进步是我们整个社会前进的重要的力量。因此，我们需要对贸易理论进行新的总结和发展。

1961 年波斯奈建立技术差距模型。根据这一模型，工业化国家之间的贸易很大一部分都是基于新产品和新工序的引进，这使得发明厂商或国家在世界市场上暂时处于垄断地位，这种暂时垄断地位通常是建立在为鼓励发明创造而授予的专利或版权的基础上的。

1966 年美国经济学家弗农在总结技术差距模型的基础上进一步扩展，推出了产品生命周期模型。根据这一模型，当一种新产品刚刚诞生时，它的生产往往需要高素质的劳动力。当这种产品成熟并且为大众所接受时，它就变得标准化了，就可以用大规模生产技术和素质较低的劳动力进行生产了。

弗农还指出，高技术和资本密集型的产品一般最先在发达国家投产，这是因为：(1) 这些国家进行这种生产的机会最大；(2) 这些新产品的发展需要接近市场以迅速从消费者那里得到反馈，从而进行改进；(3) 这些国家可以提供一系列服务。与技术差距模型强调的模仿过程中的时间滞后性不同的是，产品生命周期理论强调的是产品的标准化过程。因此，工业化程度最高的国家应当出口含有新的和更先进技术的非标准化产品，进口含有旧的和已经普遍应用的技术的标准化产品。

按照这个理论，许多新产品都有一个可以划分为四个阶段的生命周期：第一阶段是创新国对某一种新产品的出口垄断时期；第二阶段是其他发达国家生产者开始生产这种新产品的时期；第三阶段是外国产品在出口市场上进行竞争的时期；第四阶段是在创新国开始进口的时期。

在第一阶段，创新国企业发明并制造出新产品。这时的新产品实际上是一种科技知识密集型产品，由于垄断了制造技术，因而创新厂商就垄断了这种产品的世界市场。这一阶段生产成本对于厂商来说不是最重要的，因为没有其他竞争者。由于新产品需要大量的研究和开发以及技术熟练的工人，因此它一般只能在创新国生产；同时由于其比较昂贵，消费者一般也只是在一些高收入国家。这种产品的出口也是首先出口到创新国以外的其他工业发达的高收入国家。

在产品生命周期的第二阶段，其他发达国家的厂商开始生产原来只有创新国生产的新产品。新产品在发达国家打开销路以后，吸引了大量的消费者，潜在的市场为这些发达国家的厂商开始生产这种商品提供了前提条件。由于不需花费大量的研发费用，使得在这一阶段进行生产的国家的成本降低；同时由于该产品这时已经由技术知识密集型转变为技能或资本密集型，许多生产技术由于标准化而变得容易学会。因此，这些国家开始大量生产新产品。这样原进口国生产了这种产品并占领了国内市场。创新国的新产品对这些国家的出口减少甚至停滞。

第三阶段，创新国以外的国家成为该产品的净出口国，参与创新国的出口竞争。由于这个时候的新产品已经不依赖于技术而主要成了一种劳动投入型产品，因此，这些国家凭借自己劳动力成本的低廉获得低成本，从而在国际市场上具有竞争力。随着这些国家出口的扩大，创新国逐渐丧失了国外市场。

最后，新产品仿制国由于国内外市场的扩大，有条件进行大批量生产，以取得规模经济效益，大幅度地降低了产品成本，并且最终可以把该产品打进创新国国内市场。

然而需要指出的是，这个产品的生命周期虽然在创新国结束了，但是在开始生产这种新产品的其他国家还在继续着。

剪贴板

在国际贸易中，许多国家都经历了或者正在经历着这样的生命周期。其中一个典型的例子就是第二次世界大战后美日两国在无线电产品上的竞争。第二次世界大战结束后，真空管技术在美国迅速发展，美国垄断了无线电产品的世界市场。但是，几年之后，日本也达到了同样的技术水平，而且由于其低廉的劳动力，日益占领了市场份额。随后，美国发明了晶体管，重新在技术上领先。可是，在很短的时间内，日本也获得了这一技术，又一次可以利用低价和美国竞争。而美国又通过对印刷电路的使用再一次在同日本的竞争中占了上风。生产无线电的最新技术究竟是劳动密集型还是资本密集型，决定了美国能否在世界市场上占有一席之地，也决定了美日两国会不会最终被其他成本更低的国家所替代。

从上面的分析中我们已经不难看出，创新国之所以会不断地失去领先的地位，后来仿制国之所以能够与创新国竞争，主要就是因为随着该产品的不断发展，其要素密集度也在发生着相应的变化。否则，如果新产品在整个周期里都是开始时期的技术或资本密集型产品，很难想象其他国家尤其是发展中国家能够大规模地生产该产品，并在与创新国的竞争中取得优势。新产品的创制需要有大量的科学家、工程师、技术人员的投入，这时它本质上是技术密集型产品；而当产品进入较大规模生产后，维持生产所需的资金投入成了关键，因此，该产品从技术密集型转变为资金密集型；经过一段时间后，这种产品随着技术转让等因素在其他国家被大量仿制后，由于仿制国的劳动力成本低，因此可以弥补在资金上的短缺，从而生产已经定型的、成熟的产品。这样，比较优势就从一个国家转移到了另一个国家，并进而导致了国际贸易格局因比较优势的动态转移而发生变化。

1967 年，赫尔什根据弗农的产品生命周期理论，对世界不同类型的国家做了比较，进一步把产品生命周期理论动态化了。按照他的划分，世界被分为三类：一类是以美国为首的最发达的工业化国家，被称为 A 类；第二类为较小的工业发达国家，如以色列、瑞士，被称为 D 类；第三类是开始进入低度工业化的国家和地区，如印度、中国香港地区，被称为 L 类。A 类国家有能力生产处于产品生命周期各个阶段的产品，但是它在资本、管理、研究与开发方面具有优势，因而在研制新产品上具有优势；同时由于国内市场大，可以大规模生产，因而在第二阶段也具有一定的比较优势。D 类国家也拥有较为雄厚的科研实力，但是由于其国内市场狭小，因而在第二阶段就会逐步丧失优势。L 类国家和地区具有相当丰富的半熟练的劳动力资源，它足以弥补资本上的相对稀缺，因此在新产品的第三阶段上具有优势，这种已经定型了的产品也比较容易出口到已经存在的市场中去，甚至是包括 A 类和 D 类国家的创新国。

产品生命周期理论是把动态比较成本理论和要素禀赋理论结合起来的一种理论。该理论认为，随着产品生命周期的阶段性变化，影响比较优势的决定因素也在变化，尽管各国仍拥有原来的自然禀赋，但其生产和出口的比较优势也会随着产品要素密集性的变动而转移。因此，按照这一理论，不同类型的国家能够在产品的不同阶段上享有比较优势。这就较好地解释了发达国家为什么要从发展中国家进口工业制成品。这一理论在第二次世界大战之后的国际贸易理论中有较大的影响。这也是赫-俄理论所无法解释的。

剪贴板

进入20世纪70年代，新技术不断出现，许多新产品同时出现在美、日、欧等发达国家，产品生产的多国性、协作性也不断体现出来，如研发在美国，高级件的生产在日本，标准件的生产在新加坡、我国台湾地区等，最后组装在马来西亚，然后销往世界各地。这些新情况的出现，是该理论所无法解释的。

第三节 国际贸易新理论

一、新贸易理论

在前面分析的贸易理论中，很明显的一点就是它们只能解释两种完全不同或者说是属于两种不同产业的产品之间的贸易，并且上述理论在发达国家与发展中国家的贸易现实中得到了验证。然而，这恰恰也是它们的局限所在，因为按照它们的理论，发达国家与发展中国家之间的差异是巨大的，所以它们之间的贸易应该容易发生进而占据国际贸易额的大部分份额。然而当今国际贸易的现实是，国际贸易的主体是发达国家之间的贸易，而且发达国家之间又出现了同类产品既进口又出口的现象，到了20世纪90年代，这种贸易已经占到了国际贸易额的60%。这种贸易已经成了发达国家利益的主要来源。

理论从来都是为现实服务的，而这种理论与现实的不一致迫使理论界对此进行重新的审视。于是新贸易理论因此产生。

20世纪80年代初，加拿大经济学家布兰德、美国经济学家斯潘塞和克鲁格曼等在对传统国际贸易理论重新审视之后，提出了这一理论。该理论主要是用来介绍产业内贸易的现象，因此又被称为产业内贸易理论。

小词典

产业内贸易是指两国以上在某些相当具体的工业部门内进行相互贸易，即两国相互进口和出口属于同一部门或类别的制成品。需要指出的是，这里的相同类型的商品是指按国际商品标准分类法统计时，至少前3位数都相同的商品，也就是至少属于同类、同章、同组的商品。

产业内贸易的发展程度可以用产业内贸易指数来测度，其计算公式为：

$$T=1-|X-M|/(X+M)$$

其中，X 和 M 分别表示对一种特定产业或某一类商品的出口额和进口额。当一个国家只有进口或出口时，T 为0，即没有产业内贸易；当进口等于出口时，T 为1，即产业内贸易达到最大。

想一想 新贸易理论与传统贸易理论的区别是什么？

新贸易理论与传统理论的最大区别应当从其理论假设说起。在前面的论述中，我们知道后者成立有两个十分重要的条件，即“完全竞争市场”和“规模经济”不存在。然而这些假设前提已经与当今社会经济生活相去甚远。在现实中，许多商品的生产都是具有规模报酬的，大规模的生产会降低单位产品的成本，这也是大多数企业追求扩大规模的一个重要的原因。我们的现实世界是丰富多彩的，这主要体现在琳琅满目的商品上。这些商品有些非常类似但是却不相同，许多生产厂商都是对自己的商品具有相当程度的控制力的，传统理论假设的完全竞争市场是不存在的。

新贸易理论正是在力图改变传统理论中这两个十分重要但是却并不符合现实状况的假设，同时吸收它们的合理因素的基础上提出来的。

该理论认为当今世界大多数工业品的市场是垄断竞争性市场。一方面，各种产品十分类似，具有一定程度的替代性，因此相互竞争；另一方面，产品有各有自己的特征，因此每个厂商可以凭借自己产品的差别取得一定的垄断地位。正是这种同一种商品由于质量、等级、规格、款式的不同所造成的根本特性一致下的不同层次差异导致了垄断竞争格局的形成。在市场中一定程度的产品替代性和产品的差异性共存的结果是企业的定价行为不再完全遵从完全竞争市场条件下的“价格等于边际成本”的原则，而可以对不同的顾客索取不同的价格，最大限度地获得超额利润。

同时，这种产品的差异化和多样化与规模经济之间存在着密切的联系。正是由于后者的作用，使得众多的生产同类产品的企业在竞争中优胜劣汰，形成一国国内某种产品由一家或少数几家厂商来控制的局面。由于要实现规模经济必须有一定的规模作为基础，因此厂商的生产又受到了规模经济的制约。在一个国家内，即使是一个非常庞大的企业，也只能生产出系列有限的产品来，不可能在某种商品的各个不同的系列中都取得规模优势。而产品的差异化既促进了企业走向专业化，从而获得规模收益，又为生产者的相互竞争提供了市场，也为消费者的多样化选择提供了物质保证。

新贸易理论认为由于规模经济的客观存在，专业化报酬增多，率先进入这个行业的企业可以形成优先进入的优势，有效地形成新厂家进入的障碍，当然，这种优先进入带有一定的偶然性，即机遇。如美国的波音客机比英国的空中客车晚两年进入市场，如果不是空中客车当时存在严重的技术缺陷的问题，使波音有机可乘，或许英国现在将是世界上最大的商用飞机出口商了。

但是，新贸易理论绝不仅仅是由于其假设更符合现实而取得了重要地位，更为突出的是，它一反以前传统贸易理论只从供给角度来解释贸易现象的做法，开始从消费者需求的角度探索国际贸易的缘由。

新贸易理论认为，在一些情况下，需求偏好的相似是产业内贸易发生的重要原因。在实践中，人均收入在很大程度上决定了一个国家的需求结构，人均收入相似则市场之间的隔阂较小，容易产生相同的消费需求，因而在两国间便形成了共同的消费群体和层次。在没有贸易限制的情况下，这些国家之间就容易发生贸易，消费者既可以购买本国产品也可以购买国外的同类产品。当代发达国家之间，由于其人均收入十分接近，因而它们之间具有较为相似的消费结构，容易对某一类商品产生共同的需求。同时由于各个消费者在同类产品的具体要求上会产生细微的差别，而由于上述规模经济的存在，使得一国国内不可能满足全体消费者的要求，于是就出现了同一类别商品在一国内的既进口又出口的情形。

综上所述，可以从供、求两个方面来解释产业内贸易发生的原因：从供给方面看，由于参与国际贸易的厂商处于垄断竞争的状态，因而造成了产品的差异化；从需求方面看，由于同类型国家消费者的消费偏好具有相似性及细微的差异性，使得一个国家在同类商品上既进口又出口。

提示音

产业内贸易理论改变了传统贸易理论的国家层面的出发点，是从企业的微观层面上提出来的，并且在此基础上指出了企业的竞争优势并不是直接等同于资源禀赋等的国家优势。同时，由于垄断竞争和规模经济的存在，必然要求政府进行干预，即在规模经营经济和不完全竞争的条件下，一方面政府可适当地运用关税、补贴等战略性贸易政策扶植本国战略性产业的成长，增强其国际竞争力，并由此带动本国产业的发展，增加本国的贸易利益；另一方面政府应该先于厂商行动，并能影响厂商的决策。这就要求政府能够站得高、看得远，必须能够选择战略性产业；正确制定战略性政策；正确估计实行干预后国内外厂商的反应。

正是从这个意义上说，这一理论具有浓厚的贸易保护色彩，但不是要被动地防御，而是要主动地进攻。因此，该理论又被称为战略性贸易理论。

新贸易理论是对传统贸易理论的批判，其假定更加符合现实；另外，该理论不仅从供给方面进行了论述而且更从需求角度进行了考察。从本质上看，它仍然试图寻找出国家之间的比较优势，但是与产业间贸易所反映的自然形成的比较优势不同的是，新贸易理论反映的是获得性的比较优势，这就为国家干预经济获取比较优势提供了理论基础。

二、国家竞争优势理论

20 世纪八九十年代，美国哈佛大学商学院教授迈克尔·波特在经过一系列研究后提出了国家竞争优势理论。这一理论对传统的国际贸易理论——比较优势理论进行了完善和补充，在当代国际贸易理论中占有十分重要的地位。

《竞争战略》《竞争优势》《国家竞争优势》三本书是波特的代表著作，震动了西方学术界。前两本主要研究了产业竞争优势的创造，而在《国家竞争优势》一书中，波特认为：一个国家的竞争优势就是企业、行业的竞争优势，即生产力水平上的优势。一个国家兴衰的根本原因在于能否在国际市场上取得竞争优势，而取得竞争优势的关键在于能否使国家的主导产业具有优势。而优势产业的建立有赖于提高生产率，而提高生产率的源泉在于企业是否具有创新机制。波特从微观、中观、宏观三个层次对此进行了详尽的论述。

在微观层面，企业内部活力是国家竞争优势的基础。企业经济活动的根本目的就是产品的价值增值，而这一过程要经过研发、生产、销售等过程才能够完成。这就要求企业重视各个环节的协调管理。在中观层面，波特的分析从企业转向了产业。从产业角度来看，企业价值增值的实现不仅取决于企业内部要素，同时依赖于企业的关联产业的支持；从空间看，各个企业为了获得长期的发展，必然需要在制定空间战略时合理分布企业的各个部门。

波特的国家竞争优势理论主要是从国家宏观的层面论述了国家竞争优势的获得。他指出国家竞争优势并不是个别企业或产品的竞争优势的简单加总。国家优势的获得取决于四个基本因素和两个辅助性因素的整合。

这四个基本因素是：

(1) 生产因素。

生产因素包括：自然资源；人力资源；知识资源，如技术的硬软件、研究机构、图书馆等；资本资源；基础设施，如邮电通信系统、支付手段、健康保健、社会福利、文化机构等。它被分为初级要素和高级要素，初级要素是国家先天的，即资源赋予；高级资源是社会和人通过投资和发展创造的。高级资源远比初级资源重要得多。

(2) 需求因素。

波特认为，本国市场的需求状况对一个国家的竞争优势具有很大的作用，主要表现为以下三个方面：

第一，若本国市场上对有关产品的需求大于海外市场，将拥有规模经济，有利于建立该产业的国际竞争优势。

第二，若本国市场上的消费者需求层次高、老练、挑剔，将对有关产业取得国际竞争优势有利。

第三，若本国需求具有超前性，为它服务的厂商也就相应地走在了世界其他厂商的前面。因此，企业在本国市场上发展起来的一套生产工艺、营销策略将成为企业开拓国际市场的一大竞争优势。

(3) 支持性产业和相关产业。

一个国家若想获得持久的竞争优势，就必须在国内获得在国际上有竞争力的供应商和相关产业的支持。如日本在机械工业上的优势离不开世界级的数控机床、电动机和其他零件供应商。

除了供应商的竞争力外，相关产业的竞争力也非常重要，它们往往带来新的资源、新的技术、新的竞争方法，从而能促进产业的创新和升级。就是说，产业的创新并不是全部来自产业的自身力量，而是社会的综合力量，各支持性产业和相关产业之间的协调与合作关系会构成一国的国际竞争优势。如有人提出，我国“入世”后对高新技术产品的冲击较大，有些得不偿失。其实，高新技术的发展并不是个别技术的领先问题，而是整体的技术水平的高低。“入世”会带来我国整体技术水平的提高，应当说从长远利益来考虑不是坏事。

(4) 企业战略、结构与竞争。

世界上没有一种能在各国通行的企业管理方法，由于各国企业的战略目标不同，因而企业的战略和结构也不尽相同。如美国企业注重短期目标，比较实际；日本企业注重长期目标，擅长企业规划。因此，不同国家的企业有着特色各异的“管理意识形态”，这与一个国家的文化背景形成的企业文化有着非常大的关系。各国因文化形成的管理形态谈不上谁好谁坏，但它或帮助或妨碍一国形成竞争优势。凡能帮助的就加强，凡有阻碍的就要摒弃。

此外，国内市场的竞争程度，对该国产业取得国际竞争优势有着重大的影响，国内市场的高度竞争会迫使企业改进技术和进行技术创新，从而有利于该国国际竞争优势地位的确立。

波特认为，一国的某产业只有突出地具备了上述四条件中的一两项，才能说是具有竞争力。这个互动模式被称为“金刚石模型”。除了上述的四个基本的决定因素外，还有两个辅助性因素在国家竞争优势的获得中也发挥了十分重要的作用，即国家的机遇和政府的作用。

（1）国家的机遇。

国家的机遇包括重要的发明、技术突破、生产要素供给状况的重大变动，如石油危机，以及其他突出事件，如战争等。

（2）政府的作用。

政府的作用指政府通过政策调整来创造竞争优势。

因此，波特认为，用国家间的经济实力进行比较过于笼统，一个国家不可能使其所有企业和行业在国际上都有竞争优势，因而国家竞争优势的比较应从行业（产业）的角度来考察才有意义。因此，国家应当扶植那些有发展前途的产业，使其具有国际竞争力，若干产业具有国际竞争力，将使该国在国际上具有经济实力。

超链接

http://www.guomaoren.com/国贸人网站（提供有关国际贸易的各种资料）

http://www.nber.org/国外最著名的经济学专业网站

国家竞争优势理论超越了传统理论对国家优势地位形成的片面认识，第一次多角度、多层次地论述了国家竞争优势的确切内涵，明确指出国家的竞争优势就在于竞争、在于确定优势产业，这些正是上述四个基本因素和两个辅助因素共同协调作用的结果。因此，可以说国家竞争优势理论摆脱了传统理论的片面性和孤立性，建立了自己独特的理论体系和框架。

提示音

无论是新贸易理论还是国家竞争优势理论，都是研究现代工商企业在国际市场上通过竞争获利的原因和策略，因而与传统理论有着重大的不同。它们的结论也为国家干预经济提供了理论依据。

第四节　新新贸易理论

如果说从亚当·斯密的绝对优势理论到李嘉图的比较优势理论，再到赫克希尔-俄林的要素禀赋理论代表了国际贸易理论的经典发展脉络，那么从新贸易理论到新新贸易理论的拓展则代表了当下国际贸易理论最前沿的进展。国际贸易理论的发展随实践活动的变革而变，虽然经典理论因其简洁优美的特性彰显理论的洞察力，但其严苛的理论假设脱离于当下国际贸易现实，这使其对现实的解释力不如从前。因此，新的时代以及新的贸易实践召唤新的贸易理论，新贸易理论到新新贸易理论的突破承担起了这一使命。为了对当下国际贸易现实有更加全面和深入的理解，学习并掌握新新贸易理论十分必要！

继产业内贸易现象之后，经济学家们又发现了国际贸易活动中的新现象：将观察的视野聚焦于更加微观的层面，可以看到参与出口活动的企业和不参与出口活动的企业在性质上存在明显差异，前者的生产率明显高于后者。这一个新现象引起了经济学家们在研究国际贸易理论时对异质性企业的强烈兴趣，由于新新贸易理论基于企业异质性的视角，因此又得名“异质性企业贸易理论”。

无论是传统的贸易理论还是新贸易理论都假设所有企业都是同质的，忽略了在企业异质性背景下国际贸易活动的新现象。原先的既有理论都无法对这一新现象做出合理解释，这便留下了理论拓展的空间。

诸多经济学家针对此现象构建了一系列经济学数理模型，在此之中，梅里兹于2003年发表的论文中所构建的模型因其更好的模型拓展性等优点脱颖而出，成为新新贸易理论的奠基之作。这篇论文对出口活动中的企业异质性现象做出成功解释，并进一步深刻分析了国际贸易活动对一国乃至世界的重要经济意义。

小词典

梅里兹基于企业异质性假设解释了国际贸易活动中的新现象，为在新新贸易理论框架下研究异质性企业的出口活动提供了基准模型，更多经济学家在此基础上做了更加深入的研究，使得新新贸易理论得以蓬勃发展，成为新贸易理论之后国际贸易理论的又一着力发展方向，因此梅里兹堪称新新贸易理论代表人物，其于2003年发表的论文堪称新新贸易理论的奠基之作和经典代表之作！

新新贸易理论与新贸易理论一脉相承，都认为规模经济性、产品差异化以及消费者对多样化产品的偏好都是国际贸易产生的动因，并且也都是国际贸易对各国以及世界整体福利增进的重要因素。此外，经济学讲究资源配置的效率性，希望能够在资源有限性约束下，通过更加高效的资源配置和利用方式，实现更大产出以及社会整体福利的增进。国际贸易背景下的专业化分工是实现此目标的有效手段，传统贸易理论强调各国专注于生产并出口各自具有比较优势的产业，通过国际贸易实现各国福利的增进；新贸易理论则强调各国专注于某一产品的生产能够实现规模经济性，并通过国际贸易丰富产品种类，在消费者对多样化产品的偏好之下，提升社会整体福利；新新贸易理论也认为国际贸易背景下的国内分工和资源配置的重新调整是经济运行效率提高以及社会福利增进的重要途径。

但新新贸易理论与传统贸易理论、新贸易理论存在明显的不同。新新贸易理论关注于企业的异质性，尤其是企业生产率的差异，同时企业在出口活动中面临出口固定成本，企业是否参与出口需要从企业利润角度考量，只有参与出口后企业能够维持非负的利润（即企业不亏损），企业才愿意参与出口。而企业生产率和出口固定成本是决定企业出口利润的重要因素，企业生产率越高，企业出口利润越高，因此，只有一部分较高生产率的企业在克服出口固定成本后能够维持非负的利润才会参与出口。这就可以解释为什么参与出口的企业生产率较高，而不参与出口的企业生产率较低。这种由于存在出口固定成本而形成的企业依据自身生产率高低决定是否参与出口活动的现象被称为“企业出口自选择效应”。

提示音

企业出口自选择效应体现了企业根据自身情况和外部客观环境做出主动决策的过程，应当说是企业根据利润最大化目标做出的主动选择行为。而在新新贸易理论中，在经济开放的国际贸易环境中，国内企业同时经历着“优胜劣汰”的被动筛选过程，而这一被动筛选的依据同样也是企业的生产率。

在经济开放的环境中，各国之间进行着国际贸易往来，对于任何一国来说，都存在拓展国际市场和本国市场被国际竞争对手蚕食的双重情况，国内生产率较高的企业能够通过出口进入国际市场，从而获得更大的市场以及更高的利润，而国内生产率较低的企业则只能固守于被国际竞争对手蚕食后更加狭小的国内市场以及面临更低的利润。这一部分生产率较低企业在贸易开放之前能够勉强生存，而在贸易开放之后面临由国内高生产率企业的劳动力争夺以及国内市场的国际对手竞争而导致的负利润，这将逼迫这些企业彻底退出市场，从而形成被动的“优胜劣汰”过程。这一优胜劣汰的过程体现了国际贸易对一国以及世界整体福利的增进作用，生产率最低的一部分企业被淘汰后，一国的行业平均生产率将得到提高，一国有限的劳动力资源将配置到效率更高的生产活动中，从而实现更高的产出，这都体现了更高的经济效率。因而，在新新贸易理论的分析框架中，国际贸易能够带来由社会资源在企业间重新配置所引起的社会福利增进，这相比于传统贸易理论中各国在国际贸易环境下依据比较优势重新在行业之间配置有限的资源，既是传承也是创新！

此外，新新贸易理论中有许多其他话题在国际贸易理论的前沿研究中也占据着十分重要的地位。基于异质性企业假设的跨国公司理论，多产品情形下的新新贸易理论，异质性企业假设下的新新地理经济学，这些方向的前沿研究仍在紧锣密鼓地推进当中，感兴趣的读者可以阅读相关的论文。

超链接

https://www.jstor.org/ 国际权威的论文数据库

http://web.b.ebscohost.com/ehost/search/advanced? sid=38bfdc8a-ffaf-4551-9a37-160e85919f42%40sessionmgr120&vid=0&hid=129 美国经济学会 Econlit 全文数据库

【讨论区】

背景 根据美国劳工统计局统计，近年来美国工人收入差距较大。其中，高新行业工人工资平均年薪为 6.5 万～8 万美元，如电工、机械技师、管道工、锅炉技师等；一般蓝领平均年薪为 3 万～5 万美元，如建筑工人、漆工、生产线工人等；部分从事低附加值的工人平均年薪在 3 万美元以下，如森林工人、锯木工人、纺织工人等。近年来美国外贸呈现增加状态，中国及其他新兴经济体国家是美国重要的出口地。以中国为例，据中国海关统计，2014 年，中美双边货物贸易总额 5 550 亿美元，同比增长 5.4%，占同期中国货物进出口总额 12.9%。其中，中国对美国出口 3 960 亿美元，同比增长 6.4%，占同期中国货物出口总额 16.9%；自美国进口 1 590 亿美元，同比增长 3.1%，占同期中国货物进口总额8.1%，中国对美国货物贸易顺差2 370亿美元，占同期中国货物贸易顺差的62%。据悉，不仅中美贸易规模在扩大，贸易结构也在不断调整之中。2014年，中国主要进口产品为运输设备、机电产品、植物产品和化工产品；出口产品主要是机电产品、家具、玩具、纺织品、原料、贱金属及制品。

问题　分别用H-O模式和赫-俄-萨定理分析这个案例。

分析　一般认为，美国是资本和技术密集型国家，而中国是劳动力密集型国家。因此，根据H-O模式，中美之间将会发生大规模的贸易活动。美国出口的是技术和资本密集型产品，如运输设备、化工产品、机电产品；进口的主要是劳动密集型产品，如家具、玩具、纺织品。要素价格均等化定理认为：国际贸易会使各国同质要素获得相对甚至绝对收入。国际贸易实际上是替代了生产要素的流动。当两个国家进行一定程度的专业化生产后，对各自丰裕要素的需求将会增加，因此这两个国家的相对丰裕的要素的价格将会上升，同时稀缺要素的价格将会降低。

从赫-俄-萨定理（即要素价格均等化定理）出发，我们可以知道国际贸易会降低美国的稀缺要素即劳动力的收入，同时提高丰裕要素即资本和技术的收入。因此，通过国际贸易会提高美国掌握高技术人的工资，降低美国的普通劳动力所有者的工资，从而扩大了美国的收入差距。但是，在此必须指出的是，美国政府并不该因此而限制贸易。因为贸易导致的劳动者的损失小于贸易导致的资本所有者的收入。用合适的税收政策可以使收入在资本所有者和劳动者之间重新分配，使得两种生产要素所有者都能够从国际贸易中获利。

【本章小结】

本章主要论述了国际贸易的经典和前沿理论。首先介绍了古典贸易理论，由绝对优势理论到比较成本理论再到国际相互需求方程式，初步完成了对国际贸易理论的阐述，其中关于对比较优势的探求成了后来国际贸易理论发展的基础。为了解释劳动成本差异形成的原因，赫克歇尔和俄林开辟了要素禀赋理论，并且在对这一理论验证的过程中得到了发展；与此同时，人们放松了以前技术不变的假设条件，在此基础上诞生了产品生命周期理论，它与要素禀赋理论一起推动了国际贸易理论的发展。随着世界经济的发展，产业内贸易成了国际贸易的主流，同时，国家之间的竞争更多地转化为了各国企业的竞争，于是新的贸易理论，即产业内贸易理论和国家竞争优势理论应运而生。而对企业异质性的研究则催生了新新贸易理论，企业生产率差异、产品质量差异以及单一产品模型到多产品模型的拓展，这些领域都成了当下国际贸易理论研究的前沿热点。

【复习思考】

1. 比较成本理论的内涵是什么？
2. 国际相互需求方程式是如何决定贸易国家之间的交换比率的？

3. 要素禀赋理论的基本假设是什么?
4. 如何理解要素价格均等化?
5. 新贸易理论与传统贸易理论的区别是什么?
6. 为什么说新新贸易理论对传统贸易理论和新贸易理论既是传承也是创新?

第四章

世界市场

【学习导航】

- ⊙ 掌握世界市场、世界市场价格和国际价值的含义，了解其内涵和外延。
- ⊙ 明确世界市场的特点和种类。
- ⊙ 掌握世界市场价格的形成机制，重点掌握世界市场价格的表现形式。

世界市场是一个经济范畴，它是在国际分工的基础上，通过交换关系把各个国家和地区联系起来的领域。世界市场在它的形成和发展过程中，把所有国家的生产、交换、分配和消费的各个环节不同程度地联系起来，成为一个统一的整体。

第一节　世界市场的形成和发展

世界市场是在资本主义生产及由它产生的广泛的国际分工的基础上产生和发展起来的。世界市场的形成与发展同资本主义生产方式的建立和发展有着密切的联系，世界市场是资本主义生产方式产生的前提，又是资本主义生产方式发展的结果。

一、世界市场的含义

小词典

世界市场是指世界各国的货物、服务以及技术等的交换场所，是由一系列的交换活动所组成。

由于是交换场所，我们很自然地想到了地理概念。首先，市场是一个地理的概念。笼统地说，世界市场由各国的市场组成，是人们集中交换的场所。从地理概念上看，现在所说由各国市场组成并不是完全准确的。作为地理概念上的场所，现在所指的主要是那些具有一些固定场所的商品交换方式。如国际博览会，一般都是在一些主要的、著名的城市每年定期召开，如我国的广交会。其次，市场是一个时间和空间的概念，具有一定的抽象性。抽象的时空市场就是我们现在意义上的市场，尤其是在国际贸易里面体现得非常充分。绝大多数的买卖不是在一个固定的场所进行的，比如我们通过函电谈判，都是双方约定的地点而不是集市的概念。世界市场是一个经济概念，是以国际分工为基础，通过交换把各国联系在一起，这也体现了世界市场的本质。世界市场以抽象的概念为主，但是它又是由许许多多具体的市场所组成。我们可以把它分成很多的类别：地理意义上的抽象市场，如欧盟市场、北美市场、东盟市场等；按交换对象划分的市场，如纺织品市场、机械产品市场、技术市场、人才市场等；此外还有辅助性的市场，如外汇市场、期货市场、金融市场，它们共同组成了通常意义上的世界市场。

超链接

http：//www.cantonfair.org.cn/cn/中国进出口商品交易会

世界市场体系的形成是近代生产力发展的必然结果。科技进步、国际分工与国际贸易的扩大，不仅提出形成世界市场的必要性，而且又为世界市场的形成提供了可能性。世界市场体系的形成与发展，又为生产力的进一步发展起到积极的促进作用。

近代生产力的巨大发展推动了国际分工的形成和发展。生产决定交换，生产的国际专业化分工与协作，导致商品与货币等各种交换关系的国际化和国际流动。世界交换领域的扩大和加深，必然形成世界市场体系。

首先，国际分工扩大了商品的国际流动。前面已经论述，国际分工加深了各国生产者彼此对对方产品的需求。如工业品生产国会因本国生产与生活的需要，从初级产品生产国进口农矿产品；初级产品生产国会因本国生产与生活的需要，从工业品生产国进口机器设备和消费品；另外，在工业品生产国之间、初级产品生产国之间也会因产品品种、规格、数量的差异而发生进出口贸易。当参与国际交换的国家、产品品种、数量日益扩大时，最终就会形成世界性的商品市场。

其次，国际分工与商品贸易推动了服务业的国际流动。国际分工与国际商品贸易的发展，使得为国际生产与交换服务的运输业、保险业、银行业、广告业、工程承包业等也逐渐走向世界。国际上一方日益增长的劳务需求与另一方不断扩大的劳务供给，导致服务业的国际流通，也自然会构成世界服务业市场。

最后，国际分工促进了技术的国际流动。18 世纪下半期，英国率先开始产业革命，西欧资本主义各国技术差距拉大，即使总体技术水平处于先进的英国，也要经常从其他国家进口某些更先进的技术，这种国际技术分工与交流，导致技术贸易的产生。19 世纪，继英国之后，法、美、德、日、俄等国也进行了产业革命，彼此以技术设备、专利、商标等为主要内容的国际交流，无疑会促成世界技术市场的建立。

二、世界市场的形成和发展过程

从地域上讲，世界市场是各国国内市场的延伸。在国际分工的基础上，国际贸易不断发展并壮大，各国之间的商品交换活动日益频繁，从而促进了世界大市场的形成。世界市场就是世界各国商品（包括有形商品和无形商品）交换的领域，它包括由国际分工联系起来的各个国家商品流通的总和。在世界市场的范围内，各个国家的市场成为世界市场的组成部分。

纵观世界市场发展的历史不难看出，世界市场是随着地理大发现而萌芽，随着第一次产业革命的胜利而迅速发展，随着第二次产业革命的进展而最终得以形成，并在第三次产业革命的推动下得到进一步的发展。

（一）世界市场的萌芽时期

16 世纪中叶到 18 世纪中后期，是世界市场诞生的时期。随着社会生产力的不断发展，封建社会经过漫长的变迁，进入了瓦解时期。在这段时间里，资本原始积累和手工工厂获得了长足的发展。随着商品生产的扩张以及社会分工的扩大，国家内部的经济联系得到了加强，最终在西欧形成了一个统一的国民经济和国内市场。

剪贴板

14、15 世纪时，欧洲各国已有资本主义萌芽。15 世纪末，葡萄牙、西班牙、荷兰和英国等迫切要求向海外寻找市场和原料出产地。但是奥斯曼帝国牢固控制了东西方贸易通道，从地中海经埃及出红海，向印度洋的航路又在阿拉伯人手中。在这种情况下，这些国家为了扩展商业和殖民活动，积极鼓励航海事业，开辟新航路。这是促成地理大发现的主要原因。

15 世纪末 16 世纪初的地理大发现，对资本主义生产方式的产生和确立起到了巨大的推动作用。发现新大陆，扩大了贸易范围，为当时正在发展起来的资本主义开辟了新的场所。马克思和恩格斯在《共产党宣言》中指出："美洲的发现、绕过非洲的航行，给新兴的资产阶级开辟了新天地。东印度和中国的市场、美洲的殖民化、对殖民地的贸易、交换手段和一般商品的增加，使商业、航海业和工业空前高涨。"[①] 在地理大发现之前，各国之间的经济联系在地域范围上是有限的，尽管这时在一定的区域内，国际贸易已经开展，地域性的国际市场也已经出现，如当时地中海沿岸的市场，但这毕竟不是现代意义上的统一的国际市场。

提示音

现代的区域性国际市场只是统一的世界市场的一个有机的组成部分，然而地理大发现以前的区域性国际市场根本不具有这样的性质。

地理大发现把欧洲经济活动的范围扩大到了全世界，美洲、亚洲、非洲都逐渐地被卷

① 马克思，恩格斯．马克思恩格斯选集：第 1 卷．2 版．北京：人民出版社，1995：273.

入了欧洲经济活动的范围，欧洲区域性市场发生了本质上的改变。地中海的区域性市场逐渐失去了昔日的辉煌，而大西洋沿岸的大城市，如现在荷兰的阿姆斯特丹、英国的伦敦等地位开始上升。在这一过程中，区域性的市场也逐渐扩大为了世界市场。

（二）世界市场的迅速发展时期

18世纪中后期到19世纪70年代，是世界市场的迅速发展时期。在这个时期内，发生了第一次工业革命，资本主义机器大工业产生，资本主义生产方式得以确立，并成为统治性的生产方式，标志着产业资本开始在世界范围内具有支配地位。技术的长足进步、生产力的空前增强、资本主义生产关系的发展，使得世界各国经济发生了重大的变化，统一的世界市场开始迅速发展。

这是一个不断扩大的市场。机器大工业不同于手工业，它需要经常扩大再生产，而不是简单再生产；需要不断夺取新的市场，而不是固守已有市场，因为旧的市场已经不能满足资本主义生产能力的需要了。机器大工业的发展取决于市场的规模，新兴资产阶级为了追求高额利润，需要不断扩大生产能力，迫使它们要超越本国已有的市场，到国外寻找新的市场，为大工业生产开拓更为广阔的领域。

大机器生产所具有的无限扩大性，不仅需要克服本国市场的狭小，而且也要克服本国市场资源供给的有限性，它是巨大的农、矿原料的吞噬者。为了满足机器大工业的需求，资本家不得不在全世界范围内进行采购，这样就使得诸多农、矿原料生产国家进入了世界市场，不仅从数量、规模上，而且从地域和深度上推动了世界市场的发展。

由于需要运输大量的成本和原料进行国际交换，机器大工业扩大再生产的需求使得铁路、轮船、电报得以发明和发展。这在一定程度上使国际间的距离相对缩短，运量绝对地提高，促进了各国之间的商品交换以及货币关系的发展，使其日益具有世界规模，世界市场也因此从地域上或内部紧密程度上都得到了空前的发展。

资本主义大工业的发展使工业和人口不断向城市集中，形成了许多大工业中心和大的销售市场，同时也推动了世界人口的移动，扩大了世界劳动力市场，加强了人口稀少地区的资源开发。

随着世界市场的扩大，作为世界货币的黄金和白银的职能增长了；黄金和白银逐渐变成了世界货币，使商品的世界价格形成成为可能；世界价格的逐渐形成，使价值规律的作用扩展到了世界市场上。

（三）世界市场的形成时期

这个时期开始于19世纪80年代，结束于20世纪初。在这个阶段，自由竞争的资本主义过渡到垄断资本主义，资本主义市场的范围继续在迅速扩大，形成了统一的、无所不包的市场。同时爆发了第二次工业革命，生产力获得了巨大发展，在变化了的生产关系和第二次工业革命的推动下，统一的世界市场最终形成。

在垄断资本主义条件下，资本输出、殖民统治和金融寡头的巨大经济实力对于统一世界市场的最终形成起着根本性的推动作用。资本输出是垄断资本主义统治世界其他国家和地区的坚实基础。殖民地宗主国通过资本输出把工业生产、现代农业生产方式移植到了殖民地国家，使得后者的生产真正成了宗主国社会生产的一个环节。这种情况使经济生活国际化逐步实现，各国社会的再生产环节相互交织在一起，于是统一世界市场的形成则成了必然的结果。

19世纪末20世纪初，爆发了以电力、钢铁、汽车制造以及化学工业为代表的第二次工业革命。社会劳动生产率得到了极大的提高，扩大了商品的生产，从而使垄断资本实力进一步的增强，它不仅从供给的角度促进了世界市场的形成，而且更为重要的一个方面，由于物质装备的改善和劳动生产率的提高，使得生产对于农、矿原料的需求迅速扩大，亚非拉国家也因此被全面地卷入了世界市场之中。同时，第二次工业革命使交通运输工具、通信设施大大改进，运费大大降低，地球上的相对距离大为缩短，扩大了国际商品交换的领域，劳务开始成了国际贸易的对象，从而进一步促进了国际市场的最终形成。

世界市场的形成主要有以下一些标志：

第一，多边贸易支付体系形成。这一时期，由于国际分工的发展，世界城市和农村的出现，西欧大陆从不发达地区购买了越来越多的原料，出现了大量的贸易逆差。与此同时，英国由于继续实行自由贸易政策，从西欧大陆的工业国输入的工业品持续增长，经常呈现大量的逆差。但是英国又是经济不发达国家的工业品的主要供应国，又呈现了大量的顺差。这样，英国就用它对经济不发达国家的贸易顺差来支付对其他发达国家的贸易逆差，而经济不发达国家又用对其他发达国家的顺差来支付对英国的逆差。此时，英国成了多边支付体系的中心。这个体系为所有贸易参加国提供购买货物的支付手段，同时使国际之间债权债务的清偿、利息等的支付顺利完成。

第二，国际金本位制度的建立。世界市场的发展与世界货币的发展是紧密联系在一起的。只有在世界市场充分发展后，作为世界货币的黄金的职能才能充分展开。在这个时期，建立了国际金本位制度。它也是世界多边贸易支付体系发挥作用的货币制度。

第三，资本主义的各种经济规律制约着世界市场的发展。资本主义社会中各种固有的规律如基本的经济规律、经济发展不平衡的规律、价值规律等在世界市场上居于主导地位，制约着世界市场的发展。

第四，形成了比较健全、固定的销售渠道。大型的固定的商品交易所、国际拍卖市场以及博览会等都形成了；航运、保险、银行和各种专业机构建立了；比较固定的航线、港口、码头建立了，所有这一切都使世界市场有机地结合在一起。

（四）现代世界市场的确立

从第二次世界大战以后到现在，由于主要大国政治、军事实力的相对势均力敌，使得政治、军事发展相对稳定，发展的中心转向了经济。在此期间发生了第三次技术革命，使得世界市场产品的结构发生了重大改变：一方面是产品的技术含量越高价值越为人们所公认，掌握技术、比技术、考察产品的技术含量成为主流；另一方面，技术作为商品本身参加了交换，与服务一起从货物贸易当中分离出来，成立了一个独立的部门，即知识产权贸易。在这一时期，国际分工进一步深化，由过去的垂直分工进入部门间的水平分工，又进入部门内的分工，国际分工越来越细，交换的产品形成了差异化的趋势。

在20世纪90年代之后，随着网络的发展，网络经济被提上了重要的地位。从国际贸易来说，电子商务已经初见成效，也许在不久将会以网络经济为代表来划分世界市场发展的又一个新的阶段。

三、当代世界市场的特点

了解掌握世界市场的基本特征是进入世界市场的前提条件，当代世界市场的特点主要有以下几点。

（一）世界市场在全方位开放的同时，集团化趋势十分明显

提示音

世界市场的全方位开放有三层含义：第一是指市场大门对每一个国家都是开放的，任何国家都可以进入市场；第二是指市场对于任何从事制造业、服务业和其他行业生产的厂商都可以在这个市场中找到合适自己的位置；第三是指世界市场对任何商品和劳务都不怀有偏见，都允许它们进入市场进行交换。

但是，世界市场全方位开放受到集团化趋势的干扰。集团化趋势在世界市场中有两种表现：一是国家之间形成的集团化，如欧盟、北美自由贸易区等。以欧盟为代表，世界上形成了几大经济集团。在世界范围内，这种趋势表现的多种多样，如自由贸易区、关税同盟等。世界上绝大多数的国家都不同程度地加入某种集团当中，有的国家甚至参加了三十多个集团。过去理解集团化基本上是地域经济一体化，地域接近或相邻的，当然也包括经济水平差异不大的。但现在看来也不尽然，如美国和新加坡在 2004 年 4 月签订了自由贸易区的协定，两国互不相邻、相距甚远的国家能够通过签订这样的协定给予对方超过 WTO 成员的各项优惠，因此跨地域的同盟也许今后也会更多地出现。二是跨国企业的大量出现。企业集团化的特点是通过建立跨国公司的全球经营体系，使交易内部化、要素流动内部化、技术转让内部化，充分利用跨国集团所有权的优势和资源等区位优势，实现跨国集团的全球经营目标与战略。但是这两种集团化对于其他国家，尤其是处于劣势的发展中国家来说具有一定的消极影响：国家集团化使它们被排斥在平等交易之外，企业集团化使它们被挤出市场。

（二）世界市场具有很大的盲目性，但是国际协调机制已经开始介入

世界市场是在资本主义制度下诞生并发展起来的。它的运行基本上是建立在生产资料私人占有的基础之上，资本主义的经济规律不可避免地对世界市场发挥着主导作用。由于私人企业具有充分的决策权导致整个世界市场的生产和销售具有很强的无政府主义色彩。正是这种决策的分散化使得世界市场具有很大的盲目性，各国厂商只是根据自己的判断做出各种预测，这种一厢情愿的计划更加剧了国际市场的不可预见性。

但在第二次世界大战以后，由于各国国家垄断资本主义的发展，使得它们开始对国际经济关系开始了调解。为此各国以一体化经济组织、多边或双边协议、国际经济组织等形式为世界市场的长期稳定发展创造有利的外部条件。这主要以战后的国际货币基金组织、世界银行以及关贸总协定为代表，表明了国际经济正在逐步走向秩序化，它们成了国家之间经贸交往的协调机制。除此之外，诸如八国首脑会议都是带有协调性质的机制。

（三）开放范围扩大的同时存在严重的动荡

从总体上看，世界市场的交易规模随着生产的发展、国际分工的扩大和深化、资本国际化进程的加快、第三次科技革命的推动以及新兴贸易方式的出现而呈现出较快的增长趋势。国际货物贸易从 1950 年的 607 亿美元上升到 2015 年的 16.48 万亿美元，商品交易额保持了持续快速的增长。与此同时，除了货物贸易继续增长、扩大之外，技术、服务贸易各国也相近开放，世界市场的交易对象得到不断的深化。

但是世界市场上占主导地位的一直是发达市场经济国家，在资本主义经济规律制约下，生产呈现无政府状态，再加上国际性的冲突，经常引起世界市场的动荡。首先，世界性的经济危机使世界市场不能平稳发展。如战后的几次经济危机尤其是两次石油危机，使得世界市场出现了较大幅度的萎缩。这其中包括经济危机本身所带来的萎缩，也同时包括为了转嫁危机，各国相继在外贸领域采取行动，导致了一系列的贸易摩擦，如钢铁战、小麦战等。其次，世界经济大国比如美国的经济一旦出现问题，将必然使日欧的对外经济活动受到影响，并进而使广大发展中国家的经济受到冲击，整个世界市场出现动荡。最后，政治与经济是密不可分的，世界性的政治事件和军事行动也都有可能引起世界市场的动荡，如1990年伊拉克入侵科威特。世界市场的动荡给世界各国企业进入市场带来了风险，同时世界市场在动荡中发展又给各国企业进入市场增加了可能性。

（四）竞争与垄断并存

竞争是世界市场的本质特征之一。各国厂商为了使自己的产品有销路，使生产中消耗的物化劳动、活劳动得到补偿，利润得以实现进行着激烈的竞争。市场的开拓与占有决定着企业的生死存亡，“优胜劣汰”是世界市场的竞争准则。可口可乐与百事可乐是我们非常熟知的品牌，而它们在世界市场上的竞争也许更为我们所津津乐道。

然而，国际市场在存在激烈竞争的同时，又有着很强的垄断性。许多产品的市场被为数不多的几家大公司所垄断和左右。大型跨国公司在垄断中起了决定性的作用。联合国贸发组织数据显示，全球跨国企业生产活动继续扩大，盈利处于历史较高水平。截至2014年底，全球最大的5 000家跨国企业共持有4.4万亿美元现金，比2008—2009年危机期间的平均水平高40%。当今世界最大的跨国公司垄断了飞机制造、汽车汽配、农用机械、碳酸饮料、软饮料、烟草、制药、农产品、液晶、电脑、移动通信、网络核心设备等产业50%以上的全球市场份额。跨国公司在一些主要的行业中都占据了垄断地位。例如，世界行业前两大公司分别占有了全球大型商用飞机100%的市场份额和全球20座～90座的小型商用飞机75%左右的市场份额，世界行业前两大公司分别占有了全球碳酸饮料市场的70%左右，世界行业前五大公司分别占有了全球铝土市场的45%和氧化铝市场的50%以上，世界前十大汽车公司分别占有了全球汽车产业市场的77%左右，世界前十大制药公司分别占有了全球制药市场的近70%左右。在一些初级产品和高技术产品上，其垄断性甚至更强。

（五）世界市场的替代性与相关性并存

提示音

世界市场有这样一种规律：在使用价值相同或类似的情况下，廉价商品将会排挤价格昂贵的商品并取代它；优质高价的商品将会取代低质廉价商品；具有特色能够反映个性的商品将取代大路货；使用方便、操作简单的商品会取代操作复杂的商品。

另外，在国际市场上，制成品交易取代着初级产品而主宰着国际交易；初级产品中，能源产品、稀有金属的交易取代了其他初级产品交易占据了主导地位。除了替代、取代的因素外，国际市场还存在着互补的因素，这主要表现为：不同国家因产业结构不同而形成的互补关系，如有的以制成品为主，有的以初级产品为主，有的以劳动密集型为主，有的以资本或技术密集型为主；不同企业之间形成的互补关系，世界各国的企业处于不同的产业之中，有的生产最终产品，有的生产中间产品，有的则提供原材料；不同关联产品之间的互补关系，某种产品的使用是以另一种产品的生产供应为前提的，如汽车生产增加，汽油的生产也必然相应提高。

世界市场除了具有以上典型的特征以外，还具有下列一些相对于国内市场的特殊性：

第一，贸易业务超越国界。当今世界，处于不同发展阶段、政治制度不同的国家和地区都进入国际商品的流通过程之中，还有一些区域性的经济集团和共同市场，如欧盟、加勒比共同体、安第斯集团、石油输出国组织、东盟、北美自由贸易区等以集团的形式加入世界市场，造成了世界市场的异国性、多国性和复杂性。

第二，消费结构复杂化。由于各国所处的地理环境和生活习惯不同，受历史、道德因素影响的程度不同，对商品的需求千差万别。每个国家和地区的商品市场都各具特色，消费结构十分复杂。例如，热带地区、温带地区与寒带地区的消费差别很大；多山地区与平原地区、大陆与岛屿、沿海与内地的消费都有不同的特色。又如宗教信仰的不同对产品的需求也是一个重要因素。另外，还有些宗教团体甚至会阻止某种科学技术的发展和引进。这些特殊因素都反映出世界市场消费结构的复杂性。

第三，商品结构发生变化。国际贸易是以各国的生产发展为基础的，商品结构是由生产结构的变化决定的。战后科技革命带来了工业生产结构的变化，从而也使国际贸易中商品结构发生了很大变化。同时，战后世界人口、就业、生态环境等方面的情况也影响着世界市场上商品结构的变化。

第四，商品行情多变。在国际市场上商品价格不仅受到价值规律的支配，而且还受到各种复杂因素如政局、金融、政策、外交、垄断、财政收支、工资水平、消费水平、消费结构等的影响，所以价格瞬息万变，难以掌握和控制。此外，价格又是很重要的一种竞争手段，可以人为地运用它、改变它来制定合适的营销策略，这也造成了价格的多变。一般来说，在国际市场上并没有标准行市，只是参考价格，要把握时机，及时定价。

第二节　世界市场的种类

世界市场是由十分复杂的、相互关联而又相互区别的部分构成的，其中不仅有各种类型的国家和地区、不同省份的买卖双方，更有成千上万种商品和纷繁复杂的购销方式。因此，为了从总体上把握世界市场，更好地了解世界市场的一般特性，对世界市场进行分类就显得十分必要。我们知道，对于同一对象，按照不同的标准有着不同的分类，世界市场也是如此。

一、按照地理位置划分

这是世界市场最基本的分类方法。就是按照地域的分布，把各国、各地区分成若干个市场，这个市场是地理分布条件下的抽象的市场，不是具体的、固定的交易市场，是时空的概念，如欧盟市场、北美市场、东盟市场、港澳市场、中东市场等。地理划分也可以从不同的角度界定标准，可以根据地理划分的目的，确定不同的标准。比如要是需要，我们可以在大的市场范围内，对市场进行进一步细分。如在欧盟市场，比利时、荷兰、卢森堡三国市场本身又是大市场之中套着的小市场，这三国是一种更紧密的集团化的关系。再进一步，世界上所有的国家都可以把它划分为一个市场，而一个国家也可以划分成若干个市场。如把美国的各个州划分为不同的市场。因此，这种按照地理的划分，关键是看标准如何确定，标准不同就有不同的划分方法。按照地理分布来划分标准，我们需要考虑很多问题，除了经济问题之外，还有很多其他问题需要考虑，如自然环境、人文环境、商业法律习惯等。在对自然环境的考虑方面，如气候就可能对贸易产生非常大的影响，在一个潮湿地区生产出来的木制家具销往一个非常干燥的地区势必导致木制家具的开裂。从贸易角度来考虑自然环境非常重要，人文环境也是如此。这主要包括它的风俗习惯、禁忌等，商业法律习惯同样不可忽视。由于各国的商业发展历程不同，一些商业习惯最终以法律形式固定下来，但是不同国家的商业习惯不同，那么以法律固定下来的不同的商业习惯之间会产生一些冲突。所有这些都是我们在考虑市场的时候需要注意的问题。

■ 二、按照交易对象的用途来划分

根据这种划分标准，可以把世界市场划分为生产资料市场和消费品市场或称生活资料市场。所谓的生产资料是指本身不直接以满足人们的消费需求为主要目的，而主要是为人们的消费提供物质保障，为消费的形成提供中间产品的资源。因此，生产资料市场很显然是用于满足生产其他商品所需商品的市场。在国际贸易之中，生产资料市场显得极为重要。它在国际贸易中占据了很大份额的比重；更为重要的是它通过国际交换甚至能掌握其他国家的经济命脉。比如像粮食的提供、石油的提供、煤的提供和其他一些重要的生产资料的提供。在国际市场当中，这都几乎是最大的交换。各国之间为了实现这种交换都非常需要保持长期的稳定，如铁矿石的交换，一般没有一次性交换的。交换国家之间都是通过签订一个长期合同，五年都很少，一般是十年以上至十五年、二十年或者更长，以保证铁矿石的供应。这主要是由生产资料在国民经济中的极端重要性决定的。同时，生产资料本身是一种自然资源禀赋，各国很难通过自身的发展使它的状况发生改变。

消费品市场就是提供直接满足人们生活需要的商品市场。通常可以分成耐用消费品市场和非耐用消费品市场。在国际贸易中，各国对消费品的限制是最多的。这主要是由于消费自身对国民经济的重要作用所决定的。消费是推动国民经济增长的一个十分重要的因素，因此，当一国过多地消费了本国之外的消费品，那么势必对本国消费品的需求产生冲击，进而对本国的经济发展产生不利的影响。

通常还有一种划分方法，就是初级产品和工业制成品的划分。由于这种划分方法在很大程度上体现了生产资料和生活资料划分的关系，因此两种划分方法重叠的部分很大。

■ 三、按照经济发展水平划分

根据这种划分标准，可以把世界市场分成发达国家和发展中国家。发达国家（Developed Country，也称作已开发国家、先进国家），是指经济和社会发展水准较高，人民生活水准较高的国家，又称作高经济开发国家（MEDC）。已开发国家的普遍特征是较高的人类发展指数、人均国民生产总值、工业化水准和生活品质。要注意的是，借由开发自然资源也可以达到较高的人均国民生产总值和人类发展指数，但未必属于已开发国家，比如文莱、沙特阿拉伯、卡塔尔等国。发达国家大都处于后工业化时期，服务业（也就是商业）为主要产业。而发展中国家（Developing Country，也称作开发中国家、欠发达国家），是指经济、社会方面发展程度较低的国家。与发达国家相比，发展中国家则大都处于工业化（制造业，也就是工业）时期。但现今随着经济发展，已有部分发展中国家的生活水平和发达国家差距不大，如波斯湾产油国、智利、哥斯达黎加、马来西亚、文莱和部份东欧国家；与之相反的是，也有部分发展中国家反而因生活水平退步而滑入最不发达国家。

四、按照世界市场的组织形式划分

上面所述的三种划分方式本质上都没有涉及世界市场本身的性质，因此，从市场本身的特性出发，我们可以把世界市场分成有固定组织形式的世界市场和无固定组织形式的世界市场两大类别。

（一）有固定组织形式的世界市场

有固定组织形式的世界市场是指在固定的场所按照特定的原则和规章进行商品交易的、具有固定组织形式的市场。这种市场主要包括商品交易所、拍卖、国际博览会和展览会等。

1. 商品交易所

商品交易所是根据货样进行大宗批发交易的场所，它是一种典型的具有固定组织形式和场所的市场。交易所中通常没有商品，买卖时也无须出示和检验商品，而是根据规定的标准和货样进行交易。成交是在交易所指定的标准合同的基础上进行的。

商品交易所是在固定的时间、固定的地点，按照规定的方式由特定的交易人员进行大宗商品交易的专业市场。这种交易市场最早出现在17世纪荷兰的阿姆斯特丹，随着资本主义生产方式的确立和国际分工的深化，得到了长足的发展。

造成商品交易所迅速发展的原因主要有：大宗商品生产的增长、世界市场的扩大、农产品生产和初级加工技术的进步、海上运输的发展和现代通信的普及提高了交易所在国际贸易中的地位。同时交易所所进行的交易有利于生产者转移风险，使其免受市场价格风险的干扰而安心生产，从而保证再生产过程的正常运行。

商品交易所同时集中大量商品的特性，使其可以根据商品的供求状况决定交易价格，并使这种价格在国际贸易中具有重要的调节作用。在世界性的商品交易所中，每天开市后第一笔交易成交价和最后一笔交易成交价，即所谓的开盘价与收盘价，以及全天交易的最高价、最低价已经成为世界市场价格变动的重要资料。交易所牌价一般被公认为世界价格的重要参考数据。在交易所中进行商品买卖，必须严格遵守交易所的规章制度，一般的方法是在大厅里口头喊价、公开交易。只有交易所的会员才能够进入交易大厅进行交易，因此，非会员需要通过会员充当自己的经纪人来进行交易。

商品交易所进行交易的商品往往具有很高的同质性，即特征相通、质量相同，如有色金属、谷物、油料、橡胶等。目前，随着国际生产专业化的提高，交易所的交易也日趋专业化，每类商品一般都有自己的专门的交易中心，如芝加哥、伦敦、利物浦、鹿特丹、米兰等是谷物的交易中心，纽约、伦敦是有色金属的交易中心，新加坡、吉隆坡等是天然橡胶的交易中心，新奥尔良、芝加哥、利物浦、孟买等是棉花的交易中心。

超链接

http：//www.cme.com/芝加哥商品交易所

2. 拍卖

拍卖是指经过专门组织的、在一定地点定期举行的现货市场。这种市场通过公开竞购的方式，在事先规定的时间和专门指定的地点销售商品。

通常情况下，这些商品需预先经过买主验看，这是拍卖贸易的必要条件。因为在商品拍卖以后，无论是拍卖的举办人还是卖主都对商品的服务不接受任何索赔（隐蔽点除外）。

拍卖发展至今已经有几百年的历史。以拍卖方式进入世界市场的商品，大多数是品质不易标准化、易腐烂不耐储存、产地分散或需要经过较多环节才能逐渐集中到中心市场上进行交易的商品，如羊毛、毛皮、茶叶、烟草、蔬菜、水产品、工艺品以及石油、黄金等。一些政府在处理库存物资或海关以及其他机构处理罚没货物时，通常采用这种交易方式。

拍卖交易的过程大致可以分为下列几个阶段：首先是准备阶段。卖方按照举办人的要求把货物运到指定的仓库，然后拍卖举办人对拍卖物进行整理并将货物情况印成拍卖目录。在举办拍卖前的10天左右交给竞购人。买方得到目录后到仓库抽检、验看商品。其次是成交阶段。在规定的日期和指定的地点，拍卖人举办拍卖活动，按照目录次序逐批进行。拍卖的价格通常通过增价、减价和密封递价的方式进行。当击锤成交后，拍卖的举办人代表买方签署文件，这时他成了买方的代理。最后是交货阶段。拍卖成交后，买方应开立认购书或签订正式合同，并缴付部分货款。买方在成交数日内按照仓库交货的条件，限期在指定仓库凭提货单提货并付清余款。

目前，拍卖成交的商品也一般有自己固定的成交地点。如羊毛主要在伦敦、利物浦、墨尔本和悉尼等地；茶叶主要在伦敦、加尔各答、科伦坡等地；烟草主要在纽约、阿姆斯特丹、不来梅、卢萨卡等地。

3. 国际博览会和展览会

国际博览会是一种定期的在同一地点、在规定的期限内举办的有众多国家和厂商参加的展、销结合的国际市场，其目的是使参加者展示科技成就、商品的样品，以便进行宣传、发展业务联系，并最终促成贸易。展览会一般是不定期举办的，与博览会的主要区别在于只展不销，目的是通过它促成会后的交易。

这种市场起源于欧洲中世纪，最初只是在重大节日期间举办，后来逐渐发展成为一种定期定点的展销市场。世界上有影响的博览会、展览会主要有：汉诺威、法兰克福、巴黎、里昂、布鲁塞尔、米兰、东京、温哥华等。

超链接

http://allworldexhibitions.com/世界博览会

（二）无固定组织形式的世界市场

除了有固定组织形式的世界市场外，通过其他方式进行的国际商品贸易都可以被纳入无固定组织形式的世界市场的范畴。这类市场大致可以分成两类：一类是单纯的商品购销形式，另一类则是与其他因素结合的商品购销形式，如补偿贸易、加工贸易、租赁贸易等。

1. 单纯的商品购销形式

单纯的商品购销是指交易双方不通过固定市场而进行的商品买卖活动。它是直接采用函电往来或面谈，即单次洽商而进行的。其原则是买卖双方自由选择交易对象，对商品的规格、数量、品质、价格、支付、装运等方面都是通过谈判进行，在相互意见一致的基础上签订合同成交。单纯购销形式是世界上最基本、最普遍的国际商品交换方式。

2. 补偿贸易

补偿贸易是与信贷相结合的一种商品购销形式。这就是买方在信贷基础上从卖方进口机器、设备、产品、技术或劳务，然后用商品与劳务支付货款。这种方式的主要优点是能够利用外国的资金和设备，引进一些适宜的先进技术，一定程度上可以通过对方的销售渠道进入世界市场。同时，由于是以销定产，所以有利于企业内部机制的转换，更好地适应国内外竞争。

这种贸易方式主要有三种表现形式：第一种是买方以进口的设备开发和生产出来的产品去偿还进口设备的货款，称为回购或返销。第二种是买方不是用进口设备、技术等开发生产的直接产品，而是用双方商定的其他产品或劳务来支付进口货款，称为互购。第三种情况比较复杂，买方对进口设备的货款可以部分用商品补偿，部分用现汇支付，称此为部分补偿；也有第三方参与，负责接受、销售补偿产品或提供补偿产品的，称为多边补偿。

3. 加工贸易

加工贸易是把加工与扩大出口或收取劳务报酬相结合的一种购销方式。目前的做法主要有：第一，来料加工。这就是甲方国家按照乙方国家的要求，将乙方国家提供的原料、辅料加工后交给乙方，从中收取加工费。第二，进料加工。它是对进口原料进行加工，把成品销往国外，通常称为以进养出。与来料加工的主要区别是：进料加工是自进原料、自行安排加工和出口、自负盈亏，两国商人的关系是买卖关系。来料加工则是按照来料商人的要求进行加工，两者是委托加工关系。第三，来件装配。甲国商人向乙国厂商提供零件与元件，由乙国厂商装配，再交给甲国商人，乙国厂商从中收取装配费用。

4. 租赁贸易

租赁贸易是把商品购销与一定时间内出让使用权相联系的购销方式。这是指出租人把商品租给承租人在一定时期内专用，承租人要支付一定数量租金给出租人。这种业务于20世纪50年代起源于美国，目前在世界上极为普及。一般可以分为：短期租赁（约1年以内）、中期租赁（1年～3年）、长期租赁（3年以上）。租赁的商品通常为标准的工业设备和产品，如成套设备、起重运输设备、船只等。

由于承租人实际上只是购买使用权，因此既可以节约直接购买商品本身的资金，也可使用比较先进的机器设备。同时又可以缩短供货期限，解决季节性或急需性的生产设备。出租人始终对商品拥有所有权，因此承租人往往不负责租用商品的维修、保养，可以避免因设备快速更新而遭受的无形磨损。

第三节　世界市场价格

从贸易来讲，世界市场价格是一个十分重要的问题。它需要考虑比较多的因素。比如使用的货币，因为它涉及外汇汇率变动和外汇风险的问题。同时还要考虑到计量单位的问题，比如“一吨大米”，这里的“吨”是什么“吨”？国际上有公制的“吨”，一吨是一千千克；还有“长吨”，它是英制的；此外还有“短吨”，是美制的。因此在国际贸易中一定要标明具体的计量单位。价格里面还要考虑到具体的价格术语。使用不同的价格术语，商品价格的标价也是不一样的。比如使用FOB价格，由卖方派船来取货，因此价格相对便宜；而使用CIF价格，由于买方租船定舱，把货物交给卖方，因此租船定舱的费用一定要加到价格当中，于是价格相对较高。通常使用的价格术语，按照国际商会指定的新版国际贸易术语解释通则，共有11种。采用不同的价格术语，商品的价格将是不一致的。凡此种种，价格考虑的因素非常多。在国际贸易当中，商品价格的标价也不像国内那么简单体现为一种数字性标价，而是一连串因素的集合。价格把各种因素包含在内，它的表述是一个长串。以上这些将会在国际贸易实务中涉及，这里所说的世界市场价格主要是从原理上和分类上对它进行一个初步的、基本的了解。

一、世界市场价格的含义

小词典

世界市场价格是商品国际价值的货币表现，即在国际市场上某一时期内客观形成的具有代表性的商品交换价格。

商品的国际价格用世界货币的形式表现出来，就是商品的世界市场价格。从定义上我们可以看出，价格是价值的货币表现，这是马克思主义的基本观点。但与此不同的是西方学者的观点。他们认为价格是以使用价值为依据的，因此资源禀赋和需求就构成了商品价格的充足条件。资源禀赋就是生产这种商品所需资源的多少或丰富程度的问题：如果资源丰富，则价格会下降；如果资源相对稀缺，则价格会较高。同时要考虑到需求因素：资源丰富的地方，如果需求更大，那么它的价格就不会很低；同理，资源少的地方，如果商品的需求量非常小，那么其价格也不会高。我们认为这种解释比较现实和实用，但是比较现象化，没有揭示价格的本质，因此我们还是坚持马克思主义的观点。同时，我们需要注意到马克思主义也没有忽视市场需求的影响，价格围绕价值上下波动表明马克思主义对市场需求的认识。同时需要指出的是，这里所说的货币是指世界货币。正是由于世界货币的出现，才使各国的国内市场价格均衡为世界市场价格。在世界市场产生、形成、发展的大部分时期里，世界货币就是黄金。在当代，世界货币通用美元、英镑、马克、法郎、日元等国际货币。世界货币是世界市场上商品交易正常进行和世界市场价格统一的基础。

二、国际价值

想一想 各国在出口商品时，为什么不能按照国内的价格进行商品定价呢？

（一）国际价值的含义

小词典

价值是凝结在商品中的人类抽象劳动。商品的国际价值就是在国际分工的条件下，人们的社会劳动在世界范围内得到普遍发展的反应，它表明在国际交换中，人们的社会劳动具有普遍的国际性质。商品的国际价值体现的是国际经济关系。

商品的国际价值是与国别价值相比较而存在的。二者作为人类劳动的凝结物，在本质上是完全相同的，但是在量上则并不相同。国别价值量是由该国生产某商品的社会必要劳动时间来决定的，社会必要劳动时间是“在现有的社会正常的生产条件下，在社会平均的劳动熟练程度和劳动强度下，制造某种使用价值所需要的劳动时间”。而商品的国际价值则不同，它是由生产该种商品的世界必要劳动时间来决定的。所谓世界必要劳动时间，不能把它简单地看作是在世界经济现有的生产条件下，在世界平均的劳动熟练程度和劳动强度下，制造某种使用价值所花费的时间。因为在国际市场上，由于受到国内外市场容量相互制约和竞争等多方面因素的影响，不可能所有同类商品生产国生产出来的所有商品都进入国际市场，参加国际商品交换，在国际市场上实现其价值，而通常只有同类商品的部分生产国参加国际贸易活动。同时，即使是那些参加国际贸易活动的同类商品的生产国，通常也是提供不同数量商品进入国际市场。这样，世界必要劳动时间就只能看作是所有同类出口商品中平均的社会必要劳动时间。在国际贸易领域，商品的国际价值就是由这种必要劳动时间决定的。

由于各国经济发展水平存在差异，劳动生产率和劳动强度各不相同，因此，不同国家在同一劳动时间内所生产的同种商品的不同量，就具有不同的国际价值。只有当一种加入国际贸易的商品仅由一国单独提供时，该国生产此种商品的国别价值与国际价值才直接等同。总之，国际价值是以世界为背景的人类无差别劳动的凝结，反映了世界市场中商品生产者之间的关系。在国际价值的行程中，只取决于那些参与或有可能参与世界平均劳动时间计量的已经投入的国别劳动量，而不包括那些劳动量投入的潜力。

（二）国际价值的形成

国际价值是在国际市场上通过生产同类商品的贸易各国之间的竞争形成的。

假定提供某种同类商品的有优、中、劣三种生产条件的贸易国，其商品的国别价值各不相同。在通常情况下，中等生产条件的贸易国所生产的商品在同类商品中占有量大，而优、劣等生产条件的贸易国所生产的商品只占少数，并且二者的数量大体均衡，能够相互抵消。假定国际市场上的供给和需求一致，这时劣等生产条件贸易国生产的商品的国别价值较高，但迫于提供同类商品的贸易各国的竞争，它们不得不低于国别价值出售。然而，商品的出卖不能低到等于少量优等条件贸易国生产的商品的国别价值，因为这样会使中等、劣等贸易国因无利可图而缩小或停止生产，而仅仅靠优等条件贸易国的商品又远远不能满足国际市场的需求。同时，优等条件贸易国也希望以高于其国别价值来出卖商品，以获得更多的利润。这样竞争的结果使具有不同生产条件的各贸易国生产同种商品的国别社会必要劳动时间均衡为一个统一的世界必要劳动时间，即不同的国别价值均衡为一个统一的国际价值。这个统一的国际价值由某种商品的绝大多数处于平等、中等生产条件的贸易国的国别价值所决定。换句话说，这时，商品的国际价值与提供绝大多数商品的中等生产条件贸易国的国别价值是基本一致的。

在特殊情况下，尽管投到国际市场上的某种商品的总量不变，但由于劣等生产条件贸易国或优等生产条件贸易国生产的商品在同类商品供给中构成一个相当大的量，这时，该种商品的国际价值就分别由劣等条件贸易国或优等条件贸易国生产该商品的国别价值来调节，即国际价值与它们的国别价值相接近，接近的程度如何，则要以它们的商品在同类商品中占有多大的量而定。

通过以上分析可以看出，在世界市场上，各国国民劳动强度形成了一个阶梯，各代表本国的社会必要劳动时间，但是国际商品交换的价值尺度是唯一的，并且统一于世界劳动的平均单位。因此，国别价值在世界市场上受到了排斥，它只承认国际价值。国际价值以国别价值为前提但又拒绝后者。国际价值是商品世界的客观存在，既是价格波动的中心，又是一种理论的抽象，它是由商品生产者背后的自然过程决定的。

三、世界市场价格的表现形式

世界市场价格是在国际交换中依据价值规律的作用自发形成的。它的表现形式为在一定时期内客观形成的具有代表性的商品交换价格。

世界市场价格的表现形式主要包括以下几种：

第一，某种商品的主要出口国的出口价格。这主要从供给的角度考虑，同主要出口国的国别价值具有直接的关系，就是说主要出口国的生产水平代表了某种产品的世界水平，即这个国家的国别价值对国际价值起主导和决定的作用。

第二，某种商品的主要进口国的进口价格。这主要从需求的角度来考虑。需求大价格高，需求小价格低，这是基本的原理。因此，主要进口国的进口价格就能够直接影响世界市场价格的变动。如我国是铜的进口大国，那么当我国一旦决定进口铜的时候，伦敦五金交易所的铜价便立刻大幅度上升，就是说我们的进口价格可以直接左右世界市场铜价是上升还是下降。

第三，某种商品的国际集散地的市场价格。某种商品大量云集于此，形成了一种价格水平。由于各国的商品共同在这里形成一种价格水平，因此集散地价格也是一种具有代表性的世界市场的价格。

第四，某种商品的商品交易所价格。这里面是一种期货的价格，它并不是我们所说的由商品的直接买卖形成的，但是它却代表了某种商品的价格变动及其未来走势，因此它对市场价格水平的变动具有指导性的作用。所以我们认为它也是一种具有代表性的世界市场价格。在具体的交换里，在双方谈不成的情况下可以指定比如交货当天的芝加哥某种商品的收盘价，则无论是涨还是跌双方都可以接受。

第五，拍卖价格。通常了解的拍卖是一些古玩之类，但是在国际贸易中，拍卖是一些商品的主要销售方式，如茶叶、羊毛等。在它们分等、分级、分类之前，以一批、一堆的形式竞价出售。这种方法在茶叶产地国、羊毛出口国都作为出口商品的一种主要方式。由于某些商品产地比较集中，如橡胶生产主要集中在东南亚，所以它的拍卖价格就代表了世界市场的价格水平。

第六，开标价格。招投标不仅仅是工程方面的事情。很多国家通过招投标的形式来进出口商品也是一种习惯做法，因为这样可以更多地获得物美价廉的商品。对于某些国家某种产品的进出口大国来说，招投标价格可以左右国际市场价格，因此它也是一种具有代表性的世界市场价格。

第七，国际垄断组织制定的价格。它是跨国公司内部的价格，通常也被称为转移价格。这种价格在大多数情况下，都与市场正常的竞争价格相脱离，但是由于跨国公司内部贸易巨大，占世界总体贸易的三分之一以上，因此它的内部交易价格在某些场合、某种程度上看也是具有代表性的世界市场价格。

从以上的各种价格表现形式上看，这些价格的基础和核心是该商品的主要出口国的出口价格。这个国家的国别价值对国际价值起到主导的作用，如加拿大是小麦的出口大国，数量多、质量好，其他国家如果出口小麦的话，就应该至少要与加拿大保持一致，由于加拿大的小麦价格相对比较低，因此其他国家一般需要补贴后才能出口。因为，加拿大的出口价格所体现出的国别价格对其国际价值具有决定性的作用。

当然，在实践中我们会发现，世界市场价格往往与国际价值是相背离的，价格由高到低、由低到高不停地运动，极其不稳定。而且，同类商品的价格水平有时也相差悬殊，表现为主要出口国的出口价格与商品集散地价格、商品交易所价格、主要进口国的国内市场价格差距很大等。其原因主要有以下几点：

（1）由价值规律自发调节造成。马克思主义认为，价格围绕价值上下波动。一方面，世界市场是完全的商品经济市场，决定世界市场价格波动的主要因素是市场的供求关系。由于世界市场的商品投入是自发的和盲目的，导致了供求关系经常失衡。当商品的供应量增多，供大于求时，其价格便会下降；当商品需求大于供给时，其价格又会上涨。这种供求关系的变化只能是通过价值规律自发地进行调节。价值规律的作用就是建立各类商品在国际市场投入中的比例关系，达到某种平衡，使商品的价格趋于稳定。但另一方面国际价值是世界价格变动的基础。世界市场价格变动归根到底是受国际价值支配的，它始终是世界市场价格上下波动的中心。虽然不同的经济制度、不同的价格体系，以及资本转移的不充分竞争等因素导致世界市场价格会出现经常性的波动，但是从长期来说，世界市场价格与国际价值是一致的。

（2）货币价值的影响。世界市场价格是商品国际价值的货币表现。因此，市场价格的变动不仅取决于国际价值，还与货币价值具有十分密切的联系。国际通用货币的升值或者贬值都会直接影响世界市场的价格。

（3）国际的竞争与垄断。竞争是以私有制为基础的商品生产和交换的必然产物。在世界市场上，同一种商品往往包含三个方面的竞争：一是各国卖主之间的竞争。在世界市场上，同一种商品常常由许多国家的众多厂商提供，为了争夺市场，卖主展开了竞争，从而会促使价格下降。二是买主之间的竞争。在世界市场上，如果众多买主都对同一种商品产生急切的需求，那么他们彼此之间将会产生激烈的竞争，进而导致商品价格的上升。三是买主与卖主之间的竞争。这主要表现为买卖双方的讨价还价。结果主要取决于商品的市场状况和买卖双方的力量对比。但不论是哪一种竞争，都会最后形成一个公认的成交价格，即世界市场价格。

（4）垄断价格是垄断组织利用垄断地位规定的高于或低于正常价格的一种市场价格。在世界市场上，垄断价格主要有两种情况：一是垄断高价，此时垄断以卖方的身份出现；二是垄断低价，此时垄断以买方的身份出现。垄断组织正是利用这种垄断价格获取了超额利润。与自由竞争相比，垄断价格是垄断资本在对市场控制的条件下人为确定的，垄断企业是价格的决定者而不是接受者。

需要指出的是，垄断价格并不能主观任意决定，有其客观的界限。上限取决于世界市场对于国际垄断组织所销售的商品的需求量以及消费者对这种商品的需求弹性。如果需求弹性加大，那么价格过高会导致需求量急剧下降，进而减少垄断利润。下限取决于生产费用以及垄断组织所在国的平均利润。如果垄断价格长期过低，会导致利润长期低于平均利润，除非具有特殊的目的，通常情况下，垄断组织就会停止生产。

(5) 国际价格构成的复杂性。国际价格与国内价格相比，其构成是十分复杂的，项目较多。除生产成本、流通费用、利润及税金之外，还包括诸如运输费、运输保险费、包装费、装卸费、平舱费、仓储费、商品检验费，以及报关手续费、结汇及签发进出口所需要单证等各种手续费。另外还包括一些其他杂费，如码头捐、业务通信费等。这些费用都会因货物交易量的大小、运输距离的远近、保险的险别以及采用不同的价格术语等使同种商品的价格产生差异，而且可能是较大的差异。

(6) 其他因素的影响。这主要包括经济周期、科技进步的影响，以及商品本身的因素，包括数量、包装、花色品种等。目前的世界经济依然由资本主义控制，因此资本主义本身不可避免的经济周期规律也同样影响着世界经济，进而导致国际贸易和国际市场价格的变动。科技的进步一方面使许多产品的单位成本降低，引起价格的下降；另一方面，它的进步也迫使了交通运输发生变革，缩短商品的周转时间，降低运费，从而影响国际市场价格构成中有关部分费用的降低。另外，商品自身的因素也毋庸置疑地对其价格产生影响。

【讨论区】

背景 国际贸易发生的一个前提条件就是对不同国家生产的物品的价格进行确定。在国际市场上，商品的价格与在国内销售时发生了很大的差异。在现实中，我们有一种直观的感觉就是最终产品的价格的确定似乎与发达国家较为接近。那么国际市场价格是如何确定的呢？

问题 影响国际价格形成的因素有哪些？

分析 国际价格是在一定条件下国际市场中的价格，它是国际价值的货币表现，围绕着国际价值上下波动。决定、影响国际价格形成的因素很多，但要使商品的价格大体上等于商品的价值，有三个基本要素：(1) 商品交换的经常性；(2) 商品供给与需求大致相等；(3) 没有人为或自然的垄断。

在国际价格的确定这一问题上最早的尝试是从供给方面确定国际交换比率。该观点认为，假设只有两个国家、两种商品，那么在国际市场上两种商品的交换比率应介于两国国内各自的两种商品的交换比率之间。但是这种从供给方面和比较利益学说的分析，只是将两国商品交换比率限定在一个区域内，而不是一个定数。经济学家约翰·穆勒的相互需求方程式很好地解决了这一问题。该方程式的结论是：在由比较利益所决定的两国交换比率上、下限内，实际的、唯一的均衡贸易条件是由两国对于各自交易对手商品的相对需求强度决定的。外国对于本国商品的需求强度越是大于本国对于外国商品的需求强度，则两国间两种商品交换比率越接近于外国国内的交换比率；反之，则越接近本国国内的交换比率。可以说，穆勒的相互需求学说，一般性地解释了均衡贸易条件变化的决定过程，即从供求角度分析了影响价格变动的过程。在他之后，其他的经济学家从不同的角度发展、完善了相互需求学说，详细论证了供给和需求是如何共同决定国际商品交换比率的。例如，后来比较流行的由两国提供曲线所决定的国际商品交换比率（国际价格）。

【本章小结】

本章主要介绍了世界市场的基本含义、分类，并在此基础上重点讨论了世界市场价格的形成过程及表现形式。世界市场是指世界各国的货物、服务以及技术等的交换场所，是由一系列的交换活动所组成。本章首先界定了世界市场的含义，在此基础上介绍了世界市场形成的三个阶段；由此引出了世界市场的特点。之后，介绍了世界市场的常见分类方法，其中尤其重要的是有关世界市场组织形式的分类。在说明了世界市场的基础知识以后，本章重点介绍了世界市场价格。与国内市场价格不同，世界市场价格形成的基础是国际价值。由于其自身的复杂性，世界市场价格因此也具有了多种表现形式。

【复习思考】

1. 世界市场的含义及形成过程如何?
2. 世界市场形成的标志是什么?
3. 世界市场的种类有哪些?
4. 简述国际价值与国内价值的区别与联系。
5. 简述世界市场价格的含义及表现形式。

第五章

国际货物贸易

【学习导航】

- ⊙ 掌握交易合同订立的过程，熟知必不可少的环节。
- ⊙ 掌握如何处理货物交付上的常见问题，重点了解货物交付的期限问题。
- ⊙ 熟悉当代国际贸易中常见的货款支付方式，重点了解信用证和银行保证书的使用。

第一节　交易的订立

交易的订立是指买卖双方经过一定的当面洽谈或函电磋商，取得一致意见，达成协议，签订合同的全部过程。在交易订立的整个过程中，买卖双方为了取得对各自有利的成交条件，磋商非常激烈。这一过程直接涉及双方的利益，因此，是整个交易的关键所在。

提示音

交易磋商在形式上可分为口头和书面两种。口头磋商主要是指在谈判桌上面对面的谈判，如参加各种交易会、洽谈会，以及贸易小组出访、邀请客户洽谈交易等。另外，还包括双方通过国际长途电话进行的交易磋商。口头磋商方式由于是面对面的直接交流，因此便于了解对方的诚意和态度，以便针锋相对地采取对策，并可根据进展情况及时调整策略，争取达到预期的目的。这对于谈判内容复杂、涉及问题多的交易尤为合适。书面磋商是指通过信件、电报、电传等通信方式来洽谈交易。随着现代通信技术的发展，书面洽谈也越来越简便易行，而且费用与前者相比要低廉一些。它是日常业务中的通常做法。通过口头洽谈和书面磋商，双方在交易条件方面达成协议后，即可制作正式的书面合同。

交易磋商的内容涉及拟签订的买卖合同的各项条款，其中包括品名、品质、数量、包装、价格、装运、保险、支付以及商检、索赔、仲裁和不可抗力等。从理论上讲只有就以上条款逐一达成一致意见，才能充分体现“契约自由”的原则。然而，在实际业务中，并非每次洽商都需要把这些条款一一列出、逐条商讨。这是因为，在普遍的商品交易中，一般都使用固定格式的合同，而上述条款中的商检、索赔、仲裁、不可抗力等通常作为一般交易条件印在合同中，只要对方没有异议，就不必逐条重新协商。这些条件也就成为双方进行交易的基础。在许多老客户之间，事先已就“一般交易条件”达成协议，或者双方在长期的交易过程中已经形成一些习惯做法，或者双方已订有长期的贸易协议，在这些情况下，也不需要在每笔交易中对各项条款一一重新协商。这对于缩短洽商时间和节约费用开支，都是有益的。

交易磋商的程序可概括为四个环节：询盘、发盘、还盘和接受。其中，只有发盘和接受是每笔交易必不可少的两个基本环节或法律步骤。

想一想　交易磋商的四个环节中哪些是不可缺少的？

一、询盘

小词典

询盘也称询价，是买方为了购买商品，或卖方为了销售商品，而向对方提出的关于交易条件的询问。法律中称为要约邀请。

询盘并非希望对方做出回答后即能签订合同，只是期待对方向自己提出条件，是试探市场动态的一种手段。

询盘一般比较简单，如“对苹果有兴趣者请发盘”“大豆现货可供，请递盘”。在询盘中经常使用的语句是“请电告”“请报价”“请发盘”等字样。

询盘可以由卖方发出，如“可供大豆20万吨，有意者请发盘”；也可由买方发出，如“预购大豆，请发盘”。可采用口头方式，亦可采用书面方式。书面方式除包括书信、电报、电传外，还常采用一种询价单进行询盘。用书信询盘时，除了说明要询问的内容外，一般还带有礼貌性的客套语言以及对交易内容的宣传，以达到诱使对方发盘的目的。电话、电传发盘由于传递速度快，在业务中采用较多。

询盘的普遍特点是内容简单，交易条件不全，或有“供参考”等不确切的词语。重要的特征是没有明确的交易对象，任何人都是被邀请的对象，即询盘的对象可以是一个，也可以是多个，目的在于了解市场。

询盘不是交易的必要程序，买卖双方可以未经过询盘而直接向对方发盘，但不能忽视询盘。

二、发盘

小词典

发盘也叫发价、递盘，是交易的一方向另一方提出交易条件，并愿意按照这些条件达成交易、订立合同的一种明确表示。

发盘既是商业行为，又是法律行为，在合同中称为要约，其内容对发盘人具有法律约束力。发盘可以是应对方的邀请发盘做出的答复，也可以是在没有邀请的情况下直接发出。发盘多由卖方发出，这种发盘称作售货发盘；也可以是由买方发出，称作购货发盘。

（一）发盘的构成条件

《联合国国际货物销售合同公约》（以下简称《公约》）第 14 条第 1 款规定："向一个或一个以上特定的人提出的订立合同的建议，如果十分确定并且表明发价人在得到接受时承受约束的意旨，即构成发价。一个建议如果写明货物并且明示或默示地规定数量和价格或规定如何确定数量和价格，即为十分确定。"

超链接

http://www.uncitral.org/pdf/chinese/texts/sales/cisg/V1056996 - CISG - c.pdf《联合国国际货物销售合同公约》全文

从上述规定来看，一项有效的发盘，在我国称为发实盘，必须具备下列条件。

1. 发盘必须向特定人发出

所谓特定人，是指发盘人指明能够明确表示接受的受盘人。发盘必须向特定人发出，是指发盘人必须指名道姓地向某人发出，即受盘人必须是事先确定的。受盘人可以是一个，也可以是一个以上的人；可以是自然人，也可以是法人，但必须特定化，而不能是泛指广大的公众。受盘人不确定，发盘人对受盘人也无约束力，仍是一项要约邀请，但带有允诺的广告可视为发盘。

2. 发盘人必须明确表示成交的意图

这是指发盘人必须在发盘中指明，一旦受盘人接受了发盘，发盘人将按其所发盘中的条件履行义务，如果不履行，将造成违约，承担法律后果。实践中，发盘的标志为在所发盘中有"发盘""发实盘""递盘"等字样，但不是完全绝对，如后面有"供参考"，则是一项虚盘。

发盘中通常都规定有效期，作为发盘人受约束的期限和受盘人接受的有效期限。但规定有效期并非构成发盘的必要条件，如果发盘中没有明确规定有效期，受盘人应在合理时间内接受，否则无效。何谓"合理时间"，需要视交易的具体情况而定。一般按惯例处理。

发盘人在规定有效期时要根据商品的特点和采用的通信方式来合理确定。对于像粮油、油脂、棉花、有色金属等初级产品，有效期的规定要短，因为它们的价格受交易所价格的影响，行情变化很快，而且这类商品多属大宗交易，成交金额大，如果有效期过长，一旦行情发生对发盘人不利的变动，他就会蒙受很大的损失。双方通信联系的方式不同，在规定有效期时也应有所考虑。如果是以电话、电传等方式联系，有效期可规定短一些；如果是采用航空信件方式洽商，有效期则应稍长一些，至少应包括邮程的时间。发盘人在规定有效期时最好明确具体；而如果规定不明确，在执行中则会发生争执。

3. 发盘中必须具备明确的成交条件，即内容必须十分确定

成交条件是指可成交的主要条件。实践中，我们要求这些条件必须是明确、完整和无保留的。

所谓明确，是指任何一个交易条件都不能含糊其词、模棱两可，不能使用“也许可供……”“参考价格每吨……”“估计 6 月可装”等词句。所谓完整，是指交易中的主要条件必须齐备，即除品名外的六个条件，即品质、数量、包装、价格、装运和支付。所谓无保留，是指发盘人在发盘中不能为自己保留任何权利、留退路，只能等待对方是否接受。不能有“以我方最后确认为准”“货物未售出有效”等条件限制。因为实盘一经接受，发盘人即受到发盘条件的约束，如果有保留，则不会受到约束。

对于什么是“十分确定”，《公约》的解释是在发盘中明确货物、规定数量和价格。在规定数量和价格时，可以是明示，也可以是暗示，还可以只规定确定数量和价格的方法。《公约》的这一规定是符合有些国家（如美国）有关合同法的规定的。按美国有关合同法的规定，对于发盘中没有规定的其他事项，可以在合同成立之后按照《公约》中关于买卖双方权利义务的有关规定来处理。但是在我国的外贸业务中，一般都要求在发盘中列明商品名称、品质或规格、数量、包装、价格、交货和支付等主要条件。这样，一旦对方接受，便可据以制作详细的书面合同。这样做既有利于减少事后的争执，也有利于合同的订立和履行。

4. 发盘只有传达到受盘人才能生效

一项实盘，不论是书面的还是口头的，只有当它传达到特定的受盘人时才能生效。如果卖方用信件或数据电文向买方发实盘，被邮局误递或在途中遗失，以致买方没有收到或延迟收到，则该实盘一般无效。

（二）发盘的生效和撤回

《公约》第 15 条规定：“发价于送达被发价人时生效。”就是说发盘虽已发出，但在到达受盘人之前并不产生对发盘人的约束力，受盘人也只有在接到发盘后，才可考虑接受与否的问题，在此之前凭道听途说表示接受，即使巧合也属无效。

想一想 发盘发出之后，在其到达受盘人之前，发盘人能否改变主意将其撤回呢？

《公约》第 15 条第 2 款规定：“一项发价，即使是不可撤销的，得予撤回，如果撤回通知于发价送达被发价人之前或同时，送达被发价人。”这一规定是基于发盘到达受盘人之前对于发盘人没有产生约束力，所以，发盘人可以将其撤回。但是，这有个前提条件，就是发盘人要以更快的通信方式使撤回的通知赶在发盘到达受盘人之前到达受盘人，或起码与之同时到达。反之，如果发盘人做不到这一点，发盘的通知已先到达受盘人，发盘即已生效，对发盘人产生了约束力。这时，发盘人再想改变主意，就不是撤回的问题，而是撤销的问题。

（三）发盘的撤销

发盘的撤销不同于撤回，它是指发盘送达受盘人，即已生效后，发盘人再取消该发盘，解除其效力的行为。

剪贴板

对于发盘生效后能否再撤销的问题，《公约》第16条规定：(1) 在未订立合同之前，发价得予撤销，如果撤销通知于被发价人发出接受通知之前送达被发价人。(2) 但在下列情况下，发价不得撤销：发价写明接受发价的有效期或以其他方式表明发价是不可撤销的；或被发价人有理由信赖该项发价是不可撤销的，而且被发价人已本着对该项发价的信赖行事。以上规定表明，发盘在一定条件下可以撤销，而在一定条件下又不得撤销。

可撤销的条件是在受盘人发出接受通知之前将撤销的通知传达到受盘人；不可撤销的条件有两个：一是发盘中明确规定了接受的有效期限，或者虽未规定时限，但在发盘中使用了"不可撤销"的字样；二是受盘人从主观上相信该发盘是不可撤销的，并且在客观上采取了与交易有关的行动，如寻找用户、组织货源等，这时发盘人也不得撤销。因为在这种情况下，发盘人再撤销发盘会造成较严重的后果。

（四）发盘的失效

剪贴板

对于发盘在什么情况下失去效力的问题，《公约》第17条规定："一项发价，即使是不可撤销的，于拒绝通知送达发价人时终止。"

也就是说，当受盘人不接受发盘人提出的条件，并将拒绝的通知送到发盘人手中时，原发盘就失去效力，发盘人不再受其约束。

除此之外，在以下情况下也会造成发盘的失效：

(1) 受盘人做出还盘。

(2) 发盘人依法撤销发盘。

(3) 发盘中规定的有效期届满。

(4) 人力不可抗拒的意外事故造成发盘的失效，如政府禁令或限制措施。

(5) 在发盘被接受前，当事人丧失行为能力或死亡，或法人破产等。

三、还盘

小词典

还盘是指受盘人对发盘内容不完全同意，而向发盘人提出修改或变更发盘内容的意思表示，即通常所说的砍价。法律中称为反要约。

例如，9月10日，我国某公司向伦敦某公司发出电函："伦敦××公司：发实盘9月

15 日我方时间复到美加净牙膏大号纸箱装 1 000 打每打 7 英镑 CIF 苏丹港交货，12 月装，即期不可撤销信用证。”

这是个完整的发盘：有发实盘字样，且条件具备，品种：美加净；规格：大号；包装：纸箱；数量：1 000 打；价格：每打 7 英镑 CIF 苏丹港；交货：12 月装；支付：即期不可撤销信用证。

对方还盘如下：“你 9 月 10 日电价太高，还盘 6.50 英镑限 20 日回复。”只还了个价格。在还盘中，如果原发盘中共同接受的条件，则不必重复，可节省费用。

对于还盘，我们应掌握以下几点内容：

（1）还盘是对发盘某些条件的否定，表明受盘人愿意发盘人对发盘做出某些修改后成交。如果是对发盘的全面否定，则受盘人不必答复。

（2）还盘不会因对发盘的部分接受而使交易部分的成立。发盘后，如果得到的答复是变更或修改主要条件，则这项实盘完全失效，对发盘人不再具有约束力。而还盘则可看成是对方发来的一项新发盘，原发盘人则变成受盘人，如果同意其条件，则做出接受的表示；如果认为买卖无法做下去，可以就此不再给对方做任何答复。

四、接受

小词典

接受法律上称为承诺，是指受盘人在发盘有效期内做出的无条件同意发盘全部内容的肯定的意思表示。这种表示必须是无条件的、肯定的，如“贵方报价收到，我方接受”。

（一）构成接受的条件

构成一项有效的接受，必须具备下列条件：

（1）接受必须由特定的受盘人发出，任何第三人发出的接受都是无效的，只能视为一项发盘。这一条件与构成发盘的第一项条件是相呼应的。发盘必须向特定的人发出，即表示发盘人愿意按发盘中提出的条件与对方订立合同，但这并不表示他愿意按这些条件与任何人订立合同。因此，接受只能由受盘人做出，才具有效力，其他人即使了解发盘的内容并表示完全同意，也不能构成有效的接受。如，A 公司发盘给 B 公司，B 公司未接受，C 公司了解到情况后愿意接受，向 A 公司发出接受，则该接受是无效的，A 公司只能视为发盘。如果 A 公司同意，则要向 C 公司发出接受。

（2）接受必须是无条件地同意发盘的全部主要条件。从原则上讲，接受的内容应该与发盘中提出的条件完全一致，才表明交易双方就有关的交易条件达成了一致意见，即所谓“合意”，这样的接受也才能导致合同的成立。而如果受盘人在答复对方的发盘时虽使用了“接受”的字样，但同时又对发盘的内容做出了某些更改，这就构成了有条件的接受，而不是有效的接受，因为有条件的接受属于还盘的性质。

剪贴板

《公约》第 19 条第 1 款规定：“对发价表示接受但载有增加、限制或其他更改的答复，即为拒绝该项发价，并构成还价。”

受盘人在接受中对发盘的内容做了变更，不一定都构成还盘，关键在于这种变更是否为“实质性变更”，即“有关货物价格、付款、货物质量和数量、交货地点和时间、一方当事人对另一方当事人赔偿责任范围或解决争端等的添加或不同条件，均视为实质上变更发盘的条件”。实质性变更是对发盘的拒绝，构成还盘。

剪贴板

《公约》第19条第2款指出：“对发价表示接受但载有添加或不同条件的答复，如所载的添加或不同条件在实质上并不变更该项发价的条件，除发价人在不过分迟延的期间内以口头或书面通知反对其间的差异外，仍构成接受。”

也就是说，如果受盘人对发盘内容所做的变更不属于实质性的，能否构成有效的接受，要取决于发盘人是否反对。如果发盘人不表示反对，合同的条件就包含了发盘的内容以及接受通知中所做的变更。

（3）接受必须在发盘有效期内传达到发盘人方为有效。如果接受逾期到达，合同是否成立有两种情况：一种是接受正常发出逾期到达，只要发盘人没有提出合同不能成立，合同就正常成立。另一种是接受逾期发出，只有当发盘人及时通知、受盘人仍愿意成交时，合同才能成立。

（4）接受的传递方式应当符合发盘提出的要求。如发盘要求“请信复”“请电复”等，接受则应按其要求的方式回复。如果发盘中无要求，则按发盘使用的方式回复，如“电复”，究竟是电报还是电传，应看发盘人使用的是哪一种。

（二）接受的生效和撤回

关于接受在什么情况下生效的问题是一个很重要的问题，然而对于这一问题的规定，国际上不同的法律体系存在着明显的分歧。英美法系实行的是“投邮生效原则”（又称“投邮主义”或“发送主义”），这是指在采用信件、电报等通信方式表示接受时，接受的函电一经投邮或发出立即生效，只要发出的时间是在有效期内，即使函电在邮途中延误或遗失，也不影响合同的成立。大陆法系的国家采用的是“到达生效原则”，即表示接受的函电须在规定时间内送达发盘人，接受方生效。因此，函电在邮递途中延误或遗失，合同不能成立。

剪贴板

《公约》采纳的是到达生效的原则，其第18条明确规定“接受发价于表示同意的通知送达发价人时生效”。

如果双方以口头方式进行磋商，受盘人如果同意对方的口头发盘，就马上表示同意，接受也随即生效。但如果发盘人有相反的规定，或双方另有约定则不在此限。

关于接受的撤回问题，由于《公约》采用的是到达生效原则，因而接受发出后在一定条件下是可以撤回的，即受盘人发出了接受通知之后，如果反悔，可以撤回其接受，条件是他须保证使撤回的通知赶在接受到达发盘人之前传达到发盘人，或者二者同时到达。

需要注意的是，在当前通信设施非常发达和各国普遍采用现代化通信手段的条件下，当发现接受中存在问题而想撤回或修改，往往会来不及。因此，在实际业务中，应当谨慎行事。

提示音

在以上交易程序中，最主要的环节只有两个，即发盘和接受，它们是构成交易订立的实质性条件。因此，对于一项交易，一方的实盘经另一方接受，合同即告成立，并立即具有了法律意义，双方必须依法履行，承担法律义务。

第二节　货物的交付

货物交付，即交货，是指卖方按照约定的时间、地点和运输方式将约定的货物交付给买方的行为。我们知道，在国际贸易中，由于买卖双方往往远处两地，卖方无法将货物直接交到买方手里，即使能够直接交货，也必然需要许多的条件，如运输方式、装运港、目的港、分批装运、转船、装运通知以及装运提单等，十分复杂。因此，交货问题也是一个非常重要的问题。

一、合同货物

合同货物是指所交货物是否完全符合合同要求，包括货物是否是合同货物，所交货物是否完全符合合同规定的品质、数量、包装等。这个问题说起来简单，但在国际贸易的货物交付中，往往都成为合同不能很好履行而导致纠纷的主要根源。有关合同货物中常见的问题包括：

（1）重大误解。重大误解是指所交货物并非合同货物，主要是由于买卖双方对货物的理解不一致，而双方又认为一致，导致货物在双方理解中的根本不一致，使所交货物并非所要。凭说明交货更是这样，容易造成误解。

（2）质量问题。质量问题是货物交付中最常见的问题，主要指所交货物达不到合同中约定的标准。凭样品交货时容易产生纠纷。

（3）数量问题。主要指数量不足，农产品、原材料等初级产品的交付容易产生数量问题。

（4）包装问题。包装问题指包装与合同约定不符合。

在合同的实际履行中，合同货物往往在上述问题中出现与合同约定不符合的情况，需要我们注意。

二、交货期限

在国际贸易中，买卖双方在货物交换过程中使货物的所有权发生转移，其所承担的责任也随之转移。因此，交货时间是货物所有权是否发生转移的标志。不按时交货，可造成重大的违约。所以在无其他意外情况出现的条件下，必须按时交货，这也是我们重合同、讲信誉的商业道德。

关于交货的时间，归纳起来大体有两类：一类为定期交货，另一类为即期交货。

（一）定期交货

定期交货指明确规定一个具体的装运期限，一般应定明具体期限。国际贸易的交货一般都是限定一段期限，很少有具体的某年某月某日的。如："限 10 月交货"，即卖方于 10 月 1 日至 31 日之间的任何一天交货；"限 9 月下旬至 10 月上旬交货"，指 9 月 21 日至 10 月 10 日之间的任何一天交货；"限 10 月底之前交货"，等等。这里应注意，按照国际惯例，凡要求"之前"交货字样的规定，一般不包括那个指定日期。如，10 月底之前，则不包括 10 月 31 日。

（二）即期交货

即期交货对交货期没有明确、具体的时间规定，主要用语有"即期装船""立即装船""有船即运""优先装运"等术语。由于这些术语在国际上并无统一解释，使用时极易引起争议，一般应避免使用。这种术语多为买方急需，而卖方又备有现货的情况下使用。

但不管交货时间如何规定，当事人都必须按照合同规定的期限履行合同。在履行之时，如果履行期限是法定节假日的，以法定节假日结束之后的第一个工作日为最后交货日期；有营业时间限制的，以营业时间结束前为准。若合同中期限不明确的，权利方可随时要求履行，义务方也可随时履行，但都应给对方一定的准备时间，即我们所说的"在一定的合理期限"内履约。

1. 延迟交货

通常可按合同规定支付违约金，但严重的可导致对方撤销合同。这里，我们应当注意，延迟交货一般都想到的是卖方的责任，其实不尽然。例如，看双方使用了什么贸易术语，使用 CIF 是卖方的责任，FOB 有可能是买方的责任。

2. 提前交货

通常情况下，交货要严格按照合同规定的时间进行，这是卖方应当履行的重要义务之一。所谓严格按时交货，既包括不得延迟交货，也包括不得提前交货。从法律的规定和司法实践来看，提前交货也视为违约行为。因为提前交货也将会导致存货过多而影响市场供求关系和价格波动，打乱卖方生产计划，增加买方对仓储费用的负担等。

剪贴板

《公约》第 52 条规定："如果卖方在规定的日期前交付货物，买方可以收取货物，也可以拒绝收取货物。"

如果卖方需要提前交货，需要征得买方同意，擅自提前，买方可以拒收；即使接收，如给买方造成损失的，卖方需给予赔偿。而买方通常可以要求提前交货，只要卖方可以做到。

第三节　货款的支付

在国际贸易中，货款的支付是买卖双方的基本权利和义务。货款的支付直接影响双方的资金周转和融通，以及各种金融风险和费用的负担，所以这是关系买卖双方利益的问题。因此，买卖双方在磋商交易时，都力争约定对自己有利的支付条件。

一、支付工具

提示音

国际贸易中，支付工具主要是货币和汇票。货币用来计价、结算和支付；汇票用来结算和支付。

（一）货币的选择

在国际贸易中，由于买卖双方分属不同的国家和地区，各国的货币制度不同，在货款支付中，使用何种货币，直接关系双方的利益。因此，在选择支付货币上，我们应考虑以下因素。

1. 货币的可兑换性和稳定性

所谓可兑换性是指要选择可以自由兑换的货币，如英镑、美元、法国法郎、瑞士法郎、德国马克、日元等。这些货币因其国家对外汇管制较松，因此可以自由兑换。而有些货币则因其国家采取了严格的外汇管制措施而不能自由兑换。这种货币，在货款的支付中应尽量不用，以免引起麻烦。

所谓稳定性，是指在国际金融市场上，随着供求关系的变化，汇率波动较小的货币，这种货币也叫“硬货币”，便于使用。

2. 外汇的变化情况

在商品的国际买卖过程中，任何货币都会产生波动，只是波动幅度大小而已。特别是在当今各国货币多采用浮动汇率制的情况下，外汇汇率的波动是不可避免的。在外汇汇率不断波动的情况下，如果能对外汇汇率的变化趋势有所掌握，就可以充分利用货币汇率的变化，在外贸支付中获得利益。具体地讲，对于商品的出口，即收汇一方，应当使用具有上浮趋势的货币收款，可以增加外汇收入；对于进口，应使用汇率具有下浮趋势的货币付款，可以减少外汇损失。

（二）汇票

国际贸易货款的支付，采用现金结算的较少，大多使用非现金结算，即使用代替现金作为流通手段和支付手段的信贷工具来结算国际的债权和债务。票据是国际通行的结算和信贷工具，是可以流通转让的债权凭证。国际贸易中使用的票据主要有汇票、本票和支票，其中以使用汇票为主。

1. 汇票的含义和种类

小词典

汇票是一个人向另一个人签发的，要求见票时或在将来的固定时间，或在可以确定的时间，对某人或其指定的人或持票人支付一定金额的无条件的书面支付命令。

汇票从不同的角度可分为以下几种：

（1）按照出票人的不同，汇票可分为银行汇票和商业汇票。

银行汇票，是指出票人是银行、受票人也是银行的汇票。

商业汇票，是指出票人是商号或个人，付款人可以是商号、个人，也可以是银行的汇票。

（2）按照是否附带商业单据，汇票可分为光票和跟单汇票。

光票，是指不附带商业单据的汇票。银行汇票多是光票。

跟单汇票，是指附带有商业单据的汇票。商业汇票一般为跟单汇票。

（3）按照付款时间的不同，汇票可分为即期汇票和远期汇票。

即期汇票，是指在提示或见票时立即付款的汇票。

远期汇票，是指在一定期限或特定日期付款的汇票。

2. 汇票的使用

汇票的使用有出票、提示、承兑、付款等，如需转让，通常经过背书行为转让。汇票遭到拒付时，还要涉及作成拒绝证书和行使追索等法律权利。

（1）出票。出票是指出票人在汇票上填写付款人、付款金额、付款日期和地点以及受款人等项目，经签字交给受票人的行为。

（2）提示。提示是持票人将汇票提交付款人要求承兑或付款的行为。付款人见到汇票叫作见票。提示可以分为两种：付款提示和承兑提示。

付款提示指持票人向付款人提交汇票，要求付款。

承兑提示，如系远期汇票，持票人向付款人提交汇票，付款人见票后办理承兑手续，到期时付款。

（3）承兑。承兑是指付款人对远期汇票表示承担到期付款责任的行为。付款人在汇票上写明“承兑”字样，注明承兑日期，并由付款人签字，交还持票人。付款人对汇票做出承兑，即成为承兑人。承兑人有在远期汇票到期时付款的责任。

（4）付款。对即期汇票，在持票人提示汇票时，付款人即应付款；对远期汇票，付款人经过承兑后，在汇票到期日付款。付款后，汇票上的一切债务即告终止。

（5）背书。在国际市场上，汇票又是一种流通工具，可以在票据市场上流通转让。背书是转让汇票权利的一种法定手续，就是由汇票持有人在汇票背面签上自己的名字，或再加上受让人（被背书人）的名字，并把汇票交给受让人的行为。经背书后，汇票的收款权利便转移给受让人。汇票可以经过背书不断转让下去。对于受让人来说，所有在他以前的背书人以及原出票人都是他的“前手”；而对出让人来说，所有在他让与以后的受让人都是他的“后手”，前手对后手负有担保汇票必然会被承兑或付款的责任。

在国际市场上，一张远期汇票的持有人如想在付款人付款前取得票款，可以经过背书转让汇票，即将汇票进行贴现。贴现是指远期汇票承兑后，尚未到期，由银行或贴现公司从票面金额中扣减按一定贴现率计算的贴现息后，将余款付给持票人的行为。

（6）拒付。持票人提示汇票要求承兑时，遭到拒绝承兑，或持票人提示汇票要求付款时，遭到拒绝付款，均称拒付，也称退票。此外，付款人拒不见票、死亡或宣告破产，以致付款事实上已不可能时，也称拒付。

（三）本票和支票

国际贸易货款的支付，除使用汇票外，有时也使用本票和支票。

1. 本票

> **小词典**
>
> **本票**是一个人向另一个人签发的，保证于见票时或定期或在可以确定的将来的时间，对某人或其指定人或持票人支付一定金额的无条件的书面承诺。简言之，本票是出票人对受款人承诺无条件支付一定金额的票据。

本票可分为商业本票和银行本票，由工商企业或个人签发的称为商业本票或一般本票；由银行签发的称为银行本票。商业本票有即期和远期之分。银行本票则都是即期的。在国际贸易结算中使用的本票，大都是银行本票。有的银行发行见票即付、不记载收款人的本票或是来人抬头的本票，它的流通性与纸币相似。

2. 支票

> **小词典**
>
> **支票**是以银行为付款人的即期汇票，即存款人对银行的无条件支付一定金额的委托或命令。

出票人在支票上签发一定的金额，要求受票的银行于见票时立即支付一定金额给特定人或持票人。

出票人在签发支票后，应负票据上的责任和法律上的责任。前者是指出票人对收款人担保支票的付款；后者是指出票人签发支票时，应在付款银行有不低于票面金额的存款。如存款不足，支票持有人在向付款银行提示支票要求付款时，就会遭到拒付。这种支票叫作空头支票。开出空头支票的出票人要负法律上的责任。

二、汇付和托收

汇付和托收这两种支付方式都是由买卖双方根据贸易合同互相提供信用的，故属于商业信用。支付方式从资金的流向与支付工具的传递方向，可以分为顺汇和逆汇两种方法。顺汇是指资金的流动方向与支付工具的传递方向相同。汇付方式采用的是顺汇方法。逆汇是指资金的流动方向与支付工具的传递方向相反。托收方式收取货款采用的是逆汇方法。

（一）汇付

> **小词典**
>
> **汇付**又称汇款，是指付款人通过银行或其他途径将货款汇交收款人的一种支付方式。

国际贸易中货款的支付如采取汇付方式，一般是由买方按合同规定的条件和时间，把货款通过银行汇交卖方。

1. 汇付方式的当事人

(1) 汇款人，通常是买方。

(2) 收款人，通常是卖方。

(3) 汇出行，受汇款人的委托汇出款项的银行。通常是买方所在地银行。

(4) 汇入行，受汇出行委托解付汇款后的银行。通常是卖方所在地银行，也叫解付行。

2. 汇付的种类

(1) 信汇，是指汇款人把货款交给汇出行，要求汇出行用信件的方式委托汇入行付款给收款人的一种汇款方式。

信汇方式的优点是费用较为低廉，但收款人收到汇款的时间较迟。

(2) 电汇，是指汇款人要求汇出行用电报或电传的方式委托汇入行付款给收款人的一种汇款方式。采用电汇可使收款人迅速得到款项，但费用较高，且由汇款人负担。

电汇方式的优点是收款人可迅速收到汇款，但费用较高。

(3) 票汇，是指汇款人向汇出行购买银行的汇票，寄给收款人，收款人凭此汇票向其指定的银行取款的一种汇款方式。

提示音

票汇与电汇、信汇的不同在于票汇的汇入行无须通知收款人取款，而由收款人持票登门取款；这种汇票除有限制转让和流通的规定外，经收款人背书，可以转让流通，而电汇、信汇的收款人则不能将收款权转让。

3. 汇付方式的用途

在国际贸易中，汇付方式通常用于预付货款、凭订单付款、交货付现和交单付现等各种场合，但存在一定的风险。如采用预付货款和凭订单付款，对卖方来说，就是先收款后交货，资金不受积压，对卖方最为有利。如采用交货付现和交单付现时，对卖方来说，是先交货后收款，这显然对买方有利。采用汇付方式表明买卖双方相互之间十分信任，不会发生有关货物的输出和资金移动的风险。

在实际买卖中，除与老客户之间的买卖外，汇付多用于小额交易。只有在大宗货物采用分期付款和延期付款等情况下，才能把一部分货款采用汇付方式付款。这部分款项多为预订金。

在国际贸易中，汇付使用较少，原因是风险大、垫付资金的两大难题无法解决。

（二）托收

小词典

托收即委托收款，是指卖方委托买方所在地的银行代为收款，以减轻收不到货款的风险。

托收方式一般都通过银行办理，所以，又叫银行托收。银行托收的基本做法是：由卖方交货后将其开立的汇票连同提货单等各种票据交给银行，委托银行通过其在买方所在地的分行或代理行，通知买方付款赎单，买方只有付款后才能拿到提货单去提货，从而使卖方收款有一定的保障。

1. 托收方式的当事人

（1）委托人，指委托银行代收货款之人。通常是指卖方。

（2）托收银行，指接受卖方委托，代其收取货款的银行。这个银行是卖方所在地银行。

（3）代收银行，指接受托收银行的委托，向付款人收款的银行。这个银行是买方所在地银行，大都是托收银行在国外的分行或代理行。

（4）付款人，指买方或买方银行。

2. 托收的种类

国际贸易中，托收的汇票绝大多数是跟单汇票，所以，托收也叫跟单托收。跟单托收分为两种，一种叫付款交单，一种叫承兑交单。

（1）付款交单，是指代收银行在买方付清票款后，才能把货运单据交给买方的一种结算方式，即卖方委托银行交付给买方的货运单据是以买方付清汇票所规定的货物款项为条件的。没有货运单据，买方即领取不了货物。

按付款时间的不同，付款交单又分为即期付款交单和远期付款交单两种情况。

即期付款交单，是指由卖方开具即期汇票，通过银行向买方提示，买方见票后立即承兑汇票，待汇票到期后付款赎单。

远期付款交单，是指卖方发货后开具远期汇票连同货运单据，通过银行向买方提示，买方审核无误后即在汇票上进行承兑，于汇票到期日付清货款后再领取货运单据。

以上说明，不论是即期付款交单还是远期付款交单，买方必须在付清货款之后才能取得单据，提取或转售货物。在远期付款交单条件下，如果付款日期和实际到货日期基本一致，则对买方和卖方都有利，卖方不积压资金，买方也可及时提货；但如果付款日期晚于到货日期，买方又必须按付款日期付款，不提前付款就不能取出货物，买方就不能及时使用或转售货物。

（2）承兑交单，是指代收行于付款人承兑汇票后，把货运单据交给付款人，付款人在汇票到期时付款。因为只有远期汇票才需要办理承兑手续，所以承兑交单只适用于远期汇票的托收。

在这种托收方式中，进口商只要承兑汇票，便可取得货运单据提取货物，收款的保证只能依赖于买方的信用，对卖方来说风险较大。一旦买方到期不付款，卖方便遭到货物与货款全部落空的损失。因此，在国际贸易中，一般都不愿意用这种托收方式，除非买方信誉良好。

3. 托收方式的性质

提示音

托收方式属于商业信用，银行办理托收业务时，只是按照委托人的指示办事，没有检查单据的义务，也无承担要求付款人必须付款的义务。如买方破产或丧失清偿能力，出口人则可能收不回或晚到货款。在买方拒不付款赎单后，除非事先约定，银行没有义务代为保管货物。如果货物已到达，还会遭到在进口地办理提货，缴纳进口关税，存仓、保险、转售以致被迫低价拍卖，或运回国内的损失。

在承兑交单的条件下，买方只要在汇票上办理承兑手续，即可取得货运单据凭证，提取货物，卖方收款的保障就是买方的信用，一旦买方到期不付款，卖方便会遭到货物款项落空的损失。所以，承兑交单比付款交单的风险更大，一般使用比较谨慎。总之，托收方式付款是商业信用，风险较大，银行从中只起传递作用，而不承担其他任何责任。

三、信用证

小词典

信用证是指银行应买方的申请，为卖方开立的一种保证承担支付货款责任的书面凭证。信用证支付方式是随着国际贸易的发展，在银行与金融机构参与国际贸易结算的过程中逐步形成的。

信用证支付方式把由进口人履行付款责任转为由银行来履行付款责任，保证出口人安全迅速收到货款，买方按时收到货运单据。因此，在一定程度上解决了进出口人之间互不信任的矛盾；同时，也为进出口双方提供资金融通的便利。所以，自出现信用证以来，这种支付方式发展很快，并在国际贸易中被广泛应用。当今，信用证付款已成为国际贸易中普遍采用的一种主要的支付方式。

超链接

http://www.boc.cn/cbservice/cb3/cb33/中国银行信用证业务流程

（一）信用证方式的当事人

1. 开证申请人

开证申请人，指向银行申请开立信用证的人。主要指买方，也叫开证人。

2. 开证银行

开证银行，指接受开证申请人的委托，开立信用证的银行。开证行承担保证向卖方付款的责任，一般是买方所在地银行。

3. 通知银行

通知银行，指受开证行的委托，负责将信用证内容通知卖方的银行。信用证是一种银行信用，开证行不能把信用证直接交给卖方，需要通过卖方所在地银行把信用证通知给卖方。通知行与开证行之间有业务关系，是开证行在卖方所在地的代理人。

4. 受益人

受益人，指有权享有使用该信用证之人，主要指卖方或其指定人。

此外，在信用证中还有一些可能经常出现的当事人：

一是议付银行，指愿意买入或贴现受益人按信用证规定开出的跟单汇票的银行。议付行可以是通知行，也可以是其他银行。

二是付款银行，指信用证上指定的付款银行，付款银行按道理讲应当是开证行，但在多数情况下，卖方与开证行分处两地，相距很远，因此，开证行在信用证上指定其他银行为付款银行，所以付款行可以是开证行，也可以是其他银行。

三是保兑银行，指对开证行开出的信用证提供担保，保证对卖方依照该信用证所签发的汇票予以承兑或付款的银行。

（二）信用证的主要内容

信用证虽然没有统一的格式，但其基本项目是相同的，主要包括以下几方面：

（1）对信用证本身的说明。如信用证的种类、性质、有效期和到期地点等。

（2）对货物的要求。如货物的名称、品种规格、数量、包装、金额、价格等。

（3）对运输的要求。如装运的最迟期限、起运地和目的地、运输方式，可否分批装运和可否中途转运等。

（4）对单据的要求。单据主要可分为三类：货物单据（以发票为中心，包括装箱单、重量单、产地证、商检证明书等）；运输单据（如提单，这是代表货物所有权的凭证）；保险单据（保险单）。除上述三类单据外，还有可能提出其他单证，如寄样证明、装船通知电报副本等。

（5）特殊要求。根据进口国政治经济贸易情况的变化或每一笔具体业务的需要，可以做出不同规定。

（6）开证行对受益人及汇票持有人保证付款的责任文句。

以上（2）～（5）各项要求都要在受益人（出口人）所提供的单据中表示出来，并做到与信用证条款完全一致。

超链接

http://www.pbc.gov.cn/zhengwugongkai/127924/128038/128109/3058081/2016050517014071280.pdf《国内信用证结算办法》

（三）信用证支付的一般程序

采用信用证方式付款时，一般要经过以下几个步骤：

（1）买卖双方在签订合同中，明确规定采用信用证方式付款。这是使用信用证方式的前提。

（2）买方向开证行提出开证申请，要求开证行向卖方开出信用证。买方在开证申请中，根据货物合同的内容与开证行约定信用证的内容，并向开证行交付押金。

（3）开证行按与买方约定的内容开立以卖方或其指定人为受益人的信用证，并将信用证寄交卖方所在地银行，即通知行。

（4）通知行审核信用证无误、真实、可靠后，将信用证内容通知卖方。

（5）卖方收到信用证通知，经审核无误后，即行发运货物。发运货物后，卖方取得信用证所要求的单据，依信用证要求开立汇票。然后，按信用证规定在信用证的有效期内向银行议付货款。如果议付行与开证行无业务关系，可在另一家与双方银行都有业务往来的银行加以保兑。

（6）议付行接到议付信用证后，若审查单据无误，便按汇票金额扣除若干利息和手续费，把货款付给受益人。

（7）议付行付款后，在信用证背面注明议付金额，并将卖方提交的货运单据寄送到开证行，向开证行索偿。

（8）开证行收到单据后，审查无误，即向议付行还款。

（9）开证行通知买方赎单，买方付款赎单后，信用证交易即告结束。

在信用证支付过程中，如果买方无力赎单，银行无权向受益人追索已付货款，需要自行办理提货报关手续，将货物处置，风险由银行承担。如果买方赎单提货后，发现实际货物与合同规定或货物单据不符，不能向银行提出赔偿要求，而应区分情况，分别向卖方、货运公司、保险公司等提出索偿要求，银行不承担任何责任。

（四）信用证的特点

1. 信用证是一种银行信用

信用证支付方式是一种银行信用，由开证行以自己的信用，做出付款的保证。在信用证付款的条件下，银行处于第一付款人的地位，即信用证是开证行的付款承诺。因此，开证银行是首先付款人。在信用证业务中，开证银行对受益人的责任是一种独立的责任。

2. 信用证是一种自足的文件

信用证的开立是以买卖合同作为依据，但信用证一经开出，就成为独立于买卖合同以外的另一种契约，不受买卖合同的约束，开证银行和参与信用证业务的其他银行只按信用证的规定办事。

3. 信用证是一种单据的买卖

在信用证方式之下，实行的是凭单付款的原则。

剪贴板

《跟单信用证统一惯例》规定："银行处理的是单据，而不是单据可能涉及的货物、服务或履约行为。"

所以，信用证业务是一种纯粹的单据业务。在信用证条件下，实行所谓"严格符合的原则"，不仅要做到"单、证一致"，即受益人提交的单据在表面上与信用证规定的条款一致；还要做到"单、单一致"，即受益人提交的各种单据之间表面上一致。

超链接

http://www.tradelawchina.com/falvfagui/HTML/142.html《跟单信用证统一惯例》

（五）信用证的种类

信用证可以从不同的角度分为许多种类，这些种类直接关系到信用证本身的性能，也关系到信用证各方当事人所享有的权利及承担的义务。信用证的不同种类可根据买卖合同及不同的情况，由买卖双方协商选定。

1. 不可撤销信用证和可撤销信用证

不可撤销信用证，是指信用证一经开出，在其有效期内，非经有关当事人同意，如受益人等有关当事人同意，开证行不得单方面撤销或修改其条款的信用证。使用这种信用证时只要出口商提供的汇票、单据符合信用证的规定，开证行就必须履行付款义务。这种信用证对出口商来说，能保证收回货款。

可撤销信用证，是指开证行在开出信用证之后，可以不经出口商的同意，在信用证议付之前，有权随时撤销信用证或修改信用证的内容。只有修改之前，信用证已经承兑或议付，开证行才不能再修改或撤销，而按原证内容偿付。可撤销信用证对受益人保护较差，实际上已失去信用证应具有的银行信用功能，但可撤销信用证可以向银行议付，将其变成不可撤销信用证，对受益人仍可起到融通资金和保证得到货款的利益。所以，在国际贸易中，可撤销信用证尽管采用的不多，但仍有人使用。

对于不可撤销和可撤销信用证的识别，应看其在信用证中是否做出注明。凡有“不可撤销”字样的信用证，即为不可撤销信用证；有“可撤销”字样的为可撤销信用证。如果没有注明，按国际商会 1983 年修订的《跟单信用证统一惯例》的规定，应被视为“可撤销”信用证。因此，对于不可撤销信用证，一定要求注明其为“不可撤销信用证”。

2. 跟单信用证和光票信用证

跟单信用证，是指凭跟单汇票付款的信用证。国际贸易绝大多数用的是跟单信用证。

超链接

http://www.ixueshu.com/document/fbe35fd5e06b490e318947a18e7f9386.html 跟单信用证诈骗的常见方式及防范对策

光票信用证，是指凭不跟单汇票付款的信用证。这种信用证一般在预付货款时使用。

3. 即期信用证和远期信用证

即期信用证，是指开证行或付款行收到受益人开立的符合信用证条款的即期汇票和合格的货运单据时立即付款的信用证。开证行在凭单立即付款后，进口商也应于单据到达时立即付款赎单。

远期信用证，是指开证行或议付行收到由受益人开立的、符合信用证条款的远期汇票和合格的货运单据时并不立即付款，而是等到汇票到期才付款的信用证。远期汇票须经付款人承兑，出口商在汇票到期日前不能取得票面金额，若需资金周转时，可进行贴现。远期信用证多采用于赊卖交易，因为使用远期信用证会大大减少收不到货款的风险，卖方可以通过贴现得到现金，买方也可以利用卖方的垫款，便利资金周转。

4. 可转让信用证和不可转让信用证

可转让信用证，是指开证行事先允许受益人将信用证的一部分或全部转让给第三者使用的信用证。可转让信用证必须注有“可转让”字样。信用证转让中的受让人，即第三者，叫作“第二受益人”。在可转让信用证中，如果第二受益人不止一个，这种可转让信用证叫作“可分割信用证”。即受益人可将信用证的各个部分分别转让给不同的第二受益人。有的可转让信用证注明其金额不得转让两个以上的第二受益人，叫作“不可分割信用证”。可转让的信用证只能转让一次，第二受益人不得将其再行转让。

不可转让信用证，是指受益人不得将信用证的权利转让给他人的信用证。凡信用证中未注明“可转让”字样，即是不可转让信用证。

5. 对开信用证和对转信用证

对开信用证，是指买卖双方同时以对方为受益人开立的金额大体相等的信用证。对开信用证是两个信用证，第一张信用证的开证人是第二张信用证的受益人，第二张信用证的开证人是第一张信用证的受益人。第二张信用证叫“回头证”。对开信用证的特点是两证不是同时开出，但同时生效。即第一张信用证开出，受益人表示同意，但不生效，待其回头证开出，新的受益人（第一张信用证的开证人）也表示同意后，再通知双方银行，两证同时生效。这样，两证就能互相联系、互为条件、相互约束。对开信用证主要用于两批不同商品的相互交换，在易货贸易、来料加工装配和补偿贸易等业务中经常使用。在这些贸易方式中，由于双方都既有卖又有买，所以双方都担心对方只卖不买。采用这种相互开立信用证的办法，通过银行信用，就可以把双方的买与卖结合在一起，彼此不能违约。

对转信用证，也叫保留押金信用证、记账易货信用证。这种信用证与对开信用证相似，也是两个信用证，也是买卖双方互相开立的金额大体相似的信用证，但两证不同时生效。即买方先开立信用证，并立即生效，卖方交货后，银行不把货款付给卖方，而是把这笔款项扣留下来，作为卖方向买方开立回头证的押金，用其购买买方的产品，这笔买卖才算完成。这是对开信用证中两证不能同时生效时的补救办法，是易货贸易相互开证中比较苛刻的一种方式。

6. 对背信用证

对背信用证是指出口商收到进口商开来的信用证后，通过该证的原通知行或其他银行以原证为基础，为另外一人开立一张内容近似的新的信用证，这个新的信用证即为对背信用证，也叫从属信用证。对背信用证开立后，原证依然有效，原证由对背信用证的开证行代为保管。在对背信用证中，原信用证的受益人与新信用证受益人之间做成的是一笔新的交易。新证受益人与原证开证行及原证进口商无任何关系。但是，两个信用证中进行的两笔交易却是同一笔买卖。新证与原证的内容不同之处就在于：一是新证的金额比原证少；二是新证的有效期比原证短；三是新证的开证人为原证受益人，而新证受益人为原证以外的当事人。在对背信用证中，如果新证受益人为原受益人国内的货物供应商，则这种信用证叫“本地信用证”，也叫“第二信用证”“补助信用证”。本地信用证的金额大多以本国货币表示。开立对背信用证的原因为原信用证的受益人大多为中间商，开立新的信用证后，原证受益人能够保守原交易内容的秘密，取得中间利润。

7. 保兑信用证和不保兑信用证

保兑信用证，是指由开证行以外的另一家银行保证对受益人提交的符合信用证条款规定的汇票和单据履行承兑、付款责任的信用证。在这种信用证中，保兑行所承担的责任相当于其自己开出的信用证，而且负有首先付款的责任。这使卖方收取货款获得了开证行和保兑行的双重保证。

不保兑信用证，是指未经另一家银行保证兑付的信用证。

8. 公开议付信用证、限制议付信用证和不得议付信用证

议付信用证，是指开证行在信用证中邀请某一家银行或任何一家银行买入受益人的汇票和（或）单据的信用证。它又分为公开议付信用证、限制议付信用证和不得议付信用证。

公开议付信用证，是指开证行在信用证中对其他银行做了普遍的议付邀请和付款承诺，表示允许任何银行凭符合信用证规定的汇票和货运单据进行议付，一旦有某家银行根据这种邀请进行了议付，便构成了开证行与这家议付行之间的契约关系，由开证行或其指定银行负责向议付行付款。在这种信用证中，没有对议付行加以限制的说明，议付行由受益人自由选择，所以也叫“自由信用证”“一般信用证”。这种信用证便于受益人选择议付行，融通资金，在国际贸易中普遍使用。

限制议付信用证，是指开证行在信用证中特别规定某一特定的银行为唯一的议付银行

的信用证。在这种信用证中，注有“仅限由××银行议付”的字样。即开证行只对某一指定的银行作议付邀请和承诺，其他银行则不能进行议付，所以也叫“特别信用证”。

不得议付信用证，也叫直接信用证，是指开证行只允许受益人向开证行和特定的本国银行交单付款，而且开证行承担付款责任的对象只限于受益人。其特点是受益人国家的银行为通知行兼付款行，受益人必须以本国货币开立汇票，开证行对受益人以外的其他人，如汇票持有人等，不承担付款责任。不得议付信用证与议付信用证是不同的，议付信用证是出于受益人不便于将其所开出的汇票和货运单据直接向国外付款人提示，所以需要其他银行进行议付。即使是限制议付信用证，议付行也要对汇票持有人负有付款责任，受益人也要以原货币开立汇票而不能用本国货币。不得议付信用证，其开证行与付款行虽处两国，但共属同一银行，付款行为开证行在受益人所在国的分行、代理行，所以，受益人开立汇票后不必进行议付，而直接向当地银行提示，取得贷款。

9. 循环信用证

循环信用证是指受益人将信用证金额全部使用之后，该证又重新恢复至原金额，并可以反复使用的信用证。

循环信用证与一般信用证的不同就在于，一般信用证在使用后即告失效，而循环信用证则可以多次使用，一直达到规定的次数或规定的总金额为止。循环信用证通常用于均匀分批交货的大宗买卖。这种信用证可使进口方避免逐笔开立信用证不及时而影响装运。循环信用证要在证中注明“循环”字样。循环信用证有以下三种：

（1）自动循环信用证，指受益人向银行支取信用证上的金额后，在一定时间内，信用证可自动恢复到原金额，一直到规定的次数或累计总金额。

（2）半自动循环信用证，指受益人向银行支取信用证上的金额后，如果开证行在一定时间内未向受益人发出不能恢复原金额的通知，信用证即恢复原金额，可以连续使用。

（3）非自动循环信用证，指受益人向银行支取信用证上的金额后，须等待开证行的恢复通知，信用证才能恢复到原金额，其循环时间及能否循环都由开证行确定。

10. 备用信用证

备用信用证又称商业票据信用证、担保信用证或保证信用证，是指开证行根据开证申请人的请求对受益人开立的承诺承担某项义务的凭证，即开证行保证在开证申请人未能履行其应履行的义务时，受益人只要凭备用信用证的规定向开证行开具汇票（或不开汇票），并提交开证申请人未履行义务的声明或证明文件，即可取得开证行的偿付。

备用信用证属于银行信用，开证银行保证在开证申请人未履行其义务时，即由开证银行付款。因此，备用信用证对受益人来说是备用于开证申请人发生毁约时，取得补偿的一种方式。

四、银行保证书

（一）银行保证书的含义

保证人对申请人的债务或应履行的义务，承担赔偿责任。

> **小词典**
>
> **保证书**又称保函，是指银行、保险公司、担保公司或个人（保证人）应申请人的请求，向第三方（受益人）开立的一种书面信用担保凭证。

保函项按受益人索偿条件不同通常可分为见索即付保函和有条件保函两种。

1. 见索即付保函

见索即付保函又称为无条件保函，即指保证人在受益人第一次索偿时，就必须按保函所规定的条件支付款项。所以，保函的简单含义就是“承担责任”。因此，见索即付保函的保证人承担的是第一性的、直接的付款责任。

2. 有条件保函

有条件保函指保证人向受益人付款是有条件的，只有在符合保函规定的条件下，保证人才予付款。可见有条件保函的保证人承担的是第二性的、附属的付款责任。

银行保证书是由银行开立的承担经济赔偿责任的一种担保凭证。银行根据保证书的规定承担绝对付款责任。所以，银行保证书大多属于见索即付的保证书。

超链接

http://www.boc.cn/cbservice/cb3/cb31/中国银行银行保函业务

（二）银行保证书的种类

银行保证书在实际业务中的使用范围很广，它不仅适用于货物的买卖，而且广泛用于其他国际经济合作领域。银行保证书按其用途可分为投标保证书、履约保证书和还款保证书三种。

1. 投标保证书

投标保证书是指银行、保险公司或其他当事人（保证人）向招标人（受益人）承诺，或由按照担保申请人所授权的银行的指示向招标人（受益人）承诺：当申请人（投标人）不履行其投标所产生的义务时，保证人应在规定的金额限度内向受益人付款。

投标保证书主要担保投标人在开标前不撤销投标和片面修改投标条件，中标后要保证签约和交付履约金；否则，银行负责赔偿招标人的损失。

2. 履约保证书

履约保证书是指保证人承诺：如果担保申请人（承包人）不履行他与受益人（业主）之间订立的合同时，应由保证人在约定的金额限度内向受益人付款；或者，如果保证书规定保证人有选择权，保证人亦可采取措施履行合同。

履约保证书的适用范围很广泛，在一般货物进出口交易中也有使用。履约保证书可分为进口履约保证书和出口履约保证书。

（1）进口履约保证书，指保证人（银行）应进口人的申请开给出口人（受益人）的保证书。保证书规定，如出口人按合同交货后，进口人未能按期付款，由银行负责偿还。这种履约保证书对出口人来说，是一种简便、及时和确定的保障。

（2）出口履约保证书，指保证人（银行）应出口人的申请开给进口人（受益人）的保证书。保证书规定，如出口人未能按期交货，银行负责赔偿进口人的损失。这种履约保证书对进口人是有保障的。

3. 还款保证书

还款保证书是指银行、保险公司或其他当事人，应合同一方当事人的申请，向合同另一方当事人开立的保证书。保证书规定，如申请人不履行他与受益人订立的合同的义务，将受益人预付、支付的款项退还或还款给受益人时，银行则向受益人退还或支付款项。

还款保证书除在国际工程承包项目中使用外，也适用于货物进出口、劳务合作和技术贸易等业务。

（三）银行保证书的当事人

1. 银行保证书的当事人

（1）委托人，又称申请人，即为要求银行开立保证书的一方。在投标保证书项下，为投标人。在履约保证书下，如为出口保证书，是货物或劳务的提供者；如为进口保证书，则是价款的支付人；在还款保证书项下，一般为预付款或借贷款的受款人。

（2）受益人，即为收到保证书并凭以向银行索偿的一方。

（3）保证人，也称担保人，即保证书的开立人。保证人根据委托人的申请，并由委托人提供一定担保的条件下向受益人开具保证书。

委托人、受益人和保证人是一份银行保证书的基本当事人。其中委托人和受益人是某个合同的当事人，而保证人则是一个不属于这个合同有关当事人的第三者，但对有关合同的一方不履行合同义务时承担偿付责任。

银行保证书除上述三个主要当事人外，有时还有其他当事人。

2. 其他当事人

（1）转递行，即根据开立保证书的银行的要求，将保证书转递给受益人的银行。一般情况下，转递行对保证书只负责核对印鉴或密押，不负任何经济责任，但按规定可收取一定的转递手续费。

（2）保兑行，即在保证书上加以保兑的银行。保兑行只有在保证人不按保证书规定履行赔付义务时，才向受益人赔付。受益人可得到双重担保。

（3）转开行，即指接受担保银行的要求，向受益人开出保函的银行。这种保函发生赔付时，受益人只能向转开行要求赔付。

在保证书的开立方式上，有直开、转开、转递、保兑等不同做法。如采用转开或保兑的做法，就要涉及上述当事人。不论是直开、转开还是保兑，一般都要根据各国的法律规定和习惯做法以及有关合同的规定而定。

（四）银行保证书的主要内容

银行保证书并无统一格式，其主要内容有以下几项。

1. 有关当事人

保证书中应详列主要当事人，即委托人、受益人、保证人的名称和地址。保证书通常受开立保证书的机构所在地的法律约束。所以，保证人的地址尤为重要。

2. 责任条款

保证人所应承担的责任是银行保证书的主体。保证人向受益人承担的责任以保证书内所列的条款为限。保证人担保的金额通常就是受益人索偿的金额。除保证书中另有声明外，其担保金额不因合同被部分履行而减少。

3. 保证书的有效期限

银行保证书一般都规定一个明确的有效期限。这是指受益人索偿要求送达保证人的最后期限。如受益人提出索赔，应在保证书所规定的有效期或以前，以书面（电报、电传）形式，将索偿要求送达保证人。保证人收到索赔要求后，应立即将索偿内容及收到的任何证件通知申请人，不得延误。

4. 保证书的终止到期日

这是指保证书的终止失效的日期。通常有下列两种情况：

（1）如保证人在到期日，或到期日以前，未接到受益人的索赔要求，保证人的担保责任则告终止，保证书即自动失效。

（2）如保证书项下发生索偿，受益人按保证书规定应享有的一切权利已得到满足而了结时，该保证书即告终止。

保证书终止后，受益人应立即将保证书退还保证人注销。

5. 保证书的修改

保证人对保证书条款和任何内容所做的修改，必须得到受益人同意才能生效。当然，事先须经委托人或指示人的同意。

五、各种支付方式的选用

在出口业务中，在一般情况下，采用即期信用证，收汇比较迅速、安全。如果需要采用远期信用证计算价格时，应将利息因素考虑在内。为了促进某些商品出口，可针对有些地区的特点，对某些资信较好的客户采用付款交单作为竞争的手段，但采用承兑交单应慎重从事。

想一想 当代国际贸易中，是否只用一种支付方式就可以完成所有的交易？

在实践中，有时为了促成交易，在双方未能就某一支付方式达成协议时，也可以采用两种或多种方式结合使用的方式，常见的有以下几种。

（一）信用证与汇付相结合

信用证与汇付相结合是指部分货款用信用证支付，余数用汇付方式结算。例如，对于矿砂等初级产品的交易，双方约定：信用证规定凭装运单据先付发票金额的若干成，余数待货到目的地后，根据检验的结果，按实际品质或重量计算出确切的金额，另用汇付方式支付。

（二）信用证与托收相结合

信用证与托收相结合是指部分货款用信用证支付，余数用托收方式结算。一般做法是，信用证规定出口人开立两张汇票，属于信用证部分的货款凭光票付款，而全套单据附在托收部分汇票项下，按即期或远期付款交单方式托收。但信用证上必须订明“在发票金额全部付清后才可交单”的条款，以确保安全。

（三）汇付、托收、信用证三者相结合

在成套设备、大型机械产品和交通工具的交易中，因为成交金额较大、产品生产周期较长，一般采取按工程进度和交货进度分若干期付清货款，即分期付款和延期付款的方法，一般采用汇付、托收和信用证相结合的方式。

1. 分期付款

买卖双方在合同中规定，在产品投产前，买方可采用汇付方式，先交部分货款作为定金，卖方在买方付出定金前，应向买方提供出口许可证影印本和银行开具的保函。除定金

外，其余货款可按不同阶段分期支付，买方开立不可撤销的信用证，即期付款。但最后一笔货款一般是在交货或卖方承担质量保证期满时付清。货物所有权则在付清最后一笔货款时转移。在分期付款的条件下，货款在交货时付清或基本付清。因此，按分期付款条件所签订的合同是一种即期合同。

2. 延期付款

在成套设备和大宗交易的情况下，由于成交金额较大，买方一时难以付清全部货款，可采用延期付款的方法。其做法是：买卖双方签订合同后，买方一般要预付一小部分货款作为定金。有的合同还规定，按工程进度和交货进度分期支付部分货款，但大部分货款是在交货后若干年内分期摊付，即采用远期信用证支付。延期支付的那部分货款，实际上是一种赊销，等于是卖方给买方提供的商业信贷，因此，买方应承担延期付款的利息。在延期付款的条件下，货物所有权一般在交货时转移。

提示音

采用延期付款时，其做法虽与分期付款类似，但二者有所不同，主要区别是：

(1) 货款清偿程度不同。采用分期付款，其货款是在交货时付清或基本付清；而采用延期付款时，大部分货款是在交货后一个相当长的时间内分期摊付。

(2) 所有权转移时间不同。采用分期付款时，只有付清最后一笔货款，货物所有权即行转移；而采用延期付款时，货物所有权一般在交货时转移。

(3) 支付利息费用不同。采用分期付款，买方没有利用卖方的资金，因而不存在利息问题；而采用延期付款时，由于买方利用卖方的资金，所以买方需向卖方支付利息。

延期付款是买方利用外资的一种形式，一般货价较高。因此，在按延期付款条件签订合同时，应结合利息、费用和价格等因素进行考虑，权衡得失，然后做出适当抉择。

【讨论区】

背景 某银行电报开出一份不可撤销信用证，电文中并未声明“以邮寄文本为准”的字句。受益人按照电报信用证的文本已将货物装运，并备好信用证要求的单据向当地通知行议付款时，当地通知行出示刚收到的开证行寄到的“邮寄文本”，并以电开文本与邮寄文本不符为由拒绝议付，后经议付行与开证行联系，开证行复电亦称“以邮寄文本为准”而拒绝付款。

问题 在这种情况下，开证行有无拒付的权力？

分析 开证行不能拒付。《跟单信用证统一惯例》第 11 条规定：“以经证实的电讯方式发出的信用证或信用证修改即被视为有效的用证或修改文据，任何后续的邮寄确认书应被不予理会。如电讯声明‘详情后告’（或类似用语）或声明以邮寄确认书为有效信用证或修改，则该电讯不被视为有效信用证或修改。开证行必须随即不迟延地开立有效信用证或修改，其条款不得与该电讯矛盾。”由此可知，本例中开证行开出的未声明“以邮寄文本为准”字句的电开信用证文本，完全是有效的信用证文件，受益人完全应该按照它的规定履行自己的交货义务，并有权凭符合它要求的单据进行议付和付款请求，而开证行则不得借口“以邮寄文本为准”而拒绝付款。

【本章小结】

当代国际贸易活动的完成必须经历合同谈判、货物交付以及货款支付三个环节。本章首先介绍了货物买卖订立的过程，即询盘、发盘、还盘与接受，其中重点说明了发盘和接受是两个不可缺少的程序。货物的交付问题主要涉及合同货物是否符合合同要求以及交付期限问题。货款支付是国际贸易活动中十分重要的问题，本章从货款支付的工具入手，重点说明了汇付、托收和信用证三种支付方式，尤其对信用证业务做了详尽的说明；之后，结合当代国际贸易货款支付的实际情况，介绍了银行保函等新情况；在此基础之上，对如何选用合适的支付方式进行了阐释。

【复习思考】

1. 货物合同订立的环节是什么？哪些是必备的？
2. 关于货物交付的期限应该注意什么问题？
3. 货款支付的方式有哪几种？
4. 信用证可以分为哪些种类？
5. 信用证与托收支付方式的区别是什么？
6. 在进行国际贸易活动中，如何选择适当的支付方式？

第六章

国际服务贸易

【学习导航】

⊙ 掌握国际服务贸易的概念，明确国际服务贸易的研究对象、范围和方法。

⊙ 了解国际服务贸易总协定。

⊙ 了解我国对外服务贸易的情况。

第一节　国际服务贸易概述

一、国际服务贸易知识

第二次世界大战以后，随着科学技术革命的发展，各国的经济结构，尤其是发达国家的经济结构发生了很大的变化，第三产业获得了迅速的发展。与此相应的是国际服务贸易也迅猛地发展了起来。然而对于服务贸易的定义和范围，至今尚无一致的看法。

想一想　在国际贸易中，服务贸易和商品贸易有什么区别呢？

（一）服务与货物的区别

要定义服务贸易，首先就要把服务与货物区分开来。国际学术界对此一般有两种方法。第一种方法是根据货物与服务的特性来区分。该方法强调的是服务的非储存性和（或）无形性质。这就是说，货物是有形的、可储存的，而无形的、不可储存的就是服务。这就意味着绝大多数服务必然是在它们生产的同时为消费者所购买和消费。这也就意味着，当一种服务被消费时，除非消费者和生产者本来就在同一场所，否则不是消费者去接近生产者就是生产者去接近消费者。消费者移动的简单例子就有参观博物馆、看电影等；而生产者移动的情况就有银行等机构在靠近消费者的地方建立分支机构搞零售业务。

第二种方法在接受第一种方法的基础上在两方面做了重要的补充。第一，这种方法指出有些服务并不要求生产者或消费者的移动。这方面的典型例子就是广播电视。它并不需要生产者或消费者在同一场所，但它不是货物而是服务。第二，这种方法强调，在许多情况下很难把服务与货物截然分开。许多服务是“包含”在货物中，并多多少少构成货物总价值的一部分。例如，激光唱片由于播放音乐而提供服务，但要得到这种服务首先就必须有货物，即要有唱片。

服务一般是无形的，但它并不必然就是不可储存的。是否可以储存的问题实际上就是服务是在购买时消费还是在购买以后某个日期消费。例如，购买保险就可以在一段时期内消费。这一服务的某些方面是在购买后的整个有效期内消费的，比如购买后觉得比较放心，有了安全感等。这一服务的另一些方面可以在有效期内任何时候的某些情况下消费，比如要求得到赔偿。服务很早就有，在国际贸易中，围绕货物买卖产生的服务贸易，如运输、金融、保险、中介等服务业的发展也是很早的。但服务贸易却是在 20 世纪 60 年代中期以后才发展起来的。

传统的服务贸易与现代的服务贸易不同之处在于，传统服务为追加服务，是伴随着商品的生产和交换提供的补充服务。此时，实体商品的交换为核心效应，服务为追加效应。如“售后服务”，体现了非价格竞争的优势。而现代服务的本身为核心服务，独立于货物贸易，表现为它为消费者单独提供的服务，如休闲、娱乐服务等。此时，服务为核心效应，如果有相关的商品买卖，也只是为服务提供了追加效应。

（二）服务贸易的定义

由于对服务的含义有不同的理解，对服务贸易的定义就不如货物贸易那样简单明了、容易确定。货物一般是有形的，因而可以在它们进出国境时确定它们的进口和出口；而无形的服务显然就很难从边境海关来认定，而且即使我们可以认定服务贸易，由于有些服务是与货物结合在一起的，问题就比较复杂了。例如，在进口一辆汽车的时候，它的保修服务也就一起进来了。国外有学者建议把服务贸易定义为“国内要素为非居民提供服务所得到收入时发生的（交易）”。这大致上与国际收支平衡表上所使用的服务定义相一致，但是上述与货物结合在一起的服务可能就会被忽略。

服务贸易一般分为国内服务贸易和国际服务贸易。

国际服务贸易是指国家间服务输入和服务输出的贸易形式。贸易一方向另一方提供服务并获得外汇收入称为服务出口；与之相对应，购买服务的一方称为服务进口。

剪贴板

20 世纪 70 年代以前，国际服务贸易在世界贸易中的地位还不被人们所重视。据文献记载“服务贸易”(trade in services) 这个概念最早出现在 1972 年 9 月经合组织 (OECD) 提出的《高级专家对贸易和有关问题报告》中。这份报告供原关贸总协定东京回合谈判中征求意见，取得共识之用。1974 年美国在其《贸易法》第 301 条中首次使用了“世界服务贸易”的概念。由于服务贸易是一种新生事物，且又极其庞杂，对它的认识有待深化，因此目前人们的认识各有千秋，其定义也五花八门。

通常认为国际服务贸易在概念上有广义和狭义之分。狭义的国际服务贸易是无形的，是指发生在国家之间的符合于严格服务定义的直接服务输出与输入活动。而广义的国际服务贸易既包括有形的劳动力的输出输入，也包括无形的提供者与使用者在没有实体接触的情况下的交易活动，如卫星传送和传播、专利技术贸易等。随着国际经济和技术的发展，后者的地位越来越重要。对国际服务贸易所下的各种不同的定义反映着人们的认识差别和理解深浅，也体现着人们不同的视角或方位。这些定义都含有一定的真理成分，但都不够完整，有待发展和完善。

超链接

https://www.wto.org/english/docs_e/gattdocs_e.htm《服务贸易总协定》

乌拉圭回合达成的《服务贸易总协定》是这样定义服务贸易的：服务贸易是指从一成员方境内向任何其他成员方境内、在一成员方境内向任何其他成员方的消费者、一成员方的服务提供者通过在任何其他成员方境内的商业现场、一成员方的服务提供者通过在任何其他成员方境内的自然人，所提供的服务。

《服务贸易总协定》将服务贸易按提供方式分为：(1) 跨境提供，即从成员方境内向任何其他成员方境内提供的服务。(2) 境外消费，即一成员方的服务消费者到另一方接受服务。(3) 商业存在，即成员方的服务提供者在其他成员方境内建立经营企业或专业机构来提供服务。(4) 自然人移动，即一成员方的服务提供者到其他成员方境内提供服务。

(三) 服务贸易的范围

根据上述关于服务的含义和服务贸易的定义，理论上可以把服务贸易的方式归纳为以下四类：

(1) 分离的服务，即服务提供者和消费者都不需要移动。例如信息的传递，包括卫星电视转播等就是这一类。

(2) 需求者定位服务，即仅仅由提供者移动产生的服务。例如到别国去开办商场、金融分支机构等。

(3) 提供者定位服务，即仅仅由消费者移动产生的服务。最好的例子就是旅游业。

(4) 非分离的服务，即服务提供者和消费者都移动到另一个地方所产生的服务。例如一些离岸金融中心的服务。

在统计上，国际货币基金组织把服务贸易分为四类：货运、其他运输服务、旅游以及其他服务。在现实生活中，《服务贸易总协定》按服务的部门（行业）将服务贸易划分成12大类、155项：进出口、国际运输、国际旅游、国际工程承包与劳务合作、国际金融、国际保险与再保险、国际经济技术咨询、专业服务、国际零售与批发、国际电信、国际信息处理与传递、国际视听、国际教育、文化、艺术、卫生交流，等等。这种分类已经得到世界贸易组织服务贸易理事会评审认可，因而具有权威性，并且具有可操作性，易于在实践中推广使用。

超链接

http://www.imf.org/external/chinese/index.htm 国际货币基金组织

此外，目前在国际上流行的还有联合国准贸易分类（UNSITC）、国际标准工业分类（ISIC）、国际货币基金组织（IMF）分类等几种分类方法。

从以上分类中可以看出，除传统的运输和旅游服务外，绝大多数都是新型的服务行业，都是第二次世界大战之后发展起来的，有些是20世纪80年代至90年代才发展起来的。也正是如此，服务贸易使国际贸易领域得到了极大的拓宽。

二、国际服务贸易发展的特点

第二次世界大战后，国际服务贸易迅猛增长。在国际服务贸易中，发达资本主义国家占据着绝对的优势，占第二位的是发展中国家。经济全球化表现为市场的全球化，市场竞争最初是在有形商品之间，即货物贸易之间展开，表现为货物贸易的全球化。随着经济贸易的不断发展，市场竞争进而在无形贸易之间展开。其中，服务贸易是无形贸易竞争的主导。在经济全球化过程中，服务贸易的发展有其不同于货物贸易的独特发展趋势。

剪贴板

在1970年，全世界的服务贸易是700多亿美元，到1994年，服务贸易额已达1万亿美元左右。同期的商品贸易也从3 000亿美元不到增加到了将近4万亿美元。2015年世界服务进出口总额92 450亿美元，进出口规模前五位国家分别为美国、中国、英国、德国、法国。中国服务进出口额于2012年首次进入世界前三位，2014年上升至第二位。

（一）具有加速化发展的趋势

自20世纪60年代各国逐步放开服务贸易的限制之后，国际服务贸易得到了迅速的发展。1970年，国际服务贸易的出口额为710亿美元。1999年则高达13 400亿美元，29年间增长了17.8倍，年平均增长率为10.7%。再到2014年国际服务贸易的出口额为48 600亿美元，这15年间增长了约3.5倍，年平均增长率为6.65%，远高于同期世界GDP的平均增长率，也远高于同期世界商品贸易出口额的年平均增长率。

在这一过程中，国际服务贸易的增长不但快，还有不断加速的趋势。从各国国内情况看，服务贸易占国民经济的比重迅速上升。20世纪90年代开始，在世界产业结构中，服务业的比重达到60%以上。2014年，服务业在国民经济中所占比例，全世界平均为68.47%，其中，发达国家为74%，中等收入国家为57%，低收入国家为52%。所有这三类国家服务业所占的份额与21世纪初相比都增长了约5个百分点。国际服务贸易在20世纪70年代至80年代约占整个国际贸易的20%，20世纪90年代则上升为25%左右。2014年主要国家（地区）服务贸易占对外贸易出口总额比重为20.9%。

发达国家是国际服务贸易的最大提供者和消费者。据估计，美国、法国、英国、联邦德国和日本这五个主要发达国家就占了国际服务贸易的大约一半。而美国又是这些国家中最大的服务出口国。2014 年美国的服务贸易额约占全球国际服务贸易总额的 15%。上述五国是运输服务方面最大的出口国，它们约占全球运输服务出口的一半。特别是日本，在运输服务方面拥有巨额顺差。在国际货物运输业中，英国曾是最大的运输服务出口国，如今它已失去领先地位，变成了净进口国。在运输服务贸易中，美国的逆差也持续增长；但在国际空运业务中，美国所占比重很高，而且顺差很大。一些发达小国，如比利时、荷兰、丹麦、瑞典以及挪威等，在运输服务中都有大量顺差。在国际旅游方面，法国、意大利、英国等国家都有贸易顺差。

在国际货币基金组织的其他服务统计项下，主要包括政府和私人服务。这也是上述发达国家最大的服务贸易项目。在政府服务方面，美国是最大的进出口国，占此类服务贸易总额的一半以上。美国从培训外国留学生、组织国际活动等方面获得世界上最多的收入；但美国在国外的官方机构费用、驻外军费开支已超过这笔收入。在政府服务贸易方面，美国已出现逆差状况。法国、意大利和英国也是逆差，但不大；德国和日本则有很大的顺差。由于美国在许可证出口、工程咨询服务、租赁、信息服务等方面处于领先地位，故其私人服务贸易顺差很大。美国在与英国和法国的私人服务贸易中，借助在伦敦的金融商业区的咨询和承包公司的大量收入，处于大量顺差的地位。它对意大利也有少量顺差；而对德国和日本却是逆差。

值得注意的是，发达国家的跨国公司及其在国外的分公司在服务生产和贸易中的地位日益重要。以物质生产为主的跨国公司积极参加服务生产和出口。例如，在信息处理上大量出售服务的电子计算机生产公司和其他工业部门的公司都在积极参与银行、融资、保险、经纪人和其他服务项目。工业跨国公司为销售其产品经常利用国外分支机构扩大服务生产。

20 世纪 70 年代初，资本主义国家的主要跨国公司在服务方面的投资占其国外直接投资总额的比重已从 25%提高到 30%。20 世纪 80 年代以来该比重继续提高。到 2014 年，全球服务业 FDI 投资存量占总额比重达到 64%。

与此同时，提供专业服务的跨国公司，如跨国银行、跨国保险公司等也不断扩大自己的范围，提供日益多样化的服务。这是因为现代通信手段和计算机技术使跨国公司能够了解服务市场上的各种情况，提供全面的服务，以其多样化的经营服务减少业务风险，提高竞争能力。它们把过去分开的服务种类，如银行、保险、交易所和经纪人服务，经常合并为统一的金融服务；母公司则通过多样化服务来提供子公司所需要的运输、信息、金融、销售服务等。

在发达国家中，英国的收入主要来自与金融有关的服务，即经纪、银行、保险、咨询和技术合作；比利时的收入主要来自广告、银行等专业活动；法国的服务贸易收入来自技术合作、建筑工程、管理咨询服务和旅游等；瑞士的服务贸易收入主要来自利息和旅游；挪威的收入来自高级技术的专业性服务；而芬兰的主要收入来自保险、建筑工程活动。瑞典在专业服务上是逆差；荷兰在建筑工程、银行服务上是顺差，而旅游是逆差；德国的投资收入是顺差，但总的服务收支因旅游支出而处于逆差；美国的服务贸易收入主要来自财产收入和利息收入，并处于顺差地位。

（二）具有高科技化的发展趋势

随着知识经济时代的到来，服务贸易在全球化的进程中也呈现出知识化和高科技化的特征。众所周知，国际高科技领域发展最快的是以计算机、通信技术为代表的信息技术（IT）产业，而信息技术产业发展的中心及发展的方向则是软性化的服务。从服务业的各子目录看，很多产业都是目前技术发展水平最快的行业。在过去的十年中，许多新兴产业从制造业分离出来，形成独立的服务行业，其中，技术、信息、知识密集型等服务行业发展最快，其他如金融、运输、管理咨询等服务行业，由于运用了先进的技术手段，也很快在全世界范围内迅速扩大。因此，高科技的发展不仅使世界服务贸易的发展不断地高科技化，也使许多传统的产业和传统的服务都被高科技手段所武装，如金融的电子化、商务的电子化、电信业务的数字化都体现了世界服务贸易的高科技化趋势。计算机与通信技术的引进，使银行界发生了革命性的变革，不仅使传统的银行业务迅速实现电子化，使银行界从困境中获得新生，还开辟了一些新的自助银行项目。开始时，是银行的传统业务处理实现电子化，接着，大量新的自动银行服务项目应运而生。在银行电子化的基础上，银行又向广大客户提供了各种能增值的金融信息服务。这是现代化银行的一个里程碑性的变化，使银行真正进入了电子银行时代。银行的电子化，使银行同往来银行、企事业单位、商业部门、政府管理部门，以至每个家庭，都建立了紧密的有机联系，使银行的业务深入社会的各个角落。银行电子化的实现与发展，从根本上改变了传统银行的业务处理和管理的旧体制，建立了以信息为基础的自动化业务处理和科学管理的新模式：用电子货币的支付方式逐步代替传统的现金交易和手工凭证的传递与交换，大大加快了资金的周转速度。银行业已从单一的信用中介发展为一个全开放的、全天候的和多功能的现代化金融体系，可以说，现代的金融业是集金融业务服务和金融信息服务为一身的金融“超级市场”。金融业的营业网点已从砖墙式建筑向 ATM、POS、网络等系统转移，提高了金融业的效率，降低了经营成本。

（三）服务贸易发展的非平衡化

世界服务贸易迅速发展的同时，其发展具有明显的不平衡趋势，主要表现在以下两个方面。

1. 地区间的不平衡发展

服务贸易的发展是和经济发展水平紧密联系的，因经济发展水平的差异，世界服务贸易的发展也呈现出明显的地区性不平衡。世界贸易一直是以发达国家为中心发展的，欧盟是世界上服务贸易额最大的地区，服务贸易的专业化强，其服务贸易占世界的比重也一直在40%以上，而且一直是服务贸易的净出口地区。亚洲仅次于欧洲，居世界第二，占世界总贸易额的20%左右。而且，中国、韩国、新加坡的服务贸易迅速发展，亚洲地区服务贸易的比例还在不断上升。但是，由于亚洲国家绝大多数是发展中国家，服务业的总体水平不高，服务贸易还是进口大于出口，处于贸易逆差状况，属于服务贸易净进口地区。发展中国家在国际服务贸易中的地位低下，大多数国家的服务领域不发达，在国际贸易中具有比较劣势，没有能力出口。特别是现代服务方面，绝大多数发展中国家在服务贸易上都处于逆差地位。北美地区与亚洲截然不同，由于国家少，美国、加拿大又是发达国家，虽然服务贸易总量不如亚洲，但服务贸易属于净出口地区。

剪贴板

从国家或地区排序来看，2014年美国服务贸易出口进口都排在世界第一，占世界服务贸易总额的12%，而且是净出口国。英国出口第二，进口第六，占世界服务贸易总额的5.4%；德国出口第三，进口第三，占世界服务贸易总额的5.7%；法国出口第四，进口第四，占世界服务贸易总额的5.3%；日本出口第六，进口第五，占世界服务贸易总额的3.6%；我国的排名是出口第五位，进口第二位，占世界服务贸易总额6.3%。从这个排名来看，在世界前十位中，只有中国和印度两个发展中国家名列其中，其余都是发达国家。

但是，即使是在发展中国家之间，服务贸易也是不平衡的，不同地区的服务贸易状况并不相同。在拉丁美洲的国内生产总值中，商品生产部门（农业、采矿和制造业）的重要性下降，而服务业所占比重急剧上升。这些服务大部分来自基础设施和生产者服务的扩张。但是，"金融和商业（生产者）服务""运输和通信"的重要性仍大大低于发达国家。

世界服务贸易主要集中在欧洲、北美和亚洲三大地区。目前，世界服务贸易的85%左右集中在发达国家和亚洲新兴经济体，欧洲则保持服务贸易额最大的地位。2010年，欧洲、北美和亚洲的服务出口占世界服务出口总额的88.8%，其中欧洲占47%；同年三大地区服务进口占世界服务进口总额的83.8%，其中欧洲占42.9%。

但也有一些国家的净服务出口已改善了国际收支状况。有的国家已从集中出口商品转变为依靠旅游和出口劳工来获取外汇。非洲国家高度依赖服务的进口，服务贸易逆差超过商品贸易顺差，使经常项目长期处于逆差地位。尼日利亚以外国家的服务贸易都呈严重逆差。像加蓬、刚果、扎伊尔、喀麦隆、赞比亚等国家，进口服务都占其用汇的45%左右。造成这些国家巨额逆差的主要原因是进口增长过猛，出口增长太慢。西亚中东是主要的服务进口者和商品及资本的出口者，这一地区整个经常项目都是高度依靠石油价格的变化。在20世纪80年代，由于局势紧张，旅游收入急剧下降，但"其他"服务收入一直在增长。在整个服务支出中，"其他"服务进口所占比重也呈上升趋势。在这一地区，服务贸易领域存在一些互补性。例如海湾的石油出口国家既是劳动力服务的进口国家，也是咨询、航运和旅游服务的主要进口国家。它们输入的劳动力和其他服务常常来自本地区其他国家，因此它们的服务进口成为其他国家外汇收入的重要来源。社会和个人服务是整个西亚地区主要的服务活动，中间性服务尚未发展。东亚（包括东南亚）国家可分为两种类型。一种像印度尼西亚和马来西亚，它们在服务贸易，尤其是"其他"服务项目上有逆差，以商品贸易顺差弥补。它们已集中努力增加服务（尤其是旅游）出口收入，减少运输服务进口的开支。斯里兰卡和菲律宾是另一类型，它们在商品贸易上有逆差。这种逆差部分地靠服务收入，特别是旅游和劳动力出口来弥补。它们在旅游方面有净收益，菲律宾还在"其他"服务上有大量顺差。两国都有较高的文化普及率，所以可出口各种熟练劳动力。本地区中经济发展最快的中国香港、新加坡、韩国等在服务贸易，尤其"其他"服务贸易上有很多顺差。当然，它们往往也是大的服务进口国（地区）。

2. 部门间的不平衡性发展

从服务贸易的结构比例来看，运输业和旅游业所占比重一直保持在50%左右。在世界服务贸易发展中，贸易结构呈现出由传统服务贸易逐渐向现代服务贸易倾斜的趋势。这表现为运输、旅游等传统服务贸易所占比重下降，而以其他商业服务（主要包括通信、建筑、保险、金融、计算机和信息服务、专有权利使用和特许、咨询、广告宣传、电影音像和其他商业服务）为代表的现代服务贸易发展迅速，增长强劲，所占比重提升。在过去十年中，服务贸易结构趋向高级化的变化趋势更加明显，其他商业服务已成为世界服务贸易中贸易额最大、增长最快的类别，年贸易额占世界服务出口总额的一半以上。WTO统计显示，2000—2009年间，其他商业服务持续快速增长，年均增长率达到12%，高于同期世界服务贸易整体9%的平均增幅，比年均增长8%的运输服务、年均增长7%的旅游服务分别高出4～5个百分点。2005—2010年间，世界服务出口额年均增长8%，其中运输服务增长7%，旅游服务增长6%，其他商业服务增长9%。

增长速度的差异导致服务贸易结构的变化。2000—2010年间，运输服务在世界服务贸易中所占比重基本保持稳定，2000年为23.4%，2009年略降到20.9%，2010年回升到21.4%；旅游服务所占比重呈下降之势，由2000年的32.1%下降到2005年的27.7%，2010年为25.5%；而其他商业服务所占份额显著提升，2000年为44.5%，2006年占比首次超过50%，2009年和2010年进一步提高到53.1%。

从以上结构可看出，传统的旅游业、运输业仍占据首位，而其他各项比重却较小，可以说，服务贸易的发展具有巨大的潜力。

小词典

商业服务业是指以批发和零售形式存在的商品服务交易。从国际贸易的意义上讲，还包括佣金服务和特许经营服务。

三、国际服务贸易迅速发展的原因

国际服务贸易在战后的迅速发展并成为国际贸易谈判的重点之一是有其原因的。这些原因归纳起来主要有以下几点。

（一）服务业在各部门劳动力中所占比重上升

服务贸易的发展反映了世界上绝大多数国家中的就业人口从第一、第二产业部门转向第三产业部门的趋势，服务业在各部门劳动力中所占的比重均呈上升的趋势。随着各国国民经济中服务业比重的提高、服务化倾向的扩大，国际上相互提供的服务贸易也日益活跃起来。国际服务合作是指拥有工程技术人员和劳动力的国家和地区，通过签订一定的合同，向缺乏工程技术人员和劳动力的国家和地区提供所需服务，并接受一定的报酬的国际经济合作。国际服务合作包括以下形式：承包国外各类工程，包括工程设计及施工服务；劳务输出，派遣技术工人、工程师、医生、海员等人员，为输入国提供服务；向国外提供咨询服务，尤其是技术和管理方面；技术性服务出口或生产技术合作；出租配有专业人员的大型机构；等等。凡此种种经济交往，对双方都是有利的。促进了输入国的经济发展，推动了服务输出国的经济发展和科学技术的提高。

剪贴板

从1991—2014年，发达国家在服务业中的就业人数在整个就业人数中的比重从62.15%上升到73.62%。其中美国从71.6%升到81.2%，欧盟从56.02%升到70.69%，日本从58.4%提高到69.5%。同期中等收入国家的这一比重从23.05%上升到45.36%。

（二）科学技术的发展使各产业日益专业化

许多服务行业都是从第二产业中分离出来成为独立的服务经营部门的。这种分离是国内和国际市场激烈竞争、专业化分工不断深化的结果。以知识密集的服务为例，知识密集服务日益起着把技术进步转化为生产能力和国际竞争力的作用。在生产的各阶段不断出现对专门服务的需求。在生产的“上游”阶段，要投入的专门性服务有可行性研究、风险资本、产品概念与设计、市场研究等。在生产的“中游”阶段，有的服务与商品生产本身相结合，如质量控制、设备租赁、后勤供应、保存和维修等；有的服务与生产并行出现，如会计、人事管理、电信、法律、保险、金融、安全、伙食供应等。在生产的“下游”阶段，需要广告、运输、销售、人员培训等。

此外，服务已成为产品增值的主要来源之一。生产“下游”阶段的服务既有助于竞争能力的提高，又是产品增值的来源之一。在当前世界市场上，服务与生产的界限日益模糊不清。影响资本和消费品竞争地位的主要因素是服务的支持。例如有些产品达成产品-服务一揽子协议就使顾客难以离开供应者，使新供应者难以进入该产品领域。高技术产品的出口刺激了知识密集型服务的出口，而反过来知识密集型服务的出口也带动了高技术产品的出口。例如，咨询服务的出口可推动资本货物的出口，而飞机的出口会带动训练和维修协议的达成。

随着经济及科技的发展，为了增强国内和国外市场上的竞争力，许多服务业逐渐从制造业中分离出来，成为独立的行业。在生产的各个阶段，对专门服务的需求不同，使得服务业种类不断增多，质量不断提高，专业化程度也愈来愈高，大大促进了生产的顺利进行和产品的销售。不仅如此，服务会使产品大大增值。比如，在生产的“下游”阶段，服务既有利于竞争能力的提高，又使得产品有不同程度的增值。在当今的国际市场上，服务的地位已与产品本身的地位并驾齐驱，甚至超过产品本身。

（三）商品贸易的增长促进了服务贸易的发展

战后世界贸易的迅速增长以及贸易自由化的推进大大促进了一些传统的辅助性服务业，如运输、保险和银行业务的发展。例如，1970年世界商船吨位2.17亿吨，1995年提高到7.35亿吨，截至2014年7月1日，世界商船队（所统计船舶均指300及以上吨位的船舶）保有量为50 064艘、16.9亿载重吨。1995年海上运输量达46.5亿吨，到2013年全球海运贸易量总成交量近96亿吨。2014年全球货物贸易进出口金额达380 990亿美元。国际贸易以如此惊人的速度发展，世界上人与人的联系愈加紧密，这些又使得保险业出现了新的发展。保险业的发展反过来为世界贸易的发展提供强有力的保证，极大地促进了国际贸易的发展。

（四）跨国公司的迅速发展加强了服务的国际化

跨国公司的迅速发展加速了服务的国际化。信息技术的发展有助于加速服务贸易量的增加，更便于对外国市场提供服务。跨国公司在世界范围内广泛存在，是金融信息和专业服务的重要供应者，信息技术的进步更使得跨国公司迅速扩大，向全球出售服务。之所以出现这种趋势，原因在于：一是少数跨国公司供应世界市场各种服务的能力提高，它们有能力向几个市场提供各种服务，或者将商品与服务合二为一；二是跨越国境数据资料的流动和世界信息网的建立，使跨国公司越过其传统部门，提供各种服务成为可能，例如，银行提供非银行服务；三是跨国公司需要扩大其活动以继续提供各种服务，保险业和银行业的表现尤为显著。跨国银行网迅速扩大以适应国际贸易运行的需要，推动了国际金融市场的活动。

■ 四、国际服务贸易壁垒

国际服务贸易壁垒系指一切阻碍服务贸易的限制性措施。由于服务贸易不像货物贸易那样通过关税来加以限制，所以国际服务贸易壁垒多呈非关税形态。就服务输出而言，除少数具有优势战略意义的技术服务外，多数国家对本国的一般都采取鼓励政策；对服务的输入，各国则根据需要而对不同的服务部门或不同的地区分别实施鼓励、引导或限制措施。不过，从总体上说，国际服务贸易领域更多的是禁止或限制措施，壁垒森严，这也是国际服务贸易至今仍大大低于国际货物贸易的根本原因。由于服务贸易的特性，国际服务贸易领域的壁垒形式繁多，但归纳起来主要有以下几种：

第一，严格限制开业权。如禁止外国服务提供商进入某些行业或地区设立机构和提供服务，或者对某些行业实行政府垄断，或者禁止外国服务人员进入本国从事职业服务工作等。

第二，数量限制。这是最有效的一种服务贸易壁垒，其目的在于保护本国的服务业或服务者免遭外国服务提供商的竞争压力。限制外国服务提供者的数量、限制服务交易的数量、限制外商股权参与的比例等都属于数量限制式的服务贸易壁垒。

第三，对外国服务提供者实行差别待遇。如给本国投资者补贴、对外国服务提供者征收歧视性的国内税费、限制外国服务提供者的经营范围、要求外国服务提供者履行比本国的服务商更繁杂的义务或手续等，以此达到削弱或抵消外国服务提供者竞争优势的目的。

第四，对国外颁发的教育证书、技术资格证书、执业许可证等不予承认。此类规定的目的在于禁止或限制外国服务人员提供服务。

第五，制定各种国内规章，限制人员、资金、技术、信息的国际流动。如限制本国居民出境旅游以此减少外汇支出；规定只有具备最低资格或条件的人员才能入境；资金流动达到一定标准必须经国家特定批准等。

第六，实行外汇管制。这在发展中国家特别常见，在部分发达国家中也有不同程度的表现。外汇管制的结果使得本国居民无法购买境外的服务，也使外国服务提供商的服务本金或利润汇出受到限制，从而限制了国际服务贸易。

第七，政府采购。政府或其代表机构只购买本国服务提供商提供的服务，这在数据处理、保险和工程建筑等领域表现得尤为明显。

由于服务贸易的特殊性，无法采用关税进行直接保护，于是，为了保护本国的服务业，各国纷纷采取非关税壁垒的形式。目前，对各国采取的保护措施合法与否还没有定论，即哪些可以使用、哪些需要取消都意见不统一。

国际上，有人将服务贸易的壁垒初步分为以下四大类：

（1）直接明显的歧视性壁垒，是指直接针对服务业设置的明显的贸易壁垒，如广播电视中对内容的限制。这主要是出于国家政治的需要和公共秩序的需要。还有，对外国人建立和拥有金融机构的限制，更多地也是为了维护国家的金融秩序。

（2）间接但明显的歧视性壁垒，是指并不是专门针对服务业，但明显歧视外国要素或人在国际间流动的贸易壁垒。如对国外付款和支付的限制，一是对外汇的管制，二是在国际投资中对利润、红利、个人工资收入的限制等。还有，对以工作为目的的移民等的暂时入境的限制等。

（3）直接但明显中性的贸易壁垒，是指对国内外的单位和个人都限制的服务业管制，如电信管制等。

（4）间接但明显中性的贸易壁垒，是指并非针对服务业，也不是针对外国人的壁垒，而是通过设置国内标准，国内外的人都要遵守的标准。但这种标准外国人遵守起来不方便，如职业服务中的许可证、文凭或凭证等的规定。在美国，开诊所、当律师都是非常难的，国外的文凭也得不到承认。

第二节 服务贸易总协定

一、服务贸易定义的适用范围

服务贸易国际规则的制定在乌拉圭回合中取得了重大的突破，经关贸总协定各缔约方长期的磋商、妥协与让步，达成了《服务贸易总协定》。作为一揽子协议的一部分，该协定对所有成员生效，具有约束力。但是，乌拉圭回合中取得的重大进展还不仅仅在于达成了《服务贸易总协定》，因为该协定目前也只是一个框架协议，还表现为确定了国际社会不断努力推进服务贸易领域自由化的宗旨，为建立各个具体的服务贸易规则奠定了基础，从而使服务贸易规则的制定有目标地进行。WTO 正式成立后，服务贸易的谈判一直在进行，先后达成了《基础电信协议》《全球金融服务贸易协议》等，今后还将有更多的协议达成，使国际服务贸易规则形成以《服务贸易总协定》为中心的规则集合体。它包括《服务贸易总协定》的正文、附件、各成员的承诺表、若干具体部门的部长级会议的决议和此后几年陆续签署的各协议。

超链接

https://www.wto.org/english/tratop_e/serv_e/telecom_e/telecom_e.htm WTO《基础电信协议》的基本原则

根据《服务贸易总协定》的规定，服务包括任何部门的任何服务，但在行使政府职权时提供的服务除外。行使政府职权时提供的服务，指既不依据商业基础提供，也不与一个或多个服务提供者竞争的任何服务。如商检、工商、质量认证、审计等机构提供的服务，不具有也不允许有竞争者，即非市场行为提供的服务。

对于服务贸易的限制措施，协定规定为“各成员影响服务贸易的措施”。由于服务贸易不适用于关税限制，各成员对服务贸易的限制是通过采取各项措施来完成的，全部都是非关税壁垒。因此，成员的措施是指：中央、地区或地方政府和主管机关所采取的措施；中央、地区或地方政府和主管机关授权行使权力的非政府机构所采取的措施。典型的如我国商会、协会等得到授权而采取的一些措施。

提示音

这里的措施包括一成员采取的任何措施，无论是以法律、法规、规则、程序、决定、行政行为的形式还是以任何其他形式。

二、WTO成员的普遍义务

成员的普遍义务也称一般义务，指不论成员是否在其承诺清单中予以具体承诺，都必须遵守的义务规定。这些义务适用于WTO所有成员，并且这些义务中的绝大部分也适用于所有的服务部门。

（一）最惠国待遇

根据《服务贸易总协定》的规定，最惠国待遇的内容包括：每一成员对于任何其他成员的服务和服务提供者，应立即和无条件地给予不低于其给予任何其他国家同类服务和服务提供者的待遇；一成员可维持与第1款不一致的措施，只要该措施已列入《关于第2条豁免的附件》，并符合该附件中的条件；允许任何成员对相邻国家授予或给予优惠，以便利仅限于毗连边境地区的当地生产和消费的服务的交换。

剪贴板

《关于第2条豁免的附件》包括：豁免内容、豁免清单；成员与其相邻国家之间为方便边境服务贸易而相互提供的优惠，可以不列入该总协定的最惠国待遇的范围之内；经济一体化组织内部成员彼此之间给予的优惠待遇，可以免除该总协定最惠国待遇的义务；政府采购，即政府机构为了政治目的而非商业转售目的所购买的服务可以免除该义务。

根据《服务贸易总协定》附加的规定，除上述例外之外，今后将不再允许新的例外。

（二）透明度

剪贴板

透明原则

《服务贸易总协定》规定：除非紧急情况下，每一成员方应迅速将涉及或影响本协议实施的所有有关适用的措施，最迟在它们生效以前予以公布。如果它是涉及或影响服务贸易的国际协定签字国，则该项国际协定也必须予以公布。

该协定规定每一成员方因对现行法律、法规或行政规定有新的规定或有所改变，以致严重影响本协议项下有关服务贸易协定的特定义务时，应立即或至少每年向服务贸易理事会提出报告。该协定要求迅速公布有关影响本协定运用的所有普遍适用的措施，包括任何新的法律、法规、行政准则等，应对新措施的适用对成员进行答复，还可将其认为影响本协定运用的、任何成员采取的任何措施通知给服务贸易理事会。那些一旦泄露会阻碍法律的实施或有害于公众利益，或损害包括国营或私营企业合法商业利益的机密资料，可以不予公布。

（三）发展中国家成员更多的参与

《服务贸易总协定》规定：根据本协定第三、四部分的有关规定，不同成员方通过对承担特定义务的协商，促使发展中国家成员方在世界贸易中更多的参与。同时，发达国家成员方及其他有可能的成员方，应在世界贸易组织协定生效后两年内建立联系点，以便发展中国家成员方服务提供者获取有关市场进入的资料。

（四）经济一体化

《服务贸易总协定》允许一体化组织内部的优惠待遇，但该一体化组织不能对外统一提高壁垒的总体水平。

（五）服务贸易措施的实施

根据《服务贸易总协定》的规定，成员在其已承诺的服务部门，应保证其所制定的影响服务贸易的措施得到公正、客观、合理的实施。内容包括：尽快设立切实可行的司法、仲裁程序，以便审查、纠正、补救有关影响服务贸易的行政决定；批准其他成员的服务项目时，应按进口国国内的法律、法规有关申请、审批、期限的程序进行；技术标准和许可等不至于对服务贸易构成壁垒；等等。

（六）资格的认证

这是指相互承认在特定国家已获得的教育或经历、已满足的要求、已给予的许可或证明。此类承认可通过协调或其他方式实现，也可以自动给予。并需要给予其他有利害关系的成员充分的机会，通过谈判加入此类协议或安排，不得在标准上对其他成员造成歧视。

（七）垄断或专营服务提供者

《服务贸易总协定》规定成员境内某些服务部门的垄断或专营服务的提供者不能违背服务贸易总协定的最惠国待遇和该成员列入承诺清单中的承诺；在垄断或专营服务的提供者参与或通过其子公司参与垄断权范围之外的竞争时，不能滥用其垄断权；如果某些不属于垄断或专营服务的商业惯例，事实上阻碍了服务贸易的自由化，如有相关成员提出疑义，应与其协商解决。

（八）例外规定

这是指成员履行承诺义务的例外规定。包括：紧急保障措施、国际收支严重失衡、政府采购、一般例外、安全例外。

总之，服务贸易的最惠国待遇虽然也是一般原则，但并不适用于所有的服务，它的适用范围受到“豁免”附件的约束，即允许对最惠国待遇援引例外。也就是说，最惠国待遇是受豁免清单限制的，只适用于豁免清单以外的所有服务贸易部门。大多数WTO的成员都有最惠国待遇豁免清单，共涉及350多项措施，其中受到影响最大的为视听服务、金融服务和运输服务三个部门。

毫无疑问，大量的豁免减弱了作为一般原则的最惠国待遇的效力。当然，作为豁免清单，成员只能在总协定对其生效前一次性提出，如果作为成员后进一步提出，需要由WTO部长级会议的批准。

提示音

“豁免”附件原则上规定，例外不得超过10年。

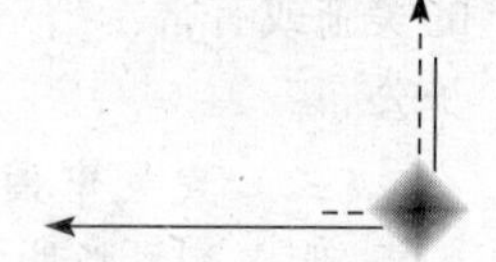

三、WTO成员的具体承诺

根据《服务贸易总协定》第三部分的规定，各成员提交的服务部门承诺减让表应符合该部分有关市场准入和国民待遇的一般规定，而该部分的规定也只有在具体的服务部门做出了承诺，才具有约束力，即二者必须结合使用。

（一）市场准入

《服务贸易总协定》第16条第1款规定：成员根据该总协定第1条确认的4种服务方式给予其他成员的服务和服务提供者的待遇，不得低于其在具体承诺减让表中同意和列明的条款、限制和条件。

第2款规定：对于成员做出市场准入承诺的部门，只要没有在其承诺减让表中特殊列明，不得在其领土内的某一地区或全部领土内维持原有的或采取新的如下措施：

（1）无论以数量配额、垄断、专营服务提供者的形式，还是以经济需求测试要求的形式，限制服务提供者的数量。

（2）以数量配额或经济需求测试要求的形式，限制服务交易或资产总值。

（3）以配额或经济需求测试要求的形式，限制服务业务总数或以指定数量单位表示的服务产出总量。当然，此项不涵盖（包含）该成员限制服务提供投入的各项措施。

（4）以数量配额或经济需求测试要求的形式，限制特定服务部门或服务提供者可雇佣的、提供具体服务所必须且直接有关的自然人总数。

（5）限制或要求服务提供者通过特定类型法律实体或合营企业提供服务的措施。

（6）以限制外国股权最高百分比或限制单个或总体的外国投资总额的方式限制外国资本的参与。

（二）国民待遇

《服务贸易总协定》第17条第1款规定：对于列入减让表的部门，除了可以按照其所列条件和资格去做以外，对影响服务提供的所有措施方面给予其他成员的服务和服务提供者的待遇，不得低于其给予本国同类服务和服务提供者的待遇。但外国的服务或服务提供者因其具有外国特性而产生的固有的竞争劣势不能要求得到补偿，不属于国民待遇的问题。

第2款规定：一成员可以给予其他成员的服务和服务提供者的待遇与本国同类服务或服务提供者的待遇在形式上相同（而内容不同），甚至在形式上也不同的待遇，以满足第1款的规定。就是说，只要不造成对其他成员服务和服务提供者事实上的歧视，无论形式相同还是不同，都不违背国民待遇原则。当然，第一款中指出的事先列入减让表的“条件”和“资格”除外。

第3款规定：如果形式上相同或不同的待遇改变了本国与外国服务或服务提供者的竞

争条件，使其只有利于本国的服务或服务提供者，则应被视为违反了国民待遇原则。

《服务贸易总协定》第18条附加承诺中规定，按第16条或第17条的规定不需要列入减让表的措施，包括有关资格、标准或许可事项等措施，如果影响服务贸易，成员之间可通过谈判达成一致，将该承诺列入该成员的减让表之中。

以上可以看出，与货物贸易的国民待遇有所不同，服务贸易的国民待遇不是适用于所有的服务贸易部门，只适用于成员在其承诺减让表中做出的承诺范围，因此它不是一项普遍义务。而且，服务贸易的国民待遇并不要求对内外服务和服务提供者的国民待遇在形式上完全一致，只要在实质上给予了平等待遇就是遵守了国民待遇。我们知道，如果形式上一致，待遇可能相同也可能不同，但在形式上不同的情况下，如何判断在实质上给予了平等待遇还是相当困难的。

总之，国民待遇在《服务贸易总协定》中被降为具体承诺，以减让表为基础，只适用于各成员列入承诺减让表中的服务部门，表外的服务部门不受约束。这使《服务贸易总协定》约束力比较松散，由于国民待遇只针对具体部门的承诺，使对等原则事实上优于多边非歧视原则，也使总协定对成员国内服务贸易政策施加的限制显得十分有限。

四、服务贸易的逐步自由化

服务贸易在乌拉圭回合第一次被列入谈判议题，并达成了协议，但由于服务贸易的复杂性、发展又迅速，不可能在谈判中一步到位，许多问题需要通过继续谈判来逐步地解决。因此，该总协定在第四部分中就规定了继续谈判的内容，包括各成员的具体承诺减让表的制定和修改。

（一）具体承诺的谈判

《服务贸易总协定》第19条规定了在乌拉圭回合结束后继续谈判的目标和方法。

第1款规定：为推行本协定的目标，各成员应不迟于《WTO协定》生效之日起5年开始，并在此后定期举行连续回合的谈判，以逐步实现更高的自由化水平。此类谈判应针对减少或取消各种措施对服务贸易的不利影响，以此作为提供有效市场准入的手段，并保证权利义务的总体平衡。

所以，其目标就是“逐步实现更高的自由化水平”，其方法就是“定期举行连续回合的谈判”，谈判的内容就是“针对减少或取消各种措施对服务贸易的不利影响，以此作为提供有效市场准入的手段，并保证权利义务的总体平衡”。

第2款规定：自由化进程的进行应当尊重各成员的国家政策目标及其总体和各部门的发展水平。个别发展中国家成员应有适当的灵活性，以开放较少的部门，开放较少类型的交易，以符合其发展状况的方式逐步扩大市场准入，并在允许外国服务提供者进入市场时，对此类准入附加旨在实现第4条所指目标的条件。

第3款规定：对于每一回合，应制定谈判准则和程序。就制定此类准则而言，服务贸易理事会应参照本协定的目标，包括第4条第1款（发展中国家的更多参与）所列目标，对服务贸易进行总体的和诸部门的评估。谈判准则应为处理各成员自以往谈判以来自主采取的自由化和在第4条第2款下给予最不发达国家成员的特殊待遇制定模式。

第4款规定：各谈判回合均应通过旨在提高各成员在本协定项下所作具体承诺总体水平的双边、诸边或多边谈判，推进逐步自由化的进程。

（二）具体承诺减让表

《服务贸易总协定》第20条第1款规定：每一成员应在减让表中列出其根据本协定第3部分做出的具体承诺。对于做出此类承诺的部门，每一减让表应列明：市场准入的条款、限制和条件；国民待遇的条件和资格；与附加承诺有关的承诺；在适当时，实施此类承诺的时限；此类承诺生效的日期。

第2款规定：与第16条（市场准入）和第17条（国民待遇）不一致的措施应列入与第16条有关的栏目。在这种情况下，所列内容将被视为对第17条也规定了条件或资格。

第3款规定：具体承诺减让表应附在本协定之后，并应成为本协定的组成部分。

（三）减让表的修改

《服务贸易总协定》第21条第1款规定：（1）一成员（本条中称“修改成员”）可依照本条的规定，在减让表中任何承诺生效之日起3年期满后的任何时间修改或撤销该承诺。（2）修改成员应将其根据本条修改或撤销承诺的意向，在不迟于实施修改或撤销的预定日期前3个月通知服务贸易理事会。

第2款规定：（1）在本协定项下的利益可能受到根据第1款第2项通知的拟议修改或撤销影响的任何成员（本条中称“受影响成员”）请求下，修改成员应进行谈判，以期就任何必要的补偿性调整达成协议。在此类谈判和协定中，有关成员应努力维持互利承诺的总体水平，使其不低于在此类谈判之前具体承诺减让表中规定的对贸易的有利水平。（2）补偿性调整应在最惠国待遇基础上做出。

第3款规定：（1）如修改成员和任何受影响成员未在规定的谈判期限结束之前达成协议，则此类受影响成员可将该事项提交仲裁。任何希望行使其可能享有的补偿权的受影响成员必须参加仲裁。（2）如无受影响成员请求仲裁，则修改成员有权实施拟议的修改或撤销。

第4款规定：（1）修改成员在做出符合仲裁结果的补偿性调整之前，不可修改或撤销其承诺。（2）如果修改成员实施其拟议的修改或撤销而未遵守仲裁结果，则任何参加仲裁的受影响成员可修改或撤销符合这些结果的实质相等的利益。尽管有第2条（最惠国待遇）的规定，但是此类修改或撤销可只对修改成员实施。

第5款规定：服务贸易理事会应为更正或修改减让表制定程序。根据本条修改或撤销承诺的任何成员应根据此类程序修改其减让表。

五、服务贸易的争端解决

（一）磋商

每一成员应对任何其他成员可能提出的、关于就影响本协定运用的任何事项的交涉所进行的磋商给予积极考虑，并提供充分的机会。

提示音

《争端解决谅解》（DSU）应适用于此类磋商。

在一成员请求下，服务贸易理事会或争端解决机构（DSB）可就其通过根据《服务贸易总协定》第1款进行的磋商未能找到满意解决办法的任何事项与任何一个或多个成员进行磋商。

《服务贸易总协定》第 22 条第 3 款规定：一成员不得根据本条或第 23 条，对另一成员属它们之间达成的与避免双重征税有关的国际协定范围的措施援引第 17 条（国民待遇）。在各成员不能就一措施是否属于它们之间的此类协定范围达成一致的情况下，应允许两成员中任一成员将该事项提交服务贸易理事会。理事会应将该事项提交仲裁。仲裁人的裁决应为最终的，并对各成员具有约束力。

（二）争端解决和执行

如果任何成员认为任何其他成员未能履行本协定项下的义务或具体承诺，则该成员为就该事项达成双方满意的解决办法可援用 DSU。

如 DSB 认为情况足够严重，有理由采取此类行动，则可授权一个或多个成员依照 DSU 第 22 条（补偿和终止减让）对任何其他一个或多个成员中止义务和具体承诺的实施。

《服务贸易总协定》规定：如任何成员认为其根据另一成员在本协定第三部分（具体承诺）下的具体承诺可合理预期获得的任何利益，由于实施与本协定规定并无抵触的任何措施而丧失或减损，则可援用 DSU。如 DSB 确定该措施使此种利益丧失或减损，则受影响的成员有权依据第 21 条（减让表的修改）第 2 款要求做出双方满意的调整，其中可包括修改或撤销该措施。如在有关成员之间不能达成协议，则应适用 DSU 第 22 条。

超链接

https://www.wto.org/english/docs_e/legal_e/legal_e.htm#dispute《争端解决谅解》（DSU）

https://www.wto.org/english/tratop_e/dispu_e/disp_settlement_cbt_e/c3s1p1_e.htm 争端解决机构（DSB）

第三节　我国的对外服务贸易

一、我国对外服务贸易的发展现状

（一）对外服务贸易的作用

截至 2014 年，服务业占 GDP 的比重，根据世界银行数据，世界平均水平为 68%，其中低收入国家平均水平为 47.7%，中等收入国家为 55.8%，高收入国家为 73.9%；服务业吸纳就业人口的比重，低收入发展中国家为 33%至 45%，中等收入发展中国家为 45%至 54%，发达国家为 60%至 78%。

产业经济理论表明，经济发展到相当程度时，发达的现代服务业可以为发展新技术产业提供创业的氛围，现代服务业的发展可以与现代工业制造业形成互动的机制，所以可持续发展的经济需要发达的现代服务业支撑。特别是对于都市经济的发展，服务业的拉动作用更为明显。随着新科技革命浪潮的兴起，知识、技术和信息对经济增长的贡献越来越大，以信息产业为代表的知识型产业，正在成为世界经济的主要增长点，人类社会正逐步进入知识经济时代。现代服务业在知识经济和经济全球化发展过程中，正发挥着越来越重要的作用，并表现出新的发展趋势。

其一，现代服务业重要性日渐凸显。随着经济的发展和人均国民收入水平的提高，劳动力在第一、第二、第三产业中的比重，表现为由第一产业向第二产业、再由第二产业向第三产业转移的趋势，推动这种转变的动力是在经济发展过程中各产业之间的人均收入存在着差异，此即佩蒂-克拉克定理。美国经济学家库茨涅兹通过对世界各国各类产业占国民收入比重的变化的分析研究，进一步证明和完善了佩蒂-克拉克定理。世界经济史也表明，经济增长和结构变化之间具有很强的相关性，经济发展过程也是经济结构变革的过程，发达的经济都有很高的服务业就业人口。

剪贴板

美国经济学家、诺贝尔奖获得者库茨涅兹发现：随着资源要素的流动，产业结构也在变化。在从低收入阶段向中收入阶段、高收入阶段转化的过程中，土地、资本、技术、劳动力在三大产业的变动是有规律的，遵循佩蒂-克拉克定理。人均收入水平在低收入阶段，资源的配置和产出结构大部分集中在第一产业，即农业。当人均收入水平达到一定程度时，资源的配置和产出结构大部分集中在第二产业。当人均收入水平达到很高水平时，资源配置和产出结构大部分集中在第三产业。

其二，现代服务业开放是大势所趋。现代服务贸易正成为经济全球化的一项新内容。现代服务业在发达国家经济发展中的地位充分显示出现代服务贸易在未来时期内、在世界市场上持续扩张的态势。高科技的发展与应用则为现代服务业国际分工提供了物质前提。这客观上要求打破国家壁垒，实行自由化发展。据统计，20 世纪 80 年代以来，国际服务贸易的增长速度已远远超出同期国际货物贸易的增长速度。

其三，现代服务业竞争的信息比较优势日益突出。按照传统的比较优势理论，一国或地区的产业是否具有竞争力，取决于其是否具有比较优势。在知识经济社会中，知识作为最重要的生产要素，其产生和传递主要是通过信息业完成的。因此，传统比较优势将逐渐弱化，信息比较优势将成为服务业国际竞争力的构成要素。所谓信息比较优势是指各国或地区在信息的生产、传播、反馈和使用能力上的差异以及一国或地区所获得信息的数量、质量、时效和稀缺程度。在知识经济时代，信息的操纵与控制能力将成为服务业竞争力的决定因素。

其四，一些发展中国家的现代服务业已取得了显著的成效。长期以来，发达国家拥有现代服务贸易竞争优势，在世界现代服务贸易市场分享着绝大多数份额。然而，近几年世界现代服务贸易的方兴未艾也为众多发展中国家和处于经济转轨的国家提供了不少机遇。一些发展中国家政府纷纷对本国服务业予以扶持，促使其发展壮大，并取得了显著成效。以印度软件业为例，印度软件出口从 1980 年的 500 万美元猛升至 1998 年的 10 亿美元，已占据世界软件市场的 12%。这些成功经验对于我国现代服务业的发展，无疑具有重要的启示意义。

（二）我国对外服务贸易的发展现状

2000 年服务出口额 301 亿美元，进口额 359 亿美元，服务贸易总额 660 亿美元，居世界第 12 位。2017 年我国服务进出口总额 46 991.1 亿元，同比增长 6.8%；其中，出口 15 406.8亿元，进口 31 584.3 亿元，居世界第 2 位。

超链接

http://tradeinservices.mofcom.gov.cn/article/zhishi/jichuzs/200902/21227.html 我国服务贸易发展的现状与对策

二、我国对外服务贸易的现存问题

由于我国服务贸易起点低、基础差，缺乏国内产业支撑，与其他国家尤其是发达国家相比仍有很大的差距，主要表现在以下几个方面：

（一）服务贸易整体水平差

我国服务业总量不足，在国民经济中比重偏低，不仅远远落后于经济发达国家，而且低于发展中国家水平。在各个国家和地区服务业所占的比重中，2012 年，发达国家和地区平均水平是 70%，发展中国家的平均水平是 50%，其中美国高达 80%，韩国为 70%，香港为 95%。而中国 2012 年是 44.6%，2013 年是 46.1%。

服务业落后使我国服务贸易的发展受到很大的制约。从总体上看，我国服务业的竞争力不如工业，除旅游业等少数行业外，多数服务贸易领域处于逆差状态。1997—2011 年，除 1994 年之外，其他年份我国服务贸易一直存在逆差，并且逆差规模有所扩大。2000 年服务贸易逆差为 58 亿美元，2004 年这一数据增长到 97 亿美元。之后逆差规模略微减小，但 2008 年金融危机爆发后，服务贸易逆差急剧增加，2009 年为 294 亿美元，2011 年为 400 亿美元。

（二）服务贸易内部结构不合理

2011 年到 2015 年，旅游、运输和建筑三大传统行业的服务进出口额占服务贸易进出口额的比重从 56.9%增加到 72.5%。旅行服务进出口额的比重居各类服务之首，2015 年占比已超过一半，高达 53.8%，运输服务进出口额的比重从 2011 年的 25.8%下降到 2015 年的 15.1%，位居第二。可见，我国服务贸易结构仍存在不合理部分。

（三）服务贸易自由化程度较低

根据 2013 年《中国统计年鉴》数据显示，截止到 2012 年，在服务业外商直接投资中占比重最大的是房地产业，占服务业外商直接投资实际金额中的 42.18%，其次是批发零售业、租赁业、商业服务业，比例都在 10%～15%。而外商直接投资用于金融、保险、信息、咨询等行业的比例明显低于世界平均水平，也低于发展中国家的平均水平。这意味着我国对一些服务业行业的准入限制比较多，使得服务业难以吸收到更大的外资。

（四）服务贸易管理滞后

由于服务业是由许多相关行业组成的产业群，国际服务贸易涉及的行业范围极广，国际社会要求一国对其国内的服务业进行整体协调和管理。目前，我国对外服务贸易管理体制存在许多缺陷，如中央与地方在服务业对外贸易政策和规章方面还存在着一定的差别；服务业多头管理、政出多门甚至相互掣肘的问题还没有完全解决；服务业的统计也不规范，在行业划分标准、服务标准等方面有许多不符合国际惯例。

（五）服务贸易立法不健全

长期以来，我国服务贸易立法严重滞后，直到近年才有较大的改观，先后颁布了《中华人民共和国商业银行法》《中华人民共和国保险法》《中华人民共和国海商法》《中华人民共和国律师法》等法规，但与服务贸易广泛的内涵和国际服务贸易发展的要求相比还存在许多不足之处。目前我国尚没有一个关于服务业的一般性法律，现有立法未成体系，相当一部分领域法律处于空白状态，已有的规定主要表现为各职能部门的规章和内部文件，不仅立法层次较低，而且缺乏协调，从而影响了我国服务贸易立法的统一性和透明度。

超链接

http://www.gov.cn/ziliao/flfg/2005-09/12/content_31152.htm《商业银行法》

三、我国对外服务贸易的发展对策

（一）政府需要加强支持和保护

在不违背 WTO《服务贸易总协定》的有关原则、规则的前提下，我国加强了一些对外保护措施。包括促使国外对我国开放服务市场和保护服务贸易出口利益的措施，如美国《1984 年贸易与关税法》和《1988 年综合贸易与竞争法》把货物与服务并列，作为扩大出口的两项内容，同样适用美国贸易法“301 条款”。1994 年针对适应乌拉圭回合达成的协议制定的新的对外贸易法案——《乌拉圭回合协定法》，美国又对外国政府的“不公平”“不合理”进行了扩大解释，将外国政府对美国的产品和服务进入该外国市场的“机会”产生“限制性影响”的内容都包含在内。这种做法是值得我国借鉴的。各级政府要切实履行职责，为加快发展服务业创造良好的环境；进一步转变观念，统一思想，提高认识，把服务业摆到与农业、工业同等重要的位置；制定和完善规范服务业市场秩序的法律法规，为服务业发展提供法律保障；多渠道增加服务业投入。

中央和地方各级政府都要适当安排一定数量的投资，作为加快发展服务业的引导资金，主要用于国家鼓励的服务业建设项目的贴息或补助，以更多地吸引银行信贷资金和社会投入。银行要在独立审贷的基础上积极向符合贷款条件的服务业企业及其建设项目发放贷款。鼓励符合条件的服务业企业进入资本市场融资。

（二）打破国内割据的局面

过去，我国的服务部门如电信、银行、保险等，具有很强的垄断性，不仅不具备正常的公平竞争秩序，还导致效率低下、创新不足，因此需要打破原有的封闭或半封闭状态，降低国内市场的垄断程度，适当放宽国内企业市场进入的审批标准，允许国内有条件的企业投资这些行业，在这些部门建立生产要素的进入和退出机制，通过充分的国内竞争来鼓励创新，为我国服务贸易的进一步对外开放奠定基础。

（三）优化结构

大力发展现代服务业，重点发展信息、科技、会议、咨询、法律服务等行业，带动服务业整体水平的提高；积极发展新兴服务业，主要是需求潜力大的房地产、物业管理、旅游、社区服务、教育培训、文化体育等行业，形成新的经济增长点；改组、改造传统产业，运用现代经营方式和服务技术，着重改造商贸流通、交通运输、餐饮、农业服务等行业，提高技术水平和经营效率。增强大企业实力，依托有竞争力的企业，培育形成一批多元投资主体的大公司和大集团。促进企业联合重组，实行网络化、品牌化经营，大力发展连锁经营、物流配送、多式联运等新型业态。放手发展中小企业，鼓励经营方式灵活、服务品种多样、各具特色的中小企业发展，满足多层次的服务需求。中心城市要按照城市功能定位的要求，着重发展现代服务业和新兴服务业，有条件的要逐步实现“三、二、一”的产业结构。具有交通、商贸、旅游等特定优势的中小城市，要进一步突出特点、强化优势，提高市场占有率。其他地区和农村要根据当地市场需求，因地制宜地发展服务行业。

（四）加强服务贸易立法

一是颁布与《WTO 协定》或《服务贸易总协定》配套的法律，对我国服务贸易对外进行保护，对内打破垄断，促进结构调整，优化产业结构，与世界接轨；二是制定一些行业部门法，形成行业秩序，建立有效的行业管理体制，保证服务贸易的基础设施建设，形成比较完善的产业体系。

【讨论区】

背景 《IT-服务外包杂志》发表文章，在东南亚，一个只有30万平方千米的岛国近几年引起了服务外包领域很多人的关注，它就是菲律宾。2008年1月，在菲律宾的一个外国记者协会聚会上，菲律宾商业流程协会主席奥斯卡·萨内兹透露，2007年菲服务外包业收入预计达到50亿美元，比2006年的34亿美元增长了47%。估计截至2007年年底，共有32万人在该行业就职，而在2006年，这一数字还是23万。根据XMG在2007年公布的报告，菲律宾的服务外包到2007年底只占全球服务外包份额的1.4%，收入为41亿美元，但在这次聚会上，萨内兹先生认为，菲律宾完全有能力在2010年争取到全球服务外包市场10%的份额。这样高调的乐观，不得不让人正视。当然，他的信心也是有理由的，同样根据XMG的报告，菲律宾服务外包的复合年均增长率预计会高于62%，相比较而言，中国为47.9%，马来西亚为38%，印度仅为29.5%。

问题 菲律宾在服务外包领域的竞争力到底如何?

分析 菲律宾在服务外包产业的竞争力主要来自五个方面，分别是：广泛的英语普及、包容的文化、低廉的人力成本、与美国密切的政治关系，以及积极的政策扶持。这些优势使菲律宾在传统领域中的BPO（商务流程外包）业务更易取得成功，比如呼叫中心业务。但是教育上的相对落后加上人口基数有限导致高端人才供应不足，这将限制其在ITO（信息技术外包）以及其他专业性较强的高端市场的发展。菲律宾虽然也意识到要拓展高端市场，但任务还是相当艰巨的，原因在于基础设施完善需要一段时间，人才数量规模的可挖掘潜力有限（菲律宾每年向市场提供的高校毕业生为38万，中国则是接近600万），而且其亚洲版的美国式民主制度将导致其国内政治动荡局面长期难以改变。在未来的三年内，菲律宾的服务外包产业还会获得巨大发展，竞争力不容小觑，但是长期来看，在中国、印度持续加大教育投入，有效人才供应逐渐增加的背景下，中、印的潜力将会充分释放，服务外包产业真正的竞争还是会在中、印之间展开。

【本章小结】

本章首先对国际服务贸易进行了概述，阐明了国际服务贸易的基础、发展特点和壁垒，然后从国际服务贸易总协定规定的成员义务和具体承诺等方面向读者介绍了国际服务贸易总协定，最后对我国的服务贸易情况进行了回顾，并在阐述现状的基础上提出了改进的建议。

【复习思考】

1. 国际服务贸易与国际商品贸易有何区别？
2. 第二次世界大战后，国际服务贸易发展的主要特点是什么？
3. 第二次世界大战后，国际服务贸易迅速发展的主要原因是什么？
4. 试述世界贸易组织对世界经济贸易的影响。

第七章

国际贸易政策

【学习导航】

⊙ 理解自由贸易和保护贸易两种政策的特点，重点理解新贸易保护主义的特点。

⊙ 掌握关税、关税税则等基本概念。

⊙ 掌握关税壁垒与非关税壁垒的措施。

⊙ 把握非关税壁垒的特点及发展趋势。

第一节　国际贸易总论

一、贸易政策阐释

国际贸易政策，是指在国际贸易交往中用于平衡各国间的贸易利益，缓解和协调贸易矛盾的国际准则和措施。它是各国对外贸易政策的综合反映。

（一）对外贸易政策

对外贸易政策是国家的经济政策和对外政策的重要组成部分，是国家根据总体经济发展需要制定的促进或限制对外交换的政策的总和。对外贸易政策的作用如下：

首先，为总体经济发展服务。在经济发展的过程中，依照比较利益原理，各国不必也不可能依本国的能力生产一切产品来满足社会需求，必须通过对外交换获取一定的满足，这使对外贸易成为必然。但是，在对外贸易中，交换什么、交换多少不是随意的、放任的，而是由国家总体经济的发展决定的。否则，经济发展将遭到干扰和破坏，甚至可能造成经济的反向发展而无法控制。因此，任何国家的对外贸易都需要国家的干预和控制，使之为国家的总体经济服务。其干预和控制的手段就是对外贸易政策。通过对急需交换的商品进行鼓励，对不需要交换的商品进行限制来实现这种选择。当然，需要与不需要是相对的。

其次，维持进出口交换的平衡。一国必须维持进出口贸易的平衡才能保证贸易的顺利发展，但进出口交换并不总是平衡的，需要国家制定一定的对外贸易政策，并根据这些政策采取一定的措施来调节以达到平衡。

最后，保护对外交换利益。在具体的对外贸易过程中，交换利益是最重要的，各国都希望在国际交换中获取较大利益。交换利益的大小、双方利益是否平衡，决定了交换能否进行下去的问题。

（二）国际贸易政策

在国际贸易交往中，上述各国的对外贸易政策会产生相互撞击。由于对外贸易政策都是为本国服务的，为了本国的发展而选择交换，因此为了本国的交换利益而损害他国利益，致使矛盾和斗争不可避免。其突出的体现就是贸易壁垒横生、贸易保护主义盛行。矛盾和斗争的结果是各国相互妥协，相互做出让步，使贸易利益按照彼此能够接受的条件重新分配。因此，各国对外贸易政策的相互影响、交互作用形成了我们所说的国际贸易政策。

提示音

从理论上讲，国际贸易政策是各国贸易交往活动的行为准则，核心作用是使各国都能牺牲自己的一部分利益、维护贸易交换秩序、保障交换的顺利进行。

超链接

https://www.wto.org/english/docs_e/legal_e/29 - tprm_e.htm 贸易政策审议机制

二、自由贸易政策

（一）自由贸易政策的含义及主要表现

小词典

自由贸易政策与保护贸易政策相对，是一种开放政策，指国家对商务活动一般不进行干预，取消或部分取消进口限制条件，允许商品和服务在国内外市场自由竞争。

自由贸易政策包括英国带头实行的自由贸易政策和第二次世界大战后各国实行的贸易自由化。第二次世界大战后的贸易自由化发展为全球范围的贸易自由化。全球范围的贸易自由化，是指国家间通过多边或双边的贸易条约与协定，削减关税壁垒，抑制非关税壁垒，取消国际贸易中的障碍与歧视，促进世界商品的交换与生产。

对外贸易政策基本可以分为两大类，即自由贸易和保护贸易政策。但是在不同时期的不同国家，其自由程度和保护程度有所不同。

在资本主义自由竞争时期，资本主义生产方式占了统治地位。世界经济进入商品资本国际化的阶段。这一时期对外贸易政策的基调是自由贸易，英国是带头实行自由贸易政策的国家。但由于各国经济发展水平不同，一些经济起步较晚的国家如美国和德国则采取了保护贸易政策。

第二次世界大战后，随着生产国际化和资本国际化，出现了世界范围的贸易自由化。第二次世界大战后初期，发达资本主义国家，特别是西欧、日本等国家继续实行保护贸易政策，严格限制商品进口，以保护本国市场。但是，随着资本主义世界经济的恢复和发展，从20世纪50年代到70年代中期，发达资本主义国家都在不同程度上放宽了进口限制，在对外贸易政策中出现贸易自由化倾向。20世纪60年代初，美国提出了“贸易自由化”口号，目的是要打入西欧和日本的市场。随着西欧和日本经济的恢复与发展，那些经济实力较强的国家为适应本国垄断资本对外扩张的需要，也开始推行贸易自由化。

这段时期对外贸易政策中贸易自由化倾向的主要表现有以下两方面。

1. 大幅度削减关税

首先是在关税与贸易总协定成员国范围内大幅度地降低关税。1947年以来，在关税与贸易总协定的主持下，举行了多次谈判，关税平均水平已有了大幅度下降。其次，欧洲经济共同体内实行关税同盟，对内取消关税，对外通过谈判达成关税减让协议，导致关税大幅度下降，不同程度地扩大了对外贸易自由化。最后，通过普遍优惠制的实施，对来自发展中国家或地区的制成品和半制成品的进口给予普遍的非歧视和非互惠的关税优惠。普遍优惠制实施以来，无论是受惠国家或地区，还是受惠的商品范围和受惠的进口数额都有所扩大，在一定程度上体现了贸易自由化的倾向。

2. 降低或撤销非关税壁垒，促进贸易自由化的发展

第二次世界大战后初期，在国内经济困难、国际收支恶化的情况下，各国对许多商品实行严格的进口限额、进口许可证和外汇管制等措施，以限制进口。随着经济的恢复和发展，各国又都在不同程度上放宽了进口数量限制，实行和扩大进口自由化；放宽或解除外汇管制，恢复货币自由兑换，实行外汇自由化。

（二）第二次世界大战后各国贸易自由化倾向的明显特点

1. 第二次世界大战后贸易自由化倾向是在资本主义世界经济迅速增长的基础上发展起来的

20世纪50年代到70年代初，资本主义国家经济出现了高速增长，特别是美国、西欧和日本经济有了迅速的发展，跨国公司大量增加。在此基础上，迫切需要加紧对外扩张，以占领更多的世界市场。而贸易自由化恰恰符合垄断资本对外扩张的要求，从而成为其对外贸易政策的主要倾向，尤其是美国成为第二次世界大战后贸易自由化的倡导者和积极推行者。

2. 第二次世界大战后的贸易自由化倾向与自由贸易有着明显的区别

在自由竞争时期，自由贸易代表着资本主义上升时期工业资产阶级的利益，而第二次世界大战后贸易自由化是在国家垄断资本主义日益加强的条件下发展起来的，反映了垄断资本的利益。所以，在第二次世界大战后出现的“贸易自由化”并不是“自由贸易时代”的重现。

3. 第二次世界大战后贸易自由化的实施与发展具有不平衡、不稳定的特点，并且在一定程度上与贸易保护主义措施相结合

其原因主要是，各垄断集团实力、地位不同，对贸易自由化的实施所持的态度也不

同。发达资本主义国家往往根据不同垄断集团的利益和对外关系的变化，实行和调整贸易自由化的政策。当贸易自由化符合垄断集团的利益时就推行；当某些贸易自由化措施不符合占统治地位的垄断集团的利益时就有限地推行或根本不推行；一旦贸易自由化的实施严重危害垄断集团利益或不符合当时的外交政策时，贸易自由化就会被削弱，贸易保护主义又会重新抬头。所以，这个时期的贸易自由化实际上是一种有选择性的贸易自由化，并形成了一些特有趋势：工业生产的迅速增长、生产国际化和专业化的发展及跨国公司的增加，使工业制成品的贸易自由化超过农产品的贸易自由化；工业部门发展的不平衡、科学技术的发展与部门内部分工和专业化的发展，使机器设备的贸易自由化超过了工业消费品的贸易自由化；区域性经济集团内部的贸易自由化超过集团对外的贸易自由化；发达资本主义国家之间的贸易自由化超过它们同发展中国家的贸易自由化。

超链接

https://www.wto.org/English/thewto_e/whatis_e/tif_e/fact2_e.htm 世贸组织的自由贸易原则

三、贸易保护主义

小词典

保护贸易政策是指由国家采取各种措施干预对外贸易，以保护本国市场免受外国商品和服务的竞争，并对本国出口商品给予优惠和津贴，奖励出口。

“奖出限入”是保护贸易政策的基本特征。因时代不同，其性质、作用与特点也不尽相同。

（一）新贸易保护主义的主要特点

新贸易保护主义是相对贸易自由化而言的。1973—1974 年世界性经济危机爆发，市场问题相对紧张，出现了新贸易保护主义。其主要特点表现在以下四个方面。

1. 被保护的商品不断增加

被保护的商品从传统产品、农产品转向高级工业品和服务。1977 年欧洲经济共同体对钢铁进口实行限制。1978 年，美国对进口钢铁采取“起动价格”。1977 年到 1979 年，美国、法国、意大利和英国限制彩电进口。1980 年，美国对日本汽车实行进口限制，迫使日本实行汽车的“自愿出口限额”。加拿大、联邦德国也相继采取限制汽车进口的措施。1982 年，美国与欧洲经济共同体签订钢铁的“自愿”出口限额协议。1974 年国际多种纤维协定对纺织品进口限制进一步升级，把限制的种类从棉类、合成纤维扩大到棉麻、棉丝混纺织品。高级技术产品如数控工作母机和半导体等也被纳入保护范围。此外，加强了劳务上的保护主义，如签证申请、投资条例、限制收入汇回等。

2. 贸易保护措施多样化

第一，按照有效保护税率设置阶梯关税。

第二，加强了征收“反补贴税”和“反倾销税”的活动。

第三，非关税壁垒不断增高。

第四，在“有秩序地销售安排”和“有组织的自由贸易”的借口下，绕过关贸总协定的基本原则，搞“灰色区域措施”。

3. 从贸易保护制度转向更系统化的管理贸易制度

发达国家实行的贸易保护主义措施，随着政府管理贸易而不断充实和调整，成为对外贸易体制中的重要组成部分。同时，把外贸政策法律化给贸易保护主义披上合法的外衣。西方国家管理外贸的法律已由单行的法律发展成为以外贸法为中心的、与其他方面的国内法相配合的一个整体。

4. 受到保护的程度不断提高

我们以 20 世纪 80 年代为例，从 1980 年到 1983 年，整个制成品受限制商品的比重，美国从 6%提高到 13%，欧洲联盟从 11%提高到 15%。在整个发达国家制成品的消费中，受限商品从 1980 年的 20%提高到 1983 年的 30%。

（二）新贸易保护主义的影响

新贸易保护主义对国际贸易的发展产生了以下巨大而深远的影响。

1. 保护措施扭曲了贸易流向

数量限制影响了产品贸易的性质，改变了进口的地理方向。为了打破出口数量的限制，出口国家努力在受限制的商品中扩大市场，从而扩大了数量固定下的贸易额。

2. 贸易限制推动价格上涨

歧视性的数量限制使被保护市场产生了价格提高的压力。首先，受限最多的国家和地区是那些成本最低的国家和地区。其次，进口商品价格的提高成为同类产品生产厂商的重要的“价格保护伞”。随着保护的加强，以进口商品抵消价格上升的作用减弱，增强了价格提高的压力。例如，由于第二个多种纤维协定，英国衣服零售价平均提高 20%，品质较低的种类，如工装价格提高了 30%到 50%。

3. 进口限制未能有效地维持就业

从实践看，进口限制对保护部门的就业的影响有限。首先，即使是在最面向国际竞争的产业，贸易对就业水平只起次要作用；其次，由于贸易转向，歧视性的限制对整个进口量有一定的限制作用；最后，以进口替代国内生产的范围受到限制。因此，以进口限制保护国内就业的程度不如改变宏观经济环境带来的比重大。

4. 新贸易保护主义使发达国家付出了巨大代价

以农产品为例，发达国家对农业生产的支持和贸易政策不仅限制了外国供应者，扭转了贸易流向，而且造成了诸如糖、肉类、谷物、奶制品等产品的大量剩余。为了削减日益增加的储存成本，防止变质和浪费，发达国家采取了出口价格补贴，进行销售援助，按加工程度提高农产品进口壁垒，为此，发达国家付出了巨大的代价。

5. 新贸易保护主义伤害了发展中国家

发展中国家受到的非关税壁垒的影响程度超过发达国家。发达国家对来自发展中国家的制成品和纺织品与服装实行的非关税壁垒措施影响的程度均大大高于来自发达国家的同类产品。同时，贸易保护主义加重了发展中国家的债务负担。由于发达国家贸易保护主义的加强，影响了发展中国家的出口。

6. 新贸易保护主义正在减少发达国家和发展中国家的国内生产总值

经合组织国家逐步增加的保护相当于提高15%的关税，使中等收入的进口石油的发展中国家国内生产总值遭受了3.5%左右的损失，发达国家也因此付出了同样的代价。

（三）新贸易保护主义的理论支持

贸易保护作用有以下理论支持。

1. 国内市场扭曲

该理论主张当国内市场由于外部经济、工资差额、生产要素的非移动性等导致“扭曲”存在时，需要人为的消除不良影响，提高经济福利。

2. 改善贸易条件

进口国家可征关税或实行数量限制时，可促使出口国家商品价格下跌，从而改善进口国家的贸易条件。

3. 维持工资水平

各国工资水平不同，一些工资水平高的国家认为，经济发展比较落后而劳动力相对丰富的国家的工资水平较低，故其生产成本也较低。如自由进口这些国家的产品，则本国产品势必难以与其竞争，其结果会使本国难以维持较高的工资水平与生产水平。为了维持本国较高的工资水平，避免廉价劳动产品的竞争，必须实施保护关税。

4. 增加国内就业

对外国商品课征保护关税，可减少进口，因而可以刺激国内生产，增加国内就业。

5. 改善贸易收支或国际收支

采取征收关税与限制进口措施，可减少进口，有助于改善贸易收支或国际收支。在贸易收支或国际收支逆差较大时，或在通货膨胀与金融危机时，此种保护理由最为流行。但此项保护理论的作用只有在其他国家不进行报复时才有效。

6. 保护知识产权

知识产权是指人们利用自己的知识所创造的智力成果，为了鼓励和保护科研成果，避免盗版、伪造、冒牌，需要对知识产权加以保护。

超链接

http://www.docin.com/p-1333765701.html 新贸易保护主义的特点和理论基础

第二节 关税壁垒

一、关税的概念

小词典

关税指海关对进出本国海关的商品征收的出入境税，包括进口税和出口税，出口税较少，主要针对国内急需、短缺商品出口进行限制。

关税是通过海关执行的。海关是设在关境上的国家行政管理机构，是贯彻执行本国有关进出口政策、法令和规章的重要工具。其任务是根据这些政策、法令和规章对进出口货物、货币、金银、行李、邮件、运输工具等实行监督管理、征收关税、查禁走私货物、临时保管通关货物和统计进出口商品等。海关还有权对不符合国家规定的进出口货物不予放行、罚款，直到没收或销毁。

剪贴板

征收关税是海关的重要任务之一。海关征收关税的领域叫关境或关税领域。它是海关所管辖和执行有关海关各项法令和规章的区域。一般来说，关境和国境是一致的，但有些国家在国境内设有自由港、自由贸易区和出口加工区等经济特区。这些地区不属于关境范围之内，这时关境小于国境。有些国家缔结成关税同盟，参加关税同盟的国家的领土即成为统一的关境，这时关境大于国境。

关税是国家财政收入的一个重要组成部分。它与其他税收一样，具有强制性、无偿性和预定性。强制性是指税收是凭借法律的规定强制征收的，而不是一种自愿献纳，凡要交税的，都要按照法律规定无条件地履行自己的义务，否则就要受到国家法律的制裁。无偿性是指征收的税收，除特殊情况以外，都是国家向纳税人无偿取得的国库收入，国家不需要付出任何代价，也不必把税款直接归还给纳税人。预定性是指国家预先规定一个征税的比例或征税数额，征、纳双方必须同时遵守执行，不得随意变化或减免。

想一想　现代海关所征收的关税主要属于哪一种？

关税征收的目的主要有两个：一是用于国家财政收入，此种关税叫财政关税；二是用于保护本国市场，此种关税叫保护关税。通常情况下，用于财政收入目的关税不高，但许多发展中国家则将其作为财政的主要来源。财政关税又称收入关税，是指以增加国家的财政收入为主要目的而征收的关税。

为了达到财政收入的目的，对进口商品征收财政关税时，必须具备以下三个条件：(1) 征税的进口货物必须是国内不能生产或无代用品而必须从国外输入的商品；(2) 征税的进口货物，在国内必须有大量消费；(3) 关税税率要适中或较低，如税率过高，将阻碍进口，达不到增加财政收入的目的。关税征收的最初目的更多的是获取财政收入，但随着各国经济的发展，财政关税在财政收入中的重要性已相对降低，这一方面是由于其他税源增加，关税收入在国家的财政收入中所占的比重相对下降；另一方面是各国广泛地利用高关税限制外国商品进口，保护国内生产和国内市场，于是财政关税就为保护关税所代替。

保护关税的税率的高低可以经常调整，有效调节进出口。保护关税税率要高，越高越能达到保护之目的。有时税率高达100%以上，等于禁止进口，成为禁止关税。保护关税又可分为工业保护关税和农业保护关税。工业保护关税是为保护国内工业发展所征收的关税。工业保护关税原以保护本国幼稚工业为其主要目的。一些经济较落后的国家，往往采用保护关税，以保护和促进本国幼稚工业的发展。到了帝国主义时期，帝国主义国家的垄断资本为了垄断国内市场，往往对高度发展的垄断工业或处于衰退难以与国外竞争的垄断工业征收保护关税，这种关税称为超保护关税。农业保护关税是为保护国内农业发展所征收的关税。自19世纪中叶以来，美国粮食输出日益增加，引起剧烈的竞争，欧洲国家不能与之竞争，因而欧洲一些国家先后以征收关税保护本国企业。第二次世界大战后，一些国家如欧洲经济共同体国家等通过农业保护关税保护其农业的发展。

关税征收方式主要有从量税和从价税。在这两种主要征税方法的基础上，又有混合税和选择税。

（一）从量税

从量税是指对商品按某种计量单位征收关税，如重量、体积、长度、面积等为标准征收。其特点是每一单位征收的关税是固定的，征收比较方便，但缺乏灵活性，不能随物价变动而变动，有时不能很好地起到保护国内市场的作用。在从量税确定的情况下，从量税额与商品数量的增减成正比关系，但与商品价格无直接关系。按从量税方法征收进口税时，在商品价格下降的情况下，加强了关税的保护作用；反之，在商品价格上涨的情况下，用从量税的方法征收进口税，则不能完全达到保护关税的目的。这是因为商品价格上涨，而进口税额不变，财政收入相对减少，保护作用也随之减弱。

如某种农产品国际国内市场价格相同，每吨300美元，进口征收从量税每吨50美元，进口后350美元，使进口商品价高于国内市场价。但当国内需求增加，每吨400美元时，进口商品反而便宜了。

从量税额的计算公式如下：

从量税额＝商品数量×每单位从量税

演算簿

> 如果进口一种商品的数量为10万单位，每单位规定的税额为20美元，那么从量税额即为10×20＝200万美元。

各国征收从量税，大部分以商品的重量为单位来征收，但各国对应纳税的商品重量计算的方法各有不同。一般有以下三种。

1. 毛重法

毛重法又称总重量法，即按包括商品内外包装在内的总重量计征税额。

2. 半毛重法

半毛重法又称半总重量法，即对商品总重量扣除外包装后的重量计征其税额。这种方法又可分为法定半毛重法和实际半毛重法，前者指从商品总毛重中扣除外包装的法定重量后，再计征其税额；后者指从商品总毛重中扣除外包装的实际重量后计算其税额。

3. 净重法

净重法又称纯重量法，即在商品总重量中扣除内外包装的重量后，再计算其税额。这种方法又可分为法定净重法和实际净重法，前者指从商品总重量中扣除内外包装的法定重量后，再计算其税额；后者指从商品总重量中扣除内外包装的实际重量后，再计算其税额。

（二）从价税

从价税，是指对进口商品按到岸价格的一定比率征收的关税，其税率表现为货物价格的百分率。如“对进口棉纱征收 20%的关税”，即指从价税。

从价税额的计算公式如下：

从价税额＝商品总值×从价税率

演算簿

如果进口棉纱的商品价值总额为 500 万美元，所规定的从价税率为 30%，那么所征收的税额即为 500×30%＝150 万美元。

从价税额与商品价格有直接关系。它与商品价格的涨落成正比关系，其税额随着商品价格的变动而变动，所以它的保护作用与价格有着密切的关系，始终与市场行情紧密相连。如在价格下跌的情况下，其税率不变，从价税额相应减少，因而保护关税作用也有所下降。

想一想　海关为什么采取从价税来征收关税？

一般来说，从价税有以下几个优点：(1) 从价税的征收比较简单，对于同种商品，可以不必因其品质的不同，再详加分类；(2) 税率明确，便于比较各国税率；(3) 税收负担较为公平，因从价税额随商品价格与品质的高低而增减，较符合税收的公平原则；(4) 在税率不变时，税额随商品价格上涨而增加，既可增加财政收入，又可起到保护关税的作用。

但在征收从价税中，较为复杂的问题是确定进口商品的完税价格。完税价格是经海关审定作为计征关税的货物价格，是决定税额多少的重要因素。因此，如何确定完税价格是十分重要的。各国所采用的完税价格标准很不一致，大体上可概括为以下三种：(1) 以成本、保险费加运费价格（CIF）作为征税价格标准；(2) 以装运港船上交货价格（FOB）为征税价格标准；(3) 以法定价格作为征税价格标准。

剪贴板

各国对海关估价的方法长期争吵不休，于是《关税与贸易总协定》第 7 条做了具体规定：海关对进口商品的估价，应以进口商品或相同商品的实际价格，而不得以国内产品的价格或者以武断的或虚构的价格，作为计征关税的依据。“实际价格”是指在进口国立法确定的某一时间和地点，在正常贸易过程中于充分竞争的条件下，某一商品或相同商品出售或兜售的价格。当实际价格无法按上述的规定确定时，“海关估价应以可确定的最接近于实际价格的相当价格为依据”。

（三）混合税

混合税是将从量税和从价税混合使用，也称复合关税。混合税额的计算公式如下：

混合税额＝从量税额＋从价税额

混合税可以从量税为主加征从价税。如每吨煤进口（100 美元），征收从量税 20 美元，加征从价税 10%；也可以从价税为主加征从量税。

演算簿

如果进口 500 吨钢铁，价格为每吨 600 美元，征收从量税 30 美元每吨，外加正从价税 15%，则混合税额=500×30+（500×600×15%）=60 000 美元。

（四）选择税

选择税是指对某种商品同时规定有从量税和从价税，征税时可供选择。一般情况下选择其税额较高者征收，但有时为了鼓励某种商品进口，也会选择其中税额低者征收。

超链接

http：//www. customs. gov. cn/ 中华人民共和国海关总署官网

二、关税税则

关税税则（customs tariff）又称海关税则，指征收关税的规则在海关制定的关税税率表中体现出来。它是一国对进出口商品计征关税的税章和对进出口的应税和免税商品加以系统分类的一览表。

关税税则一般包括两个部分：一部分是海关课征关税的规章条例及说明；另一部分是关税税率表。

关税税率表主要包括三个部分：税则号列、货物分类目录和税率。

（一）关税税则的货物分类方法

关税税则的货物分类方法主要是根据进出口货物的构成情况，对不同商品使用不同税率以及便于对进出口货物统计需要而进行系统的分类。各国关税税则的商品分类方法不尽相同，大体上有以下几种：

（1）按照货物的自然属性分类。例如动物、植物、矿物等。

（2）按货物的加工程度或制造阶段分类。例如原料、半制成品和制成品等。

（3）按货物的成分分类或按工业部门的产品分类。例如钢铁制品、塑料制品、化工产品等。

（4）按货物的用途分类。例如食品、药品、染料、仪器、乐器等。

（5）按货物的自然属性分成大类，再按加工程度分成小类。

货物分类的排列层次一般可分为三级到五级。先按自然属性、用途或组成成分等分成若干大类，再进一步分成章或组，其下列出商品项目。项目税则中的基本税目，可以“具体列名”一种商品，也可把相类似的商品综合在一起，成为“一般列名”，或把两者未包括的同类产品合为一个“未列名商品”的项目。每个项目按顺序列出税号，在项目之下根据征税或统计的需要可细分为子目、分目，称为细目。大类和章或组两级只作检索查找之用，项目及细目逐目列出相应的税率。

长期以来，发达国家税则中的货物分类极为繁细。它不仅是商品种类的日益增多和技术上的需要，更主要的是要保护国内市场和实行关税差别和歧视政策。对同类货物的不同类别规定不同的税则号列，对内可以更有针对性地限制某些商品进口，对外可以成为贸易谈判的资本。

（二）关税税则的主要种类

关税税则主要可分为单式税则和复式税则两类。目前绝大多数国家采用复式税则。

1. 单式税则（single tariff）

单式税则又称一栏税则。这种税则，一个税目只有一个税率，适用于来自任何国家的商品，没有差别待遇。在垄断前资本主义时期，各国都实行单式税则。到垄断资本主义时期，发达资本主义国家为了在关税上搞差别与歧视待遇，或争取关税上的互惠，都放弃单式税则改行复式税则。

2. 复式税则（complex tariff）

复式税则又称多栏税则。这种税则，在一税目下定下两个或两个以上的税率。对来自不同国家的进口商品，使用不同的税率。发达国家规定差别税率的目的在于实行差别待遇和贸易歧视政策。为了反对发达国家的歧视待遇、保卫本国的民族权益，许多发展中国家也实行复式税则。现在绝大多数国家都采用这种税则。这种税则有二栏、三栏、四栏不等。欧盟的税则最具有代表性，分为特惠税、协定国税率、最惠国税率、普惠制税率、普通税率五栏。

特惠税适用于签订《洛美协定》的非、加、亚太地区的发展中国家；

协定国税率适用于与欧盟签订有条约、协定的国家或地区；

最惠国税率适用于世贸组织成员；

普惠制税率适用于所有发展中国家，WTO 成员更高；

普通税率适用于与欧盟无任何关系的国家和转口贸易等。

在单式税则或复式税则中，依据进出口商品流向的不同，可分为进口货物税则和出口货物税则。有的将进出口货物的税率合在同一税则中，分列进口税率栏和出口税率栏。我国现行的进出口税则就属于这种税则制。

在单式税则或复式税则中，依据制定税则的权限，又可分为自主税则和协定税则。

自主税则（autonomous tariff），又称国定税则，是指一国立法机构根据关税自主原则单独制定而不受对外签订的贸易条约或协定约束的一种税率。

自主税则可分为自主单式税则和自主复式税则。前者为一国对一种商品自主地制定一个税率，这个税率适用于来自任何国家或地区的同一种商品；后者为一国对一种商品自主地制定两个或两个以上的税率，分别适用于来自不同国家或地区的同一种商品。自主复式税则又可分为最高和最低税则，前者适用于来自未与该国签订贸易条约或协定的国家或地区的商品；后者适用于来自与该国签订了贸易条约或协定的国家或地区的商品。

协定税则（conventional tariff），是指一国与其他国家或地区通过贸易与关税谈判，以贸易条约或协定的方式确定的税率。这种税则是在本国原有的国定税则以外另行规定的一种税率。它是两国通过关税减让谈判的结果，因此要比国定税率低。协定税则不仅适用于该条约或协定的签字国，而且某些协定税率也适用于享有最惠国待遇的国家，对于没有减让关税的商品或不能享受最惠国待遇的国家的商品，仍采取自主税则，这样形成的复式税则，叫作自主-协定税则或国定-协定税则。

超链接

http：//trade. chinavista. com/cn/tariffsearch. html 商贸指南，提供海关税则查询

三、关税壁垒

关税壁垒是国家实现对外贸易政策的主要措施之一。第二次世界大战之前一直是各国用于保护本国市场的主要手段。第二次世界大战后，关贸总协定将其列为合法保护手段，经过其八轮谈判，关税水平受到大幅度削减，保护作用不断下降，但与非关税壁垒相配合，仍然具有较高的保护作用。

（一）名义保护率与有效保护率

通常认为，关税越高，越能削弱进口商品的竞争力，从而保护国内产业。但是，在现代关税保护中人们发现，在一些情况下，政府利用关税加强对某一工业的保护，反而使其成本增加了，实际上并没有得到保护。在国际关税减让中，发达国家减让得多，发展中国家减让得少，保护的程度似乎正好相反，发达国家保护程度反而高。于是，人们发现了名义保护与有效保护的问题。

1. 名义保护率与有效保护率的含义

（1）名义保护率，也叫名义关税率，即指通常征收的关税税率。经济学家认为，名义关税的保护是通过改变进口商品的价格，使之降低需求量，从而使其减少供给来实现的。但是，关税的保护作用不能只看其名义关税税率的高低，因为关税较高国家的保护未必高于关税较低国家的保护。什么原因？这应当看关税的实际保护效果。20 世纪 70 年代，人们对此开始认识，提出了关税有效保护的问题，出现了关税有效保护率。

（2）有效保护率，也叫有效关税率，是指在有关税保护下生产单位产品的增值量与无关税保护下生产单位产品的净增值量之比，即 $(V'-V)/V$。这就是说，有效保护率研究的对象不是关税对进口商品价格的影响，而是某一被保护工业商品生产的增值量。增值量越高，保护程度越高，生产部门所获利润越大。

第一个方面，我们看有效保护率与国内商品生产的增值。我们简单地说，国内商品生产的增值量是商品价格与生产使用的原料成本之差。

没有关税保护下某国的国内商品生产情况如下：价格 100 元，成本 80 元，增值 20 元。假设国外同类产品与国内价格相同，却对该进口商品征收 20％的关税，其价格为 120 元。国内产品也提高到 120 元时，其增值为 40 元。

有效保护率＝（40－20）/20＝100％

从这一角度讲，名义关税率越高，有效保护率也越高。但这只是从一个环节上看的，如果从产品、原材料等名义关税排列高低看，我们会发现两者的真正区别。

第二个方面，我们看对不同商品征收关税后的国内效应。

在前面所述情况下，如果对原材料也征收 10％的关税，那么，120－88＝32（元）。有效保护率＝（32－20）/20＝60％，降低了保护。

所以，在原材料、半成品、制成品的名义关税率应按比例提高式排列，或反过来降低排列，比例如何合理，需要全盘计算。所以有些学者提出，关税减让谈判应按有效保护率

削减。有效保护率受到进口国最终产品的名义关税率、进口原材料的名义关税率和所用的原材料在最终产品中所占比重大小的影响。因此，各种进口商品的名义关税率虽然相同，但这些进口商品的有效关税率则有所不同。

2. 有效保护率的实际作用

(1) 发达国家有效保护率高于名义保护率。假如，原材料关税为零，制成品略有关税，有效保护率是极高的。美国、欧盟和日本都具有相同的保护模式：对初级产品进口免税或执行很低的关税，对半成品征收较高的关税，对最终产品进口征收更高的关税。这样一个瀑布似的关税结构的结果是：国内加工程度越深，有效保护率超出名义保护率的比率就越大。由于发达国家对进口商品普遍采取累进的关税结构，其结果使这些国家所制造的最终商品的有效关税率大大超过名义关税率，这实际上进一步起到了限制商品进口的作用。

(2) 发展中国家处于两难境地。如果原材料关税为零、制成品略有关税，有效保护率是极高的，但在发展中国家则会形成有效保护的两极分化，对进口商品替代的工业品投入猛增，对其他阶段的生产无利可图，投入减少，依靠进口，从而使制成品工业变成空中楼阁。国际市场原材料价格的波动又反过来直接影响制成品工业。但是，提高原材料、半成品的关税，又使制成品工业利润降低，抑制其发展。

因此，发展中国家利用有效保护率时要有充分的科学论证，有利于原材料、半成品工业的发展，并最低程度减少制成品工业利润。

（二）关税壁垒对国际贸易的影响

关税壁垒对国际贸易的影响主要有以下几个方面。

1. 对世界贸易发展的影响

一般说来，在其他条件不变的情况下，世界市场上主要国家的关税税率的增减幅度与国际贸易发展的速度成反比关系。当世界市场的主要国家普遍提高关税，加强关税壁垒时，国际贸易的发展速度将趋向放慢；反之，当这些国家普遍地大幅度降低关税时，国际贸易的发展速度将趋向加快。在1929—1933年世界性经济危机时期，发达资本主义国家竞相提高关税，高筑关税壁垒，限制商品进口。1932年美国通过“斯摩特-郝莱税则”，将关税提高到美国历史上的空前水平，平均关税高达53%。美国提高关税以后，有24个国家向美国政府提出抗议，随后相继采取关税报复措施，进行“关税战”，结果提高关税的浪潮遍及全世界，国际贸易额急剧下降。1929—1933年间，国际贸易额下降了2/3，国际贸易量减少1/3。在这个时期，美国进口额从44亿美元下降到13亿美元；所有国家对美国的出口都大幅度下降。

第二次世界大战后，特别是20世纪50年代至70年代初，发达国家推行贸易自由化，大幅度降低关税，结果促进了国际贸易的迅速发展。从1950年到1973年期间，国际贸易额年平均增长率为10.3%，国际贸易量年平均增长率为7.2%。这期间国际贸易额或国际贸易量的年平均增长率都高于战前。由此可见，关税对国际贸易的发展产生了重大的影响。

2. 对商品结构与地理方向的影响

关税还在一定程度上影响国际贸易商品结构和某些国家或地区对外贸易地理方向的变化。从20世纪50年代到70年代初，发达国家工业制成品进口关税下降幅度超过农产品，发达国家之间的关税下降幅度超过它们对发展中国家的关税的下降幅度，经济集团内部关税下降幅度超过其对集团外的关税的下降幅度。这种关税下降幅度的差异，不仅使工业制成品贸易的增长超过农产品贸易，使发达国家之间的贸易增长超过了它们与发展中国家和社会主义国家之间的贸易，而且也使某些集团内部贸易的增长超过了其对集团外的贸易增长。

3. 对商品价格、生产和销售的影响

关税与商品的价格、生产、销售有着密切的关系。一般来说，进口货物课征关税后，会导致进口国的国内价格上涨，进口数量下降，在一定条件下起到了保护和促进本国产品的生产和销售的作用。但关税的影响程度如何，还需要看关税税率之高低。通常，进口关税税率越高，进口商品在国内市场价格也越高，限制进口的作用将越大。在征收关税的条件下，国内外价格变化对商品进口也有不同的影响，在进口国征收关税以后，会使国内价格和国外价格发生差异。如果这种价格差异大于关税税额，则输入该种商品仍有利可图，进口商将继续增加该商品的进口；反之，如差异小于关税税额，则输入该商品时，进口商将蒙受损失，他将减少商品进口甚至不进口。这种价格的差异是由国内价格上涨与国外价格下跌所造成的；在某种特定的情况下，也可能是单方面的，即由国内价格上涨或国外价格下跌所造成。

关税对国内外价格涨落的影响，在一定条件下还由于国内外各自的需求和供给情况的差别而有所不同。

（1）当进口国的国内供应量较大而弹性较强时，在征收关税后，进口的国内价格稍有上涨，国内供应就会有较大的增长。在这种情况下，进口国的国内价格上涨幅度会较小，而出口国的价格下跌的幅度会较大。因此，对本国不生产的商品征收进口税要比对国内容易增加产量的货物征收进口税所引起的价格上涨幅度更大。

（2）当出口国的国内供应量较大而弹性较强时，在征收关税后，进口国家的国内价格上涨的幅度较大，而出口国的价格下跌的幅度较小。

（3）当进口国的需求量较大而弹性较强时，在征收关税后，进口国的国内价格上升的幅度较小，而出口国的价格下降幅度将较大。

（4）当出口国的需求量较大而弹性较强时，在征收关税后，出口国的价格下跌幅度较小，而进口国的国内价格上涨幅度较大。

虽然关税在一定程度上起着保护和促进进口国同类产品的生产和销售的作用，但如果关税税率长期偏高，保护期限过长，不仅会严重损害消费者的利益，而且往往会阻碍这些产品技术改进和成本下降，削弱产品的竞争能力，最终反而影响其生产和销售的发展。

4. 对贸易差额与国际收支的影响

当一国出现严重的贸易入超和国际收支逆差时，如果广泛采取提高进口关税等限制进口措施，可能会暂时抑制进口，缩小贸易逆差和改善国际收支。但从长期来看，提高进口关税是否确实能起到这种作用，则难以定论。例如，由于征收高额进口税，限制了国外商品进口，便会引起国内价格上涨，导致某些产品的生产成本提高，削弱出口产品的竞争能力，因而将产生相反的后果。如，对钢铁进口征收高关税，则一切使用钢铁加工的工业品将增加成本；对机器设备进口征收高关税，则会提高使用这种机器设备部门的生产成本。这些产品将因征收关税而削弱出口竞争能力，减少出口，贸易入超将可能重新产生或扩大。

此外，由于一国提高关税，将可能引起有关国家连锁反应，竞相提高关税，高筑关税壁垒，限制对方的商品进口，结果会互相抵消关税对于缩小贸易入超和改善国际收支的作用。

第三节 非关税壁垒

一、几种主要的非关税壁垒

非关税壁垒是相对关税壁垒而言的，是指关税以外的一切限制进口的措施。非关税壁垒内容十分复杂、种类繁多、隐蔽性强，无法准确统计。

非关税壁垒从不同的角度可以进行以下不同的分类。

第一，从对进口限制的作用上分类。

从对进口限制的作用上分类，非关税壁垒可分为直接的和间接的两大类。前者指进口国直接对进口商品规定进口的数量和金额加以限制或迫使出口国直接按规定的出口数量或金额限制出口，如进口配额制、进口许可证制和“自动”出口限制等；后者指进口国未直接规定进口商品的数量或金额，而是对进口商品制定种种严格的条例，间接地影响和限制商品的进口，如进口押金制、最低限价制、海关估价制、繁苛的技术标准、安全卫生检疫和包装标签规定等。

第二，从对进口不同的法令和实施上分类。

从对进口不同的法令和实施上分类，非关税壁垒可分为以下几类：

（1）从直接限定进口数量和金额的实施上，有进口配额制、“自动”出口配额制、进口许可证制等。

（2）从国家直接参与进出口经营上，有进出口国家垄断、政府采购政策等。

（3）从外汇管制的实施上，有数量性外汇管制和成本性外汇管制等。

（4）从海关通关程序上和对进口价格的实施上，有海关估价制、烦琐的通关手续、征收国内税和进口最低限价等。

（5）从进口商品的技术性规定上，有进口商品技术标准、卫生安全检疫规定、商品包装和标签规章等。

非关税措施名目繁多，现就几种重要的措施阐述如下。

（一）进口配额制

进口配额制，又称进口限额制，是指国家在一定时期（如一季度、半年或一年）内，对某些商品的进口数量或金额加以直接的限制。在规定的期限内，配额以内的货物可以进口，超过配额禁止进口，或者征收较高的进口附加税或罚款后方能进口。进口配额可以分为绝对配额和关税配额。

1. 绝对配额

> **小词典**
>
> **绝对配额**是指在一定的时期内，国家对某些商品的进口数量或金额规定一个最高限额，超过限额部分则禁止进口。

这种配额在实施中又分为全球配额和国别配额。

(1) 全球配额，指发放的配额是面向世界的，对于来自任何国家和地区的商品一律适用。在发放的配额单上只注明进口商品的种类和数量等，不限制进口的国别和地区。配额持有者可以任意选择进口商品的国别和地区，但进口数量不得超过配额上的数量。在发放配额时，主管部门通常按进口商的申请先后或按过去某一时期的进口实际额批给一定的额度，配额总量发放完为止。

由于全球配额不限定进口国别或地区，在配额公布后，进口商竞相争夺配额并可从任何国家或地区进口。同时，邻近国家或地区因地理位置接近的关系，到货较快，比较有利，而较远的国家或地区就处于不利的地位。因此，在限额的分配和利用上，难以贯彻。为了避免或减少这些不足，一些国家采用了国别配额。

(2) 国别配额，指国家在进口某种商品的总配额内按照国别或地区分配给固定的配额，超过规定的配额便不准进口。国别配额取决于进出口两国间的经贸及政治关系，带有一定的贸易歧视性。采用国别配额时，进口商品必须有原产地证。发达国家利用其经济实力和政治地位，较多采用国别配额。

一般来说，国别配额可以分为自主配额和协议配额。

1) 自主配额，又称单方面配额，是由进口国家完全自主地、单方面强制规定在一定时期内从某个国家或地区进口某种商品的配额。这种配额不需征求输出国家的同意。

自主配额一般参照某国过去一定时期内的输入实绩，按一定比例确定新的进口的数量或金额。由于各国或地区所占比重不一，所得到的配额有差异，所以进口国可利用这种配额贯彻国别政策。此种配额，对国内进口商的输入是否应预先限定，可依实际需要而定。如果主要是为了换取或扩大出口市场，或为了限制外国商品对本国产品的竞争，一般可不必在进口商中进行分配；如果为了加强对进口商的严格管制或适应外汇管制的要求，则需分别限定本国进口商的进口数量或金额。自主配额由进口国家自行制定，往往由于分配额度差异容易引起某些出口国家或地区的不满或报复。因此，有些国家便采用协议配额，以缓和彼此之间的矛盾。

2) 协议配额，又称双边配额，是由进口国家和出口国家政府或民间团体之间协商确定的配额。如协议配额是通过双方政府的协议订立的，一般需在进口商或出口商中进行分配；如果配额是双边的民间团体达成的，应事先获得政府许可，方可执行。

协议配额是由双方协调确定的，通常不会引起出口方的反感与报复，并可使出口国对于配额的实施有所谅解与配合，较易执行。

一些国家为了加强绝对进口配额的作用，往往对进口配额规定得十分繁杂。例如对配额商品定得很细，有的按商品不同规格规定不同的配额，有的按价格水平差异规定不同配额，有的按原料来源的不同规定不同配额，有的按外汇管制情况规定不同配额，有的按进口商的不同规定不同配额等。

一般说来，绝对配额用完后，就不准进口。但有些国家由于某种特殊的需要和规定，往往另行规定额外的特殊配额或补充配额。如进口某种半制成品加工后再出口的特殊配额；展览会配额或博览会配额等。

2. 关税配额

小词典

关税配额是进口配额与征收附加关税的结合，指国家对进口商品的数额不加以绝对限制，而是通过对超配额部分征收进口附加税的办法进行相对限制。

在一定时期内，对配额以内的进口商品给予低税、减税或免税待遇；对超过配额的进口商品则征收较高的进口附加税。

关税配额按商品进口的来源，可分为全球性关税配额和国别关税配额。按征收关税的目的，可分为优惠性关税配额和非优惠性关税配额。前者是对关税配额内进口的商品给予较大幅度的关税减让，甚至免税，而对超过配额的进口商品征收原来的最惠国税率。如西欧共同市场在实行的普遍优惠制中所采取的关税配额就属于这一类。后者是在关税配额内仍征收原来的进口税，但对超过配额的进口商品，则征收极高的附加税或罚款。

资本主义国家通常利用进口配额作为实行贸易歧视政策的手段。最初进口配额是作为防御手段而被采用的，到后来便发展成为进攻性的保护贸易措施。在举行贸易谈判时，配额制曾被广泛地用来作为迫使其他国家让步的武器。它们用提供配额、扩大配额和缩小配额作为向对方施加压力的手段。而且在实际之中，在发达国家给予发展中国家普惠制的同时，往往以此方法限制受惠商品的进口数量。

（二）进口许可证制度

在进口限制中，关税配额和许可证是各国普遍采用的限制进口的主要手段。

小词典

进口许可证是政府主管部门颁发的允许某种商品进口的证明，在许可证项下的商品，只有领取了许可证后才能进口。

根据是否与配额结合使用，许可证分为有定额的进口许可证和无定额的进口许可证。

有定额的进口许可证，指政府主管部门预先规定有关商品的进口配额，然后在配额的限度内，根据进口商的申请，发给其一定数量或金额的进口许可证。配额与许可证的结合，使有配额无许可证或有许可证无配额的都不能进口，相当于对某种商品采取双重进口限制。

无定额的进口许可证，指进口许可证与进口配额无关，是对无配额限制的商品采取的限制措施。这种许可证对进口商品种类的限制范围较广，发证部门对进口商品随时都可以以“进口理由不充分”“不符合进口规定”等为借口，不予发放许可证。因此，这种许可证形式比较隐蔽，运用起来比较灵活。

根据对进口商品的许可范围，许可证分为公开一般许可证和特种进口许可证。

公开一般许可证，是指对进口国别或地区没有限制，也比较容易获得。凡列明属于公开一般进口许可证项下的商品，进口商只要填写公开一般许可证，即可获准进口。在实际中，政府主管部门列明这种许可证的管制范畴，管制的大都属于“自由进口”的商品。凡属公开一般许可证项下的商品，只要申请就有可能获得，因而它是对进口商品管制面最广的一种许可证，也是管制最灵活的一种许可证。一旦需要限制商品进口时，它起的作用也最大。

特种进口许可证，是指进口商必须向政府有关部门提出申请，经政府有关部门逐笔审查批准后才能进口。实际中，它是国家对严控商品，如烟酒、麻醉品、奢侈品等的进口颁发的许可证，而且，对于这些严控商品的进口，政府一般都要指定国别，审批手续也极其严格。

总之，进口许可证制度是一种既严格又相对灵活的贸易管制措施，通过严格管制进口实现国家的进口计划，并可以根据需要随时改变商品进口数量，实施起来十分灵活，效果十分理想。因此，在国际贸易被广泛采用。发达国家不仅将其作为限制进口的手段，而且利用国别限制还可以达到一定的政治目的。

（三）技术性贸易壁垒

> **小词典**
>
> **技术性贸易壁垒**是指国家以立法的形式对进口商品制定的种种强制性技术标准，包括技术标准、卫生检疫规定以及商品包装和标签规定，这些标准和规定通常以维护生产、消费安全和人民健康的理由而制定。

有些规定十分复杂，而且经常变化，往往使外国商品难以适应，从而起到限制外国商品进口和销售的作用。这些规定在一定条件下成为进口国家限制进口的技术性贸易壁垒。

1. 技术标准

由于国际标准很少，绝大多数的标准都是由各国自行制定的，这本身就是贸易障碍。一些国家对许多制成品规定了极为严格、烦琐的技术标准。进口货必须符合这些标准才能进口，其中有些规定往往是针对某些国家的。

这些技术标准不仅在条文本身上限制了外国产品的销售，而且在实施过程中也为外国产品的销售设置了重重障碍。以英、日汽车争端为例，英国方面规定：日本输往英国的小汽车可由英国派人到日本进行检验，如发现有不符合英国的技术安全规定，可在日本检修或更换零件，比较方便。但日本方面规定：英国输往日本的小汽车运到日本后，必须由日本人进行检验，如不合规定，则要由日本雇员进行检修。这就费时费工，加上日本有关技术标准公布迟缓，给英国小汽车输往日本带来了更大的困难。

2. 安全、卫生检验检疫规定

随着国际竞争的日趋激烈，贸易战的加剧，许多国家更加广泛地利用卫生检疫的规定限制商品的进口。表现为，它们要求进行卫生检疫的商品越来越多，范围不断扩大，从食品、药品、纺织品到家用电器、医疗器械、体育器材，再到电力设备、矿山开采设备等，都有标准要求。凡涉及人体健康、人身安全、环境保护等方面的，无一例外地设立检验检疫标准。而且，对安全卫生检验检疫的规定也越来越苛刻。

3. 商品包装和标签的规定

许多国家对于在国内市场上销售的商品，规定了种种包装和标签条例。这些规定内容复杂、手续烦琐，包括对包装材料的要求、对包装标志的要求等。进口商品必须符合这些规定，否则不准进口或禁止在其市场上销售。许多外国产品为了符合有关国家的这些规定，不得不重新包装和改换商品标签，因而费时费工，增加了商品成本，削弱了商品竞争能力，影响了商品销路。此外，一些资本主义国家对于包装物料、罐头、瓶型均有具体的规定和要求。这些规定都在不同程度上限制了外国商品的进口，特别是限制了对发展中国家商品的进口。

超链接

https://www.wto.org/english/tratop_e/tbt_e/tbt_e.htm 技术性贸易壁垒动态

二、非关税壁垒的特点

非关税壁垒与关税壁垒都有限制进口的作用。但是，非关税壁垒与关税壁垒进行比较，具有以下特点。

（一）非关税壁垒的保护作用难以逾越

许多非关税壁垒都隐藏在国家的政策、法律和制度之中，如配额制、许可证制、外汇管制以及各种技术标准、卫生检疫标准等，由于都是硬性规定，外国商品无力与之抗争。

第二次世界大战后，许多国家特别是跨国公司用大幅度压低出口价格来占领对方市场价格，主要通过影响价格来限制进口的关税措施的保护作用已大为减弱。而非关税壁垒主要是依靠行政机制来限制进口，因而这种限制能更直接、更严厉也更有效地保护本国生产和本国市场。

（二）非关税壁垒复杂多变难以防范

非关税壁垒种类较多，伸缩力强又灵活多变，在限制进口时可以根据不同的情况采取不同的限制手段。非关税壁垒还可以几种措施结合使用，层层设防，使外国商品防不胜防。

一般来说，各国关税税率制定必须通过立法程序，并像其他立法一样，要求具有一定的延续性。如要调整或更改税率，需适应较为烦琐的法律程序和手续，这种立法程序与手续，往往迂回迟缓，在需要紧急限制进口时往往难以适应。同时，关税在同等条件下还受到最惠国待遇条款的约束，从有协定的国家进口的同种商品适用同样的税率，因而较难在税率上做灵活性的调整。但在制定和实施非关税壁垒措施上，通常采用行政程序，制定手续比较迅速，其制定的程序也较简便，能随时针对某国的某种商品采取或更换相应的限制进口措施，较快地达到限制进口的目的。

（三）非关税壁垒具有较大的隐蔽性

非关税壁垒不仅隐藏在国家的政策、法律和制度之中，还隐藏在政策、法律和制度的实施过程之中，使进口商品“合情合理”地遭到各种限制而无法提出指责，如海关估价等。一般来说，关税税率确定后，往往以法律形式公布于众，依法执行。但是，一些非关税壁垒措施往往不公开，或者规定极为烦琐复杂的标准和手续，使出口商难以对付和适应。以技术标准而论，一些国家对某些商品质量、规格、性能和安全等规定了极为严格、烦琐和特殊的标准，检验手续烦琐复杂，而且经常变化，使外国商品难以对付和适应，因而往往由于某一个规定不符，使商品不能进入对方的市场销售。和明显的提高税率不同，非关税壁垒措施既能以正常的海关检验要求和进口国有关行政规定、法令条例的名义出现，又可以巧妙地隐蔽在具体执行过程中而无须做出公开规定，人们往往难以清楚地辨识和有力地反对这类政策措施，增加了反贸易保护主义的难度。

三、非关税壁垒的发展趋势

（一）非关税壁垒现已成为全球贸易的最大障碍

这主要表现为，从对个别商品的限制发展到对几乎所有商品的限制。第二次世界大战之后，国际贸易遵循的基本上是自由贸易原则，通过关贸总协定，各国都为自由贸易做出努力，尤其是发达国家。在20世纪70年代之前，发达国家一般都是根据本国商品竞争力下降的情况，针对某些国家的个别商品进行限制。如20世纪六七十年代，美国对日本的纤维、钢铁等要求实施自动限制就是典型事例。时至今日，受到非关税壁垒限制的商品已无所不包。进入高技术竞争时期，高新技术也已成为非关税壁垒限制的对象，未来有可能成为主要限制对象。

（二）对农产品的影响超过制成品

农产品贸易一直是国际贸易中备受关注的问题，在许多国家的进出口中占有重要地位。由于国际农产品市场一直不太景气，贸易保护主义十分严重。特别是主要发达国家对农产品贸易都采取了奖出限入措施，使农产品的贸易摩擦尤为剧烈，对农产品进口的限制集中表现在商检制度中。

（三）对劳动密集型产品的保护超过资本密集型产品

从贸易保护的制成品对象看，其保护的重点是纺织品、钢铁、汽车等传统工业，尤其是劳动密集型产品。发达国家在产业调整中对工业生产的基础部门不能轻易放弃，即使与发展中国家低成本相比已失去了优势，但出于国家经济、社会等各方面考虑，仍需要对其进行保护，而且是高保护。

【讨论区】

背景 美国一木刷制造商从日本进口标有“Japan”字样的木柄，在美国加工成木刷时，该公司将“Japan”字样从木柄上消除掉。有人认为木柄应打上“Japan”字样，以便木刷的最终购买者知晓木刷中的木柄原产于日本。对此，法官反驳道：如从国外进口原料，在美国用此外国原料加工成与该原料相比具有一新名称、新特征或新用途的新商品时(即外国原料在美国发生实质性改变时)，美国税则法案中有关进口货物原产地的规定不再适用。

问题 如果你是美国法官，你会怎么判决?

分析 原产地规则是一种国际贸易政策，美国在原产地规则中采取的是实质性改变标准，它是美国原产地规则的基石。根据这个原则，法官认为：将木柄加工成木刷属实质性改变，加工成的木刷为美国产品，上述美国木刷制造商即为日本木柄的最终消费者，所以，木刷上无须再标明“Japan”字样。

【本章小结】

本章主要论述了国际贸易政策中的两种主流，即自由贸易和保护贸易政策。首先，介绍了自由贸易和保护贸易的特点，说明两种贸易政策并不是完全对立的，在一国的外贸政策中，往往是根据具体国情的需要偏向不同的政策。其次，重点介绍了关税的概念、征收方法以及关税税则的种类，对海关的关税征收有了初步的了解。最后，着重论述了几种常见的非关税贸易壁垒，如进口配额、进口许可证、技术壁垒等，并由此阐释了当代非关税贸易壁垒的特点以及发展趋势，指出非关税贸易壁垒将成为国际贸易保护的重要手段。

【复习思考】

1. 第二次世界大战后贸易自由化的表现及特点是什么？
2. 什么是关税？其主要的征收方式有哪些？
3. 如何正确认识关税的保护作用？
4. 当代非关税壁垒主要有哪些？
5. 非关税壁垒的特点及发展趋势是什么？

第八章

世界贸易组织

【学习导航】

⊙ 掌握 WTO 的基本知识，重点把握 WTO 的基本原则及由来，从而理解其重要作用。

⊙ 熟悉 WTO 运作的基本框架及主要的附件内容。

⊙ 了解当今 WTO 谈判的新议题，认清我国“入世”后所面对的问题，并进而研究相应的对策。

第一节　世界贸易组织知识

一、WTO 基本知识

（一）WTO 简述

世界贸易组织（简称 WTO），是根据乌拉圭回合多边贸易谈判所达成的《建立世界贸易组织协定》而建立。它取代关贸总协定，并按照乌拉圭回合多边贸易谈判达成的最后文件所形成的一整套协定和协议的条款作为国际法律规则，对各成员之间经济贸易关系的权利和义务进行监督、管理和履行，是一个正式的国际经济组织。

WTO 于 1995 年 1 月 1 日正式成立，总部设在日内瓦，截至 2016 年 7 月 29 日共有成员国 164 个。WTO 的前身是 GATT（关税与贸易总协定，简称关贸总协定），其管辖范围已从国际货物贸易延伸到服务贸易、知识产权和投资措施等领域。

（二）WTO 的性质

第一，WTO 是一个推进贸易自由化的组织。贸易自由化原则，是指所有世界贸易组织成员方限制和取消一切关税和非关税壁垒，消除国际贸易中的歧视待遇，提高本国市场准入的程度。事实上，WTO 在通过各项规则的建立、健全和不断完善来促进贸易自由化，是一个名副其实的推进贸易自由化的组织。

第二，WTO 是一个全球性的国际贸易组织。WTO 不是一个区域性组织，全世界所有国家都有资格加入，所有成员共同参与规则的制定，并共同遵守这些规则。

第三，WTO 约束的是国家的行为。WTO 的规则并不直接约束个人的行为，而是约束国家对外经济贸易的行为，调整国家间的经贸关系。

第四，WTO 是一个国际条约。《维也纳条约法公约》第 26 条规定："凡有效之条约对其各当事国有拘束力，必须由各该国善意履行。"第 27 条规定："一当事国不得援引其国内法规定为理由而不履行条约。"可见，各成员方必须责无旁贷地遵守 WTO 的规定。

第五，WTO 是个一揽子协议。任何一个国家或地区在加入 WTO 时都不能对其任何条款做出保留。保留就是不遵守。

（三）WTO 的基本原则

世界贸易组织继承了关贸总协定的基本原则，并在其所管辖的服务贸易、与贸易有关的知识产权以及与贸易有关的投资措施等新的领域中予以适用并加以发展。具体体现在以下几个主要方面。

1. 非歧视原则

非歧视原则又叫无差别待遇原则，是世贸组织最重要的基本原则。它规定一缔约方在实施某种限制或禁止措施时，不得对其他缔约方实施歧视待遇。它要求每个缔约方在任何贸易活动中，都要给予其他缔约方平等待遇，使所有缔约方能在同样的条件下进行贸易。非歧视原则在世贸组织中主要通过最惠国待遇条款和国民待遇条款来实现。最惠国待遇是指缔约方一方现在和将来给予任何第三方的优惠，也给予所有缔约方。国民待遇是指在贸易条约或协议中，缔约方之间相互保证给予对方的自然人（公民）、法人（企业）和商船在本国境内享有与本国自然人、法人和商船同等的待遇。

2. 关税保护和关税减让原则

由于关税具有可预见性和稳定性等特征，关贸总协定规定各成员方只能通过关税来保护本国产品，而不应采取其他限制进口的措施。为了推动贸易自由化，WTO 还倡导各成员方通过谈判进行关税减让。关税减让，是指各成员方在 WTO 的主持下，在最惠国待遇原则下，通过多边谈判，相互让步，承担降低关税的义务。

3. 一般取消数量限制原则

数量限制是各种非关税壁垒中最为普遍的一种，它简单易行、效果明显，对正常的国际贸易影响很大。因此，WTO 将一般取消数量限制作为一项基本原则。根据 WTO 的规定，任何缔约方除征收捐税或其他费用外，不得设立或维持配额等数量限制措施；如果的确有必要实施数量限制，则应在非歧视、最惠国待遇原则的基础上实施。

4. 公平贸易原则

WTO 的公平贸易原则又称公平竞争原则，是 WTO 针对出口贸易而规定的一项基本原则。该原则是指各成员方和出口经营者都不应采取不公平的贸易手段进行国际贸易竞争或扭曲国际贸易竞争，其目的是建立和维护公平竞争的国际贸易环境。

5. 豁免与实施保障措施的原则

考虑到各成员方经济发展水平的差别，WTO 允许成员方在某些特殊情况下可以不履行已承诺的义务，这就是豁免与实施保障措施的原则。根据相关规定，如果进口成员方经主管当局调查后，确定进口大幅度增加，并对国内同类生产行业造成严重损害时，可授权进口成员政府对该类进口实施临时限制。同时，WTO 也在适用条件、手段和期限等方面对这一原则进行了严格的限制。

6. 公平、平等处理争端的原则

WTO 建立了一套较为完善的争端解决机制，这一争端解决机制坚持以公平、平等为原则来处理成员之间的争端。这一原则具体体现在调解程序和上诉机构等方面。

7. 对发展中国家特殊优惠待遇的原则

对发展中国家特殊优惠待遇的原则又称非互惠待遇原则，是 WTO 处理发达成员方与发展中成员方之间贸易关系的一项基本原则。根据这一原则，WTO 对发展中成员方的贸易与发展给予高于发达成员方的优惠待遇，以促进发展中成员方的贸易与经济发展，推动全世界贸易与经济的健康发展。

8. 透明度原则

WTO 的透明度原则，是指各成员方正式实施的与国际贸易有关的法令、条例、司法判决和行政决定，以及成员方政府或政府机构与另一方政府或政府机构签订的影响国际贸易政策的协定都必须予以公布，以使各国政府和贸易商都熟悉它们。

除上述基本原则外，WTO 还有互惠和市场准入等原则，这里就不一一详细介绍了。

超链接

https://www.wto.org/english/tratop_e/tratop_e.htm 提供 WTO 及关贸总协定的相关条款

二、从关贸总协定到 WTO

（一）关贸总协定的性质

关贸总协定签署于 1947 年 10 月 30 日，于 1948 年 1 月 1 日正式生效，是第二次世界大战之后有关国际贸易方面的最大的多边货物贸易协定。关贸总协定不是正式的国际组织，成立之初也只是一项调整和协调各国间关税和贸易政策关系的临时性措施。但是，由于准备成立的国际贸易组织因种种原因未能成立，总协定担负起国际贸易组织的职责，成为事实上的国际贸易组织。

关贸总协定在序言部分对协定的目的和宗旨进行了阐述，序言载明：“缔约各国政府认为，在处理它们在贸易和经济事务的关系方面，应以提高生活水平，保证充分就业，保证实际收入和有效需求的巨大持续增长，扩大世界资源的充分就业以及发展商品的生产与交换为目的。为此，必须做出互利互惠的安排，以便大幅度削减关税和其他贸易障碍，取消国际贸易中的歧视待遇。”

作为一个事实上的国际贸易组织，关贸总协定有着自身的组织机构体系。缔约国大会是关贸总协定的最高权力机构，一般每年召开一次，审议并决定一些重大问题。缔约国大会下设理事会，它由缔约方在日内瓦的常驻代表所组成，在缔约国大会闭会期间处理日常事务，理事会下设各种专门委员会。秘书处是关贸总协定的常设机构，负责为关税和贸易谈判提供服务，并对发展中国家提供技术援助。此外，在涉及重大国际贸易问题的讨论时，关贸总协定往往还召开缔约方部长级会议。

（二）乌拉圭回合多边贸易谈判

剪贴板

关贸总协定自1947年签署以来，前后共举行了八轮多边贸易谈判。前七轮谈判取得了很好的成效，其间，发达国家的平均关税从36%减到4.7%，发展中国家和地区的平均关税在同期也下降到13%，其成员国之间的贸易占到了世界贸易的90%以上。而第八轮谈判更是引人注目，堪称关贸总协定举行的多边贸易谈判中历时最长、范围和规模最大、成果最为卓著的一次。

1986年9月，在乌拉圭埃斯特角城举行的关贸总协定缔约方部长级会议上，通过了《乌拉圭回合部长宣言》（以下简称《宣言》），第八轮谈判——乌拉圭回合谈判正式拉开帷幕。《宣言》明确规定了本轮谈判的目的是：制止和扭转贸易保护主义，消除贸易扭曲现象；维护关贸总协定的基本原则，促进关贸总协定目标的实现；建立一个更加开放、更具生命力、更持久的多边贸易体制。

《宣言》还确定了乌拉圭回合谈判的两大部分共15项议题。第一部分为货物贸易谈判，包括关税、非关税措施、热带产品、自然资源产品、纺织品和服装、农产品、关贸总协定条款、保障条款、多边贸易谈判协议和安排、补贴和反补贴措施、争端解决、与贸易有关的知识产权（包括冒牌货贸易问题）、与贸易有关的投资措施以及关贸总协定体制的作用等14项议题。第二部分只包括服务贸易这一项议题。其中，服务贸易、与贸易有关的知识产权以及与贸易有关的投资措施这三项议题是首次被列入多边贸易谈判中，因此被称作乌拉圭回合谈判的新议题。

关贸总协定自生效以来的四十余年中，一直希望建立一个正式的国际贸易组织。乌拉圭回合谈判达成了《建立世界贸易组织协定》，最终结束了关贸总协定的历史使命，创立了世界贸易组织。

想一想　WTO与关贸总协定的关系如何？

（三）关贸总协定与WTO的联系

乌拉圭回合促成WTO的建立并非偶然，关贸总协定作为WTO的前身，在四十余年的发展中，积累了大量的关于如何建立国际贸易组织的经验，为WTO的最终建立奠定了很好的基础。这主要体现在以下几个方面。

1. 创立多边最惠国待遇

多边最惠国待遇是总协定的一个创举，它的优惠待遇高于任何双边条约或协定的优惠待遇。在多边协定的框架下，各缔约方能够共同享受来自总协定内部的各项优惠措施，并将非缔约方国家排除在外，体现了多边贸易体制的价值。

2. 建立了国际市场遵循的原则

总协定建立的国际原则包括非歧视原则、关税保护原则、公平竞争原则和透明度原则等，为国际贸易的发展和秩序化打下了国际法基础，为 WTO 所继承，包括货物贸易总协定和服务贸易总协定。

3. 制定了一套国际贸易规则

总协定制定的国际贸易规则，对各缔约方具有一定的约束力，对各缔约方贸易行为的规范化起到了极为重要的作用。总协定的许多具体规则，如公平竞争的具体规则、保障缔约方利益的诸多规则和给予发展中国家特殊和差别待遇的各项规则等不仅为 WTO 货物贸易总协定所继承，在 WTO 服务贸易总协定中也有许多的借鉴。

4. 开辟了贸易争端的解决途径

总协定根据国际贸易的特点，在实践中摸索出一条贸易争端解决的途径，尽管对争端解决的规则和程序没有严格的规定，但却摸索出一套比较有效的惯常做法。其协商、调解、成立专家组到裁决的一系列不成文规则，为 WTO 争端解决机制的建立提供了理论和实践经验。

5. 积累了谈判解决问题的经验

总协定的一个重要职能是作为国际贸易的谈判场所，缔约方之间的所有问题都力争通过谈判加以解决。1947 年以来，总协定共组织了八轮大型谈判，解决了国际贸易中许多重大的问题。如关税减让、对缔约方实施非关税壁垒的限制、缔约方间的权利义务平衡、争端解决以及对规则的增补和修改等。其谈判场所的职能也为 WTO 所继承。

总之，尽管与 WTO 相比，总协定的法律地位不高，规则约束力不强，规则不健全、不完善，解决缔约方之间贸易争端的能力有限，本身也仅仅是一个货物贸易总协定，但作为 WTO 的前身，总协定为 WTO 的建立打下了坚实的基础，积累了丰富的经验。

（四）关贸总协定与 WTO 的主要区别

世界贸易组织继承了关贸总协定所有谈判达成的协议与协定，保留了行之有效的运行机制和原则。但世界贸易组织又不同于关贸总协定，世界贸易组织继承和发展关贸总协定后，发生了以下三大转变：

其一，关贸总协定是一个临时性生效的政府多边贸易协定，而世界贸易组织是一个具有国际法人资格的永久性国际组织。

其二，关贸总协定的职责范围局限于有形的货物贸易，而世界贸易组织的职责范围从货物贸易延伸到服务贸易、与贸易有关的投资和知识产权在内的无形贸易。

其三，世界贸易组织机构、运行机制、成员相互的约束能力均强于关贸总协定，其权威性大大高于关贸总协定，从协调关税到非关税的边境措施，逐渐转向成员国内的立法和政策方面。

三、WTO 的作用

剪贴板

按照 1994 年 4 月 15 日在摩洛哥南部城市马拉喀什签署的《建立世界贸易组织协

定》的规定，WTO 将要起到以下作用：(1) 组织各成员参加有关活动，使各成员进一步提高国民生活水平，增加人均收入，保障充分就业，扩大生产规模，促进贸易发展，更有效地配置和利用世界资源。(2) 为了使经济持续发展下去，各成员在利用资源方面要注意保护环境。(3) 发展中国家，特别是最不发达国家，在国际贸易增长方面要占有更大的份额。

我们对 WTO 原则、规则进行归纳总结基础上，对其作用理解如下。

（一）促进国际贸易的发展

发展，是指从贸易保护向自由贸易的方向发展。自由贸易是个法制的概念，不是随便的、无序的和无政府状态的。国际贸易的规则越完善、越健全，才是对自由贸易的保障，才能逐步实现贸易的自由化。为此，WTO 以协商的形式建立了一套公平、公正、平等和更加开放的贸易规范体系，为国际经贸活动制定了统一的公共规则，使国际经贸活动规范化、法制化。

（二）合理利用和配置世界资源

WTO 要求成员国之间通过公平竞争、密切合作，对经济资源相互合理利用，使世界资源得到有效的配置，实现最优；使各成员国的国内经济得到共同促进和提高。

（三）促进成员国经济可持续发展

WTO 首次提出了可持续发展的概念，指出经济发展要与可供利用的资源相协调，尤其是对现有自然资源的利用，要考虑我们的生存环境，不能过度开采或对环境造成破坏。

（四）逐步消除贸易壁垒

贸易壁垒有两大类：一类为关税壁垒，另一类为非关税壁垒。WTO 通过制定各种规则，在一定程度上减少了关税和非关税贸易壁垒，抑制了贸易保护主义。一方面，通过长期的关税减让谈判使关税壁垒作用不断削弱；另一方面，通过相应国际规则的不断建立和完善，传统制度化的非关税壁垒作用也受到了很大的制约。

（五）减少贸易扭曲

贸易扭曲，是指因一些因素的存在导致不公平竞争。国际上公认的贸易扭曲行为有三个方面：补贴、倾销和垄断。WTO 只约束其中的两个：补贴和倾销，即反补贴和反倾销。反补贴就是以关税的形式将政府给予的各种形式的补贴征收掉，而反倾销就是将出口价格低于正常价值的价差以关税的形式征收掉。

（六）解决贸易矛盾

WTO 设有争端解决机制，要求成员之间的贸易争端不要擅自双边解决，而是通过 WTO 予以解决。这样解决相对比较公正，能避免矛盾升级，甚至引发贸易战。双边解决就会出现“中韩贸易摩擦”“中日贸易摩擦”“中美贸易摩擦”类似的事件，而通过争端解决机制来解决，“委内瑞拉诉美国汽油歧视案”“美欧间的拉美香蕉案”等都得到了较为公正的解决。如果被诉的一方不执行争端机制的判决，将会受到制裁，甚至要求其退出 WTO。

第二节 世界贸易组织规则框架

一、WTO 规则的基本框架

世界贸易组织的全部规则和制度都规定在《建立世界贸易组织协定》及其 4 个附件之中。该协定有 16 个条款，主要是对 WTO 的宗旨与目标、职权范围、组织结构、成员资格等做出规定。4 个附件则包括货物、服务与知识产权等实体规则，也包括争端解决和贸易政策审议规则，还包括诸边贸易协定等，我们将在后面对这 4 个附件进行具体讨论。

根据 1994 年 4 月 15 日在摩洛哥南部城市马拉喀什签署的《建立世界贸易组织协定》的规定，WTO 的宗旨与目标、职权范围、组织机构如下。

（一）宗旨与目标

WTO 的宗旨对全体成员来讲，就是要“提高生活水平，保证充分就业，大幅度和稳定地增加实际收入及有效需求，扩大货物和服务的生产与贸易，按照持续发展的目的，最优运用世界资源，保护和维护环境，并以不同发展水平下各自需求的方式，加强采取各种相应的措施。”对发展中成员来讲，就是“需要积极努力确保发展中国家，尤其是最不发达国家在国际贸易增长中的份额，与其经济发展需求相称。”

WTO 的目标在于：“产生一个完整的、更具有活力的和持久性的多边贸易体系来巩固原来关税及贸易总协定以往为贸易自由化所做的努力和乌拉圭回合多边贸易谈判的所有成果。”现在看来，WTO 新千年回合谈判过后，这一目标将有进一步提高。在今后的谈判中，还将进一步超出乌拉圭回合谈判成果的范围。

实现宗旨与目标的途径是“通过互惠互利的安排，导致关税壁垒和其他贸易壁垒的大量减少和国际贸易中歧视待遇的取消”。

（二）职权范围

WTO 成立后，将取代 GATT，改变 GATT 原来的“临时适用”的性质，在法律上与货币基金组织、世界银行地位相同，即享有联合国专门机构同等地位。但 WTO 不隶属于联合国，作为成员间的多边贸易机构，在处理经贸事务方面保持完全的独立性。WTO 的主要职权范围如下：

其一，促进各成员实施乌拉圭回合谈判达成的所有多边协议，包括实施（但不强求）诸边协议。乌拉圭回合谈判达成的多边协议构成了国际贸易制度和秩序的基本法律框架和 WTO 法律体系的主要内容，也是各成员方在进行国际贸易活动中必须遵守的国际贸易法律文件，WTO 理应促进这些法律文件的切实执行。

其二，为各成员进行谈判和磋商提供场所和方便。WTO 根据争端解决规则和程序解决成员间的争端和分歧，主持进行国别贸易政策审议。

其三，加强与世界银行和货币基金组织的合作与联系，在制定全球经济政策过程中发挥更大的作用。WTO 与世界银行和货币基金组织具有平等的地位，随着世界经济的发展，贸易、投资、金融和服务越来越密不可分，各国际组织在全球经济中共同起着支柱作用，需要在决策方面相互协调，以避免发生不必要的冲突，这就需要 WTO 加强与其他国际组织的合作与联系。

（三）组织机构

WTO 的组织机构主要包括部长级会议、总理事会、理事会、委员会和秘书处等。

1. 部长级会议

它是 WTO 的最高权力机构和决策机构，由全体成员方的部长组成。部长级会议至少每两年召开一次，有权对 WTO 管辖的所有重大问题做出决定。

2. 总理事会

它是在部长级会议之下的一个常设机构，由 WTO 全体成员代表组成。总理事会在部长级会议休会期间行使职权，可以随时召开会议，处理各方面事务。总理事会还负责争端解决机制和贸易政策审议机制两个机构的活动。

3. 理事会

总理事会下设三个理事会，即货物贸易理事会、服务贸易理事会和知识产权理事会。理事会由成员方代表组成，在总理事会的指导下进行工作，自行拟定议事规则，交由总理事会批准后实行。

4. 委员会

部长级会议下设专门委员会，如贸易和发展委员会、国际收支限制委员会和预算委员会等。各专门委员会向所有成员代表开放。根据发展需要，部长级会议还可以设立其他委员会。

5. 秘书处

WTO 的秘书处设在日内瓦，负责处理 WTO 的日常事务。秘书处由总干事领导，总干事由部长级会议选定，并由它明确总干事的权利、职责、服务条件和任期。秘书处的其他工作人员由总干事指派，并按部长级会议通过的规则决定他们的职责和服务条件。

（四）成员资格

WTO 的成员资格有两种：

一是 WTO 的创始成员。根据协议规定，凡具备以下条件的，即可成为该组织的创始成员：WTO 协议生效时，已是关贸总协定的缔约国；签署参加、一揽子接受乌拉圭回合所有协议的国家；在乌拉圭回合中做出关税和非关税减让，以及服务贸易的减让。

二是新加入 WTO 的成员。在 WTO 协议生效后，任何国家或在对外商业关系上拥有充分自主权的单独关税地区，可以向 WTO 提出申请加入，进行全面谈判，按谈妥的条件加入该组织，成为一般成员。

此外，任何成员方可以退出 WTO。退出从递交退出通知被总干事接受 6 个月后生效。

（五）决策方式

WTO 承袭了关贸总协定“协商一致”的决策方式，当无法达成共识时，以投票方式进行表决。每个成员方都在部长级会议和总理事会上拥有一票，WTO 对不同问题的通过票数有不同的规定。

其一，部长级会议和总理事会拥有对多边贸易协议进行解释的权力。按照 WTO 的规定，对任何多边贸易协议的解释和决议，都必须经部长级会议和总理事会全体成员的 3/4 以上多数票通过。

其二，部长级会议在特殊情况下有权做出豁免某一成员方义务的决定。通常情况下，这类决定必须经 3/4 以上的多数票通过。有的义务在规定的“过渡期”内可以暂不履行，如果过渡期后还要继续豁免这类义务，就必须一致通过才行。

其三，对于多边贸易协议的修订，如果没有更改成员的权利和义务，需要 2/3 以上多数票通过；如果涉及成员权利和义务的变更时，则需要 3/4 以上的多数票才能通过。

超链接

https://www.wto.org/english/docs_e/legal_e/04-wto_e.htm《建立世界贸易组织协定》

二、附件一 A——《货物贸易总协定》

附件一是 WTO 的实体规则部分，是关于货物贸易、服务贸易和知识产权保护方面的规则，分为 A、B、C 三个方面。其中，附件一 A 是有关货物贸易的基本规则，概括起来，这部分主要包括关税减让和约束、取消数量限制、国有贸易、反倾销和反补贴、保障措施以及与贸易有关的投资措施等方面的内容。这些规则大部分是从 GATT 延续下来的，而且比较集中地体现了 WTO 的基本原则。货物贸易总协定共有如下 13 个文件。

（一）《1994 年关税与贸易总协定》

《1994 年关税与贸易总协定》是其他多边货物贸易协议的法律与原则基础。它主要由以下四个方面组成：(1)《1994 年关税与贸易总协定》的各项条款不包括《临时适用议定书》。(2) 世贸组织成立前的关税减让议定书、各缔约方的加入议定书、根据《1947 年关税与贸易总协定》所给予的且仍然有效的豁免，以及缔约方全体做出的其他决定。(3)“乌拉圭回合”达成的解释《1994 年关税与贸易总协定》有关条款的 6 个谅解。它涉及对进口产品征收的其他税费、国有贸易企业、国际收支限制、关税同盟和自由贸易区、义务豁免、关税减让表的修改等。(4)《1994 年关税与贸易总协定马拉喀什议定书》。

超链接

https://www.wto.org/english/docs_e/legal_e/06-gatt.pdf《1994 年关税与贸易总协定》

（二）《农业协定》

《农业协定》旨在促进农产品贸易领域的逐步自由化。该协定从 1995 年 1 月 1 日开始实施，发达国家的实施期为 6 年，发展中国家和地区的实施期为 10 年。协定主要包括三方面内容：一是市场准入。协定只允许各成员使用关税手段对农产品贸易进行限制，现行的非关税措施要以一定的方式关税化，并逐步削减，禁止使用新的非关税措施。二是国内支持。协定将成员为支持农业生产而采取的措施分为“绿箱”政策和“黄箱”政策两类。按照“绿箱”政策，各成员在农业科学研究、粮食安全保障、自然灾害救济、农民收入保障和地区发展等方面采取的措施，可以免除削减义务。按照“黄箱”政策，各成员在农产品价格支持、农作物面积补贴以及对农民带有补贴性质的贷款方面采取的措施，应当做出减让承诺。三是出口补贴。出口补贴是指依据出口行为所给予的补贴。协定要求各成员以 1986—1990 年为基准，在实施期内逐步削减出口补贴。

（三）《实施卫生与植物卫生检疫措施协定》

关贸总协定允许缔约方采取卫生与植物卫生检疫措施，前提是这些措施不得对情形相同的成员构成歧视，也不得构成对国际贸易的变相限制。但由于有关条款过于笼统、缺乏操作性，滥用此类措施的行为并没有被制止。“乌拉圭回合”将“实施卫生与植物检疫措施问题”纳入谈判议程，最终达成了《实施卫生与植物卫生检疫措施协定》。该协定由 14 个条款和 3 个附件组成，主要包括以下内容：(1) 卫生与植物卫生措施的含义；(2) 应遵循的规则；(3) 对发展中成员的优惠待遇。

(四)《纺织品与服装协定》

《纺织品与服装协定》的主要内容如下：(1) 在世界贸易组织生效后的 10 年内分三个阶段逐步取消进口数量限制和进口年增率，以实现纺织品和服装贸易自由化。(2) 在发达进口国逐步取消数量限制的同时，发展中国家也必须开放国内市场。(3) 在过渡期间，如进口商品激增，对进口国造成破坏性的冲击，则允许进口国对造成这种损害的国家实行进口配额限制，但一般应在磋商的基础上实行，特殊情况可先实行，后磋商和公布实施，限制期限为 3 年。(4) 进出口国必须加强配合打击非法转口，如打击无效，进口方可扣减配额。(5) 协定规定建立纺织品监督机构，以监督协定的实施，任何有关协定实施的争端将由纺织品监督机构负责审理。

(五)《技术性贸易壁垒协定》

《技术性贸易壁垒协定》努力保证法规、标准、检验和认证程序不成为不必要的障碍。该协定为中央政府机构制定、采纳和实施标准制定了良好的行为规范。该协定还包含了有关地方政府及非政府组织应如何实施其规则的规定，通常它们应该实施与中央政府相同的原则。该协定规定，用于判定产品是否符合国家标准的程序必须是公正公平的。为防止太多的差异，该协定鼓励各国使用适当的国际标准，但并不要求它们为此而改变其保护水平。该协定还鼓励各国相互承认检验程序，这样，通过在生产国进行检验，就可以决定某一产品是否符合进口国的标准。

(六)《与贸易有关的投资措施协定》

在《与贸易有关的投资措施协定》中，协定方明确禁止各成员在外商投资政策中规定当地含量要求和外汇平衡要求。协定要求各成员必须将正在实施的违反协定要求的投资措施（包括中央采取的和地方采取的措施）通知货物贸易理事会。该协定根据不同成员的经济发展状况，规定了不同的过渡期，要求发达国家、发展中国家和地区、最不发达国家分别在协定生效后 2 年、5 年和 7 年内逐步取消这些措施。由于该协定于 1995 年 1 月 1 日生效，协定为发展中国家和地区规定的过渡期已于 1999 年 12 月 31 日届满。因此，我国加入 WTO 后，协定关于过渡期的规定对我国已基本上没有实际意义。

(七)《关于实施 1994 年关税与贸易总协定第 6 条的协定》

该协定又称《反倾销协定》。该协定规定，一成员方在采取反倾销措施之前必须进行反倾销调查，其目的是查实是否存在倾销、产业损害及两者的直接因果关系。反倾销调查由进口方政府当局执行，但反倾销调查的发起须由进口方境内据称受损害的产业或其代表所提交的书面请求而开始。该协定还明确规定了争端解决专家小组在解决反倾销争端中应起的作用。

(八)《关于实施 1994 年关税与贸易总协定第 7 条的协定》

该协定又称《海关估价协定》。海关估价是指一国海关机构根据法定的价格标准和程序，为征收关税对进出口货物确定一种完税价格的行为或过程。《海关估价协定》的宗旨是消除或减少海关估价对国际贸易的不良影响，促进 GATT 目标的实现，确保发展中成员方在国际贸易发展中获得更多的利益。

（九）《装运前检验协定》

装运前检验是指所有涉及用户成员方产品的质量、数量、价格和关税税则目录商品分类进行核实的内容。该协定的根本目的是制定一系列的规则确保成员有关行为不对贸易造成障碍。该协定规定，使用装运前检验的政府应保护商业秘密、避免不合理的拖延、使用特定标准进行价格审核以及避免各检验机构利益冲突等。此外，该协定还对出口成员的义务做了具体规定。

（十）《原产地规则协定》

原产地规则是各国（地区）为了确定贸易中的货物原产地而制定的法律、规章和普遍使用的行政命令和行政措施。《原产地规则协定》规定，成员必须对原产地规则进行一致、统一、公平、合理的管理，而不能对国际贸易造成限制和干扰。该协定要求规则应明确哪些产品需要授予原产地证明，并规定了一个协调程序，使原产地规则客观化、可理解、可预测。

（十一）《进口许可程序协定》

《进口许可程序协定》规定，进口许可程序应简单、透明和可预见。该协定要求政府公布足够的信息，使贸易者知道发放许可证的理由和方式。该协定还规定，当成员采用新的进口许可程序或改变现行许可程序时，应通知 WTO。此外，该协定还为政府审查许可证的申请提供了指导。

（十二）《补贴与反补贴措施协定》

该协定对补贴的使用做出了规定，并规范了各国为抵消补贴的影响所能够采取的行动。该协定规定，一国可使用 WTO 的争端解决程序寻求撤销补贴或消除补贴的不利影响；一国也可自己发起调查，并最终对被证明损害了国内生产者的进口补贴产品征收额外的税，即“反补贴税”。此外，该协定还规定了反补贴诉讼的立案、调查和取证等规则，以确保所有利益方都能陈述事实和观点。

（十三）《保障措施协定》

《保障措施协定》规定，如果进口成员方经过主管当局调查后，确定进口大幅度增加，以致对国内同类生产行业造成严重损害时，可授权进口方政府对该类进出口实施临时限制。该协定还规定，进口国应基于最惠国待遇原则来实施，以提高约束关税税率或以数量限制形势采取紧急措施。此外，该协定规定了被施以保障措施的出口方与进口方进行贸易补偿磋商机制。

三、附件一 B——《服务贸易总协定》

《服务贸易总协定》的目标是“建立一个关于服务贸易原则和规则的多边框架，在透明和逐步自由化的条件下扩大服务贸易，以此作为促进所有贸易伙伴经济增长和发展中国家发展的手段”。

该协定的主要内容请参见本书第六章的内容。

四、附件一 C——《知识产权总协定》

知识，是人类智力创造的成果；产权，指财产权或所有权。人们的智力成果属于个人财产，具有排他性，受法律保护。知识产权是个法律的概念，它是指人们依法对其智力创造的成果所享有的专有权，包括工业产权和著作权两方面内容，工业产权包括专利和商标。

乌拉圭回合谈判达成的《知识产权总协定》为国际知识产权保护确立了新的、统一的国际标准和准则。该协定由 7 部分 73 条组成，具体保护以下 7 个方面的内容。

（一）版权及邻接权

版权保护的对象包括文学、科学和艺术作品。邻接权又称相关权利，是指作品传播形成的有关权利，它是表演者因表演作品而产生的权利，与作品的作者无关。版权与邻接权由以下几方面的权利构成：重新制作权、表演权、录音权、动画片权、广播权以及翻译和改编权等。

除了这些具有经济特征的独享权外，版权法还赋予原作者以道义权。道义权能够保证作者即使在经济权转让后也可以声明其作品的作者身份，反对任何歪曲或其他篡改行为，以防败坏或损害作者的声誉。

（二）商标

《知识产权总协定》规定，能区别一企业的产品或服务不同于其他企业的标记可被注册为商标。商标有两个目的：一是帮助商标所有人通过鼓励对其名牌的信任促销其产品；二是帮助消费者在几种可能中做出选择，以鼓励商标所有人维护或改善该商标代表的产品质量。

（三）地理标志

地理标志，是指标明一商品来源于一成员的领土，或该领土的一个区域，或一个地方的标志，而该商品的一种特定质量、声誉或其他的特性本质上可以归于这一地理来源。此外，《知识产权总协定》还规定了以下几方面的内容：一是对地理标志的侵权及侵权形式；二是对地理标志侵权行为的救济；三是加强对九类地理标志的保护。

（四）工业品外观设计

《知识产权总协定》第 25 条第 1 款规定，世界组织成员必须对工业品外观设计提供保护，并规定了要想获得工业品外观设计保护，则此工业品外观设计要满足新颖性和原创性。

（五）专利

专利是为发明者提供的财产权，包括发明专利和实用新型专利。根据《知识产权总协定》的规定，一项通过注册能获得专利的发明应具备新颖性、独创性，并能应用于工业生产。《知识产权总协定》还规定，各成员应给专利权的获得及实施以非歧视待遇，尤其不能因为发明地点不同、技术领域不同、产品是进口或当地生产等方面的不同而进行歧视。

（六）集成电路的布图设计

除另有其他规定，《知识产权总协定》要求成员按照《集成电路知识产权华盛顿条约》的有关条款对集成电路的布局设计提供保护。同时，《知识产权总协定》还在《集成电路知识产权华盛顿条约》的基础上做了几点补充：（1）扩大了保护范围；（2）将保护期限从 8 年延长到 10 年；（3）规定当事人不知道或不应知道商品中含有非法复制的布图设计的，则不视为违法。

（七）未披露信息

未披露信息包括商业秘密和未公开的实验数据等。对未披露信息有如下几点要求：

(1) 不能为人所知，一般也很难为人所知，即不告诉别人就不会知道；(2) 有实用的经济价值；(3) 采取了适当的保密措施。未披露信息的内容应包括商业秘密和专有技术。

五、附件二——争端解决机制

WTO的争端解决机制包括争端解决规则和争端解决机构。争端解决机制解决WTO之内的任何争端，包括货物、服务和知识产权。WTO要求成员承诺，不应采取单边行动对抗其发现的违反WTO规则的事件，而应在多边争端解决机制下寻求救济，并遵守其规则和裁决。

争端解决的程序如下所述。

(一) 协商

争端提交争端解决机制后，首先由双方自行协商，在一方提出协商的要求后30天内必须开始，60天未达成协议的，则成立专家小组。

(二) 成立专家小组

专家小组由3名专家组成，大的争端可由5名专家组成。对于其是否成立，只要争端解决委员会做出全体不一致反对的表决即可。这可以避免另一方当事成员以"协商未完"为借口，拖延时间。"不一致反对的表决"，叫否定式表决方式或叫反向一致表决方式，是WTO争端解决对关贸总协定争端解决表决方式的最根本的修改，提高了WTO的权威性。

专家小组的工作包括审查争端的有关文件，提出建议和调查材料，以供裁决。

(三) 最终报告

小组在6个月内向争端处理委员会提交一份处理报告，委员会将报告分发各成员，分发后60天内，委员会表决。表决方式也是反向一致。只要不是委员会全体一致不采纳小组的报告，就算通过。

(四) 上诉机构

任何一方均可就专家组的裁决提出上诉，有时双方都这样做。上诉必须根据法律点，如法律解释等，而不能重新审查现有证据或审查新的证据。每一起上诉都由7名成员组成的常设上诉机构中的3名成员审理，上诉机构由争端解决机构设立，广泛代表WTO的成员，其成员任期为4年，不隶属于任何政府。上诉机构可以确认、修改或推翻专家组的法律调查结果和结论。一般情况下，上诉不应超过60天，最长绝对不能超过90天。争端解决机构必须在30天内接受或否决上诉报告，而否决只能是协商一致才可以。

(五) 裁决的执行

争端解决程序规定贸易争端各方可以三种方式执行专家报告。

1. 履行

争端解决程序强调，违背其义务的一方必须立即履行专家小组或上述机构的建议。如果该方无法立即履行这些建议，争端解决机构可以根据请求给予一个合理的履行期限。

2. 提供补偿

若违背义务的一方在合理的履行期限内不履行建议，引用争端解决程序的一方可以要求补偿，或者违背义务的一方可以主动提出给予补偿。

3. 授权报复

当违背义务的一方未能履行建议并拒绝提供补偿时，受侵害的一方可以要求争端解决机构授权采取报复措施，中止协议项下的减让或其他义务。这意味着，当一方违背其在1994年关贸总协定或一个有关协议项下的义务时，受侵害的一方在争端解决机构的授权下可以提高从违背义务的一方进口货物的关税，所涉及产品的贸易额应相当于被起诉的措施所带来的影响。

在研究争端解决机制问题时，我们应密切观察发达国家的一些做法，如美国利用“201条款”限制钢铁进口。利用争端解决机制，即使官司输了，也可以拖延两年半的时间，达到限制进口的目的。

六、附件三——贸易政策审议机制

贸易政策审议机制是乌拉圭回合取得的重要成果之一，除了提供争端解决机制之外，WTO还对成员贸易政策进行定期审议。下面从三个方面对贸易政策审议机制进行介绍。

（一）贸易政策审议的目的

进行贸易政策审议的目的有两个：一是了解成员在多大程度上遵守和实施多边协议的纪律和承诺。通过定期审议，世贸组织作为监督者，要确保其规则的实施，以避免贸易摩擦。二是提供更大的透明度，更好地了解成员的贸易政策和实践。

（二）贸易政策审议的期限

贸易政策审议的频率取决于各成员在世界贸易中所占的份额。一般来讲，对于发达国家，两年一审议；对于发展中国家，四年一审议；对于最不发达地区，六年一审议。我国加入WTO后，目前是一年一审议。“入世”两年来，WTO对我国遵守WTO规则，履行具体承诺等的审议结果表示满意。

（三）贸易政策审议的主持机构

贸易政策审议机构的工作由总理事会承担。在审议结束后，需要公布国别报告和秘书处准备的报告，以及讨论的记录。

七、附件四——诸边贸易协定

诸边贸易协定不包括在WTO的一揽子协议之中，由WTO成员自愿参加。主要包括《民用航空器贸易协定》《政府采购协定》《国际奶制品协定》《国际牛肉协定》4个协定。其中，《国际奶制品协定》和《国际牛肉协定》已于1997年底废止。

（一）《民用航空器贸易协定》

《民用航空器贸易协定》的宗旨是通过取消有关关税和尽最大可能减少或消除有关限制性因素，以实现民用航空器、零件及有关设备的最大限度的贸易自由化。该协定包括序言、9个条款和1个附件。该协定规定，东京回合达成的《技术性贸易壁垒协定》和《补贴与反补贴措施协定》同样适用于民用航空器贸易。在进口贸易限制方面，协定并不禁止签字国实行符合总协定规定的进口管制或许可证制度。该协定决定成立“民用航空器贸易委员会”，该委员会负责监督和审查协议的执行情况。

（二）《政府采购协定》

《政府采购协定》旨在保证更为充分的国际竞争，并因此保证在政府从事采购时以商业考虑为基础，从而更有效地使用税收以及其他公共基金。为此，协定确立在有关政府采购的法律、程序及做法上对国内外产品和供应者之间，实行非歧视原则和国民待遇原则。

《政府采购协定》是首次达成的在政府采购方面的权利与义务的国际框架。在降低对国内产品及供应商的保护，减少对外国产品及供应商的歧视，增加透明度以及建立磋商、监督和争端解决的国际程序方面，该协定都迈出了意义重大的第一步。

（三）《国际奶制品协定》

《国际奶制品协定》的目的是“在市场条件尽可能稳定的条件下，在进出口国互利的基础上，扩大世界奶制品贸易，实现奶制品贸易不断自由化”和“促进发展中国家的经济和社会发展”。该协定分为序言和4大部分，共8个条款。

根据该协定的规定，设立了“国际奶制品理事会”，该理事会根据各参加国向它提供的生产、消费和库存等资料以及它认为必需的其他资料，监督和评估整个世界奶制品以及个别奶制品市场的情况。该理事会还负责审议本协定的执行情况。考虑到奶制品品种繁多及其相互之间的依赖关系，协议特地制定了“关于若干品种的奶粉的议定书”“关于奶脂的议定书”“关于若干乳酪的议定书”，以附件的形式作为协议的组成部分，并在国际奶制品理事会下分别设立3个相应的委员会来履行这些议定书。

（四）《国际牛肉协定》

《国际牛肉协定》的目标是，通过设立“国际肉类理事会”，增强各国在牛肉和活动物贸易中的国际合作，以稳定和扩大这些产品的世界贸易，提高其自由化程度；同时，通过增加发展中国家参与上述产品贸易的可能性，尤其是通过长期稳定这些产品的贸易价格，使这些国家从中得到更多的好处。

为此，协定要求所有参加国都应定期、及时地向“国际肉类理事会”提供产品的生产、消费、价格、库存和贸易的实绩、现状及前景预测等资料以及理事会认为必需的其他资料，以便理事会监视和评估世界肉类市场的总体情况与世界市场上每种肉类产品的具体情况。根据该协定的规定，理事会还应为参加国提供磋商机会，讨论影响国际牛肉贸易的一切事项，并且监督协议的执行情况。

八、WTO新一轮重点谈判议题

WTO的首轮谈判本应始于1999年11月在西雅图召开的第三次部长级会议，但遭到当地人的示威抗议，说这个会议是“杀富济贫”的大会，使首轮多边贸易谈判无功而返，不欢而散。

西雅图会议被称为“新千年回合”，美国力图把新议题的重点放在美国最有优势的领域，将谈判的重点放在农业和服务业上，特别是对美国具有较大优势的基础电讯和金融服务领域。此外，美国还对政府采购、知识产权、环境、电子商务和WTO的体制问题表示关注。“新千年回合”的谈判议题反映了未来世界贸易的某些发展趋势。

经过两年的准备，WTO又于2001年11月9至11日在卡塔尔首都多哈举行了第四次部长级会议，142个成员一致同意，于2002年1月31日正式启动WTO的首轮多边谈判，并于2005年1月1日之前结束所有议题的谈判。

自1996年12月在新加坡首届部长级会议召开以来，发展中国家一直关注的焦点问题包括：《农业协定》和《纺织品与服装协定》的实施状况；在所有协定中对给予发展中国家的特殊与差别待遇规定的实施缺少力度问题；发展中国家，尤其是最不发达国家在实施WTO各协定时的人力、财力及技术上的困难等。

WTO 谈判的主要新议题如下。

(一) 贸易与投资关系

这是个最敏感的问题，在首轮谈判中由欧盟和日本提出，要求制定 WTO 规则保护成员投资中的外国投资者，但遭到了发展中国家的强烈反对。

部长们认为，确保透明、稳定和可预见性的长期跨国投资，将有助于扩大贸易并满足更多的技术援助和能力建设的需要，为此，有必要建立一个外国直接投资条件的多边框架协定，但谈判方式要以明确一致的方式形成的决定为基础，并在第五次部长级会议之后举行谈判。

(二) 贸易与竞争政策互动

WTO 是要建立一个公平竞争的环境，但有些 WTO 的现有规则却被用来反竞争。如反倾销协定，本来是用于维护公平竞争的，但却常常被作为限制进口的工具，所以应制定一套规则约束这种反竞争的行为。

(三) 贸易便利化

为进一步加速货物的流动（包括运输途中的货物）、发送和清关，以及满足在该领域提高技术援助和能力建设的需要，有必要将这一问题提到多边谈判的议事日程，但也放在第五次部长级会议之后举行谈判。

(四) 电子商务

决定推出一个《电子商务工作计划》，为此计划的运行考虑一个最合适的制度安排，在第五次部长级会议之前，不对电子传送征收关税。

第三节　我国“入世”后的问题与对策

一、澄清“入世”认识上的几个误解

我国于 2001 年 12 月 11 日正式加入了世界贸易组织。在我国行将“入世”之际，一些人盲目乐观，一部分人盲目悲观。“入世”后的第一年，我们既没有遭到想象中的“冲击”，也没有得到“预期”的利益，相对较为平淡。“入世”后的第二年，尽管我国对外贸易有了较大幅度的增长，却遭到来自许多国家采取的反倾销、实施保障措施、提高商检标准等措施的“围攻”。我们对 WTO 的性质了解不够，因而产生了许多的误解。对此，我们对一些重大的误解还需要进一步澄清。

(一) 对 WTO 的规则与“入世”门槛的误解

加入 WTO 后，遵守 WTO 的规则将对我国的市场造成一定的冲击和影响，这是较为普遍的一种误解。原因是人们将 WTO 的规则同“入世”的门槛混为一谈。

WTO 的规则是约束其成员间国际贸易的行为准则，是由其成员共同参与制定的。它的作用就是拆除各种贸易壁垒使国际贸易秩序化，推进贸易的自由化。

“入世”的门槛，是指我国现行的贸易壁垒同 WTO 要求的差距。如果不加以消除，过高的贸易保护将导致我国加入 WTO 后享受的权利过大，为各成员所不许。这种消除要根据我国“入世”的承诺，并非一蹴而就。

(二) 对“多边最惠国待遇”与市场实际放开的误解

享受“多边最惠国待遇”是我国加入 WTO 的又一重要目标。长期以来，由于我国游

离于 WTO 之外，因而得不到 WTO 成员相互给予的多边最惠国待遇，使我国的产品在国外普遍受到歧视。

有人认为，多边最惠国待遇是相互给予的，加入 WTO 后，我国在享受这一待遇的同时也要给予所有成员相应的待遇，由此将导致我国的市场全面开放，造成过大的冲击。我们认为这仍然是一种误解。首先，多边最惠国待遇同市场全面开放并不是同义词，其重要意义是成员间相互提供进出口的便利条件，简化程序、手续。其次，多边最惠国待遇在涉及具体进出口产品时，从理论上讲各成员都有权利享受，但因绝大多数成员没有这类产品，实际上享受不到这种待遇。否则，在“入世”谈判中也不会有 37 个成员同我国单独进行双边谈判了。最后，加入 WTO 后，我国与其他成员即便相互给予了多边最惠国待遇，但由于相互间市场开拓的困难，如运输航道的限制、商俗文化的差异、法律规定的不同及成本方面的考虑等，致使市场开拓尚需耗费时日，也不是立即就能相互开放的。

（三）对自主开放与被迫开放问题的误解

这个误解来自在“入世”谈判中某些西方大国对我们的过高要价。其实，要价与谈判是两回事，如果我们把要价看作是商品报价的话，那么谈判则是讨价还价的过程。诚然，在谈判中许多国家都会借机向我国提出较高的要价，但结果却不能超出我们的承受能力。从“复关”到“入世”的 15 年的谈判历程就是最好的例证。所以，不存在被迫开放的问题。

（四）进一步扩大对外开放与放任自流的误解

加入 WTO 有利于我国的扩大开放，但这不会威胁到我国的经济安全。因为扩大开放不是一蹴而就的，是一个循序渐进的过程。扩大开放也不是全面开放、放任自流的，任何的冲击都将被控制在我们的承受能力之内。这就要求国家对外贸易的管理不是放松，而是加强，需要管理手段和方法的转变。而且，WTO 的规则中有“保障措施协定”，允许各国在难以承担义务时采取保护措施；允许各国尤其是发展中国家保护幼稚工业。

（五）企业的主要问题不仅是技术落后而且是缺乏内部管理机制

企业内部管理机制是个制度化的概念。在政企分开、产权明晰、责权利明确的基础上如何管理企业是一个非常重要的问题。我国企业效益低下的最大障碍是管理方法陈旧，没有发挥制度的作用，致使企业人员职责不清、奖罚不力、内耗过大、效率低下。企业应当认识到，加强制度化的管理是企业苦练内功的基础，因为内部管理的混乱将使企业丧失占有市场的良机。只有制度化的管理才能使企业提高效率，获得稳定的效益增长。

二、政府需要解决的问题

从 WTO 的性质来看，它直接约束的是政府的行为。因此，正式加入 WTO 之后，我国政府也要受 WTO 规则的约束，必须严格按 WTO 的通行规则办事。为此，我国政府必须解决好如下几方面的问题。

（一）明确管理者的权力和承担的责任

政府行为规范化的首要任务是明确政府及其部门管理经济的权力范围，确定哪些该管，哪些不该管。在行使权力的范围内，要明确管理者因此而承担的责任及其后果。尽管作为管理者政府与被管理者的权利义务关系是不对等的，但政府必须依法行事。

（二）明确中央与地方政府的职权范围

中央与地方政府的职权范围要明确，不能在同一管理范围内重复设卡，形成市场割据，使企业正当行为受阻。作为单一制的社会主义国家，在推进市场经济建设的过程中，必须明确中央与地方政府部门间的权限划分，促进全国统一大市场的形成。否则，地方性的割据将使我国国内的贸易壁垒横生，不仅有违 WTO 的基本原则和规则，还将使我国在 WTO 成员的谴责和控告下处于被动局面，付出更高的"学费"和代价。

（三）依法合理设置管理机构，部门间政策法规的目的要统一

机构设置重叠，导致政出多门，政策法规的内容要求又不一致，使企业在面对政府主管部门时需要多方面适从或无所适从，是我国社会主义市场经济发展的又一重大障碍。机构设置重叠至少会引起两种情况的发生：一是多重管理，不仅使行政效率因结构不合理而低下，还使企业要面对众多的主管部门，受到来自多方面的管制，使企业因政府管理的不合理而难以发展。二是出现问题时各部门相互推诿，都不愿意承担责任，使企业遇到的问题长期得不到解决，有时甚至根本得不到解决。因此，我国要进一步深化行政体制改革，科学合理地设置政府管理机构。

无论是不同的主管部门分头管理还是部门合并后进行统一管理，政策法规的一致性都是需要我们解决的另一个问题。在必要的情况下，政出多门是可以的，但各部门之间不能互不沟通，各行其是，使被管理者多方面适从或无所适从，疲于奔命。即使主管部门合并，如果相应的政策法规不能统一，合并后的主管部门也很难顺利地开展工作。

（四）提高政府对经济管理的政策法规透明度

政策法规透明，是 WTO 成员所要遵循的一条最基本的原则，也是市场经济所要求的。透明度应包含两方面的内容：一是政策法规本身的透明，这需要其制定者对即将出台的政策法规提前公布，并进行广泛的宣传和解释，使管理者与被管理者都能熟悉和掌握其内容，以便遵守和执行。加入 WTO 之后，向各成员通报相关的政策法规内容也是我国遵守公共规则所要履行的一项重要义务。二是实施政策法规措施的透明，这需要具体的管理措施公开化，包括具体的管理程序与方法。

（五）提高行政工作效率

行政效率低下是我国政府部门长期以来不能很好解决的问题，除前面谈到的因行政机构设置不合理导致行政效率低下外，政府官员工作效率的低下是其另一主要原因。

我们认为，提高行政工作效率应从几个方面来考虑：一是使行政工作人员的工作行为规范化，明确政府官员的职权范围，并设定相应的工作程序，使其在职权范围内严格地按程序办事。二是完善奖惩制度，使行政工作人员在处理繁杂的事务中变消极被动为积极主动。三是转变行政工作人员的思想作风和工作方法。要变领导型、命令型为指导型、协调型、咨询型、服务型。这关键是要转变工作人员的心态，把对被管理者的对抗心态转到服务心态上来。四是加强对行政工作人员的思想政治工作教育。近几年来，我国政府机关干部的学历越来越高，本科生、硕士生和博士生的比重越来越大，但因为人员的素质高了就忽视思想政治工作教育是错误的。素质越高越要抓，这样才能将高素质人员的思想统一起来，充分发挥他们的聪明才干。

（六）依法严厉打击经济不法行为

在打击经济不法行为中，市场监督至关重要。如对某一产品的上市，主管部门对其上市前的审查固然重要，但对其上市后的监督则更加重要。监督的作用不仅仅是对不法企业和企业不法行为的监督，更重要的是对守法企业的保护。为合法企业之间的公平竞争创造

一个良好的环境，为市场行为的规范化打下良好的基础。

三、企业需要解决的问题

加入 WTO 之后，我国国内市场正加速演变为国际市场的一部分。在这种情况下，无论企业的主观意愿如何，都不可避免地要直接面对外国企业的激烈竞争。和发达国家的企业相比，我国企业竞争力普遍不强，要想在竞争中生存下来，在国际市场上站住脚跟，就必须切实解决好以下各方面的问题。

（一）建立现代企业制度

建立现代企业制度是企业发展的出路。现代企业制度是指为适应市场经济的要求，以完善的企业法人制度为基础，以有限责任制度为保证，以公司制企业为主要形式，以产权清晰、权责明确、政企分开、管理科学为特征的新型企业制度。这里有两点需要说明。

其一，必须做到产权清晰。产权清晰是指出资人与企业之间的财产权利关系明确，与之相应的责任界限清晰。产权清晰包括两个方面：一是产权在法律上的清晰，二是产权在现实经营过程中的清晰。只有两个方面的统一，才能够叫产权清晰。根据产权清晰的要求，应彻底改变企业的产权所有者、管理者和使用者权利义务不明确的状况。

其二，民营化也是条出路，但不是必然出路。国有企业民营化的目的在于改变政府与企业的关系，并使两者分离，从而使国有企业能够真正进入市场，参与竞争。与此相应，企业的管理体制发生变革，形成独立于政府的经理集团，并置于众多股东的有效监督之下。由此提高国有企业的经营效率，扩大企业的资本，增加社会就业。当然，民营化并非国有企业改革的必然出路。

（二）注重产品质量

产品质量，简言之就是我们通常所说的产品能够满足人们物质、文化生活需要的特性，这些特性包括性能、寿命、可靠性、安全性和经济性等。质量归根结底是一个管理问题。

过去我国很多企业在竞争中是以量取胜，以价格取胜。然而，产品的竞争力要以优异的质量为前提，过硬的质量也是赢得消费者认同的基础。因此，“入世”后，我国企业应该转到以质取胜的方向上来。

（三）打造自己的品牌

品牌是指一个名称、标记、符号、设计或它们的联合使用，以便消费者能辨识厂商的产品或服务，并与竞争者的产品或服务有所区别。

品牌具有如下功能：(1) 是所有者的标志。品牌代表着一种所有权，谁生产或销售产品已经不重要，重要的是谁拥有这一品牌。(2) 是消费者识别产品的手段。(3) 是一种象征。品牌不仅能赢得市场、占领市场，而且还关系到一个地区或一个国家的形象，体现了一个国家的经济实力。(4) 代表了产品的附加值。(5) 能够保护企业与消费者利益。

由于现代品牌具有如此多的功能，现代企业之间的竞争已不再单纯是产品质量和价格的竞争，品牌在竞争中的影响作用越来越不容小视。然而，从我国的实际来看，加工贸易占半壁河山，很多企业没有自己的品牌。因此，我国企业应当重视建立自己的品牌，特别是加入 WTO 之后，这一点更应得到企业的重视。

（四）培育核心竞争力

核心竞争力是企业独特拥有的，能为消费者带来特殊效用，使企业在某一市场上长期具有竞争优势的内在能力资源。核心竞争力是企业竞争优势的集中体现，它具备以下几个基本特征：（1）独特性。核心竞争力是企业特有的、竞争对手不具备的独一无二的能力。（2）难以模仿性。核心竞争力是企业在长期的生产经营活动过程中积累形成，竞争对手可能掌握企业核心竞争力中包含的一些核心技术和管理方法，但却很难将这些技术和方法有机地结合起来，形成自己的核心竞争力。（3）价值性。核心竞争力应当有利于提高企业的运作效率，并能最终给消费者带来独特的利益。（4）延伸性。核心竞争力能不断衍生出一系列创新产品与服务，使企业在市场中具有长久的生命力。

从上述定义和基本特征我们可以看出，核心竞争力的形成是企业提高国际市场竞争力的关键。我国企业必须加强自身核心竞争力的培育，以应对“入世”带来的挑战。

（五）进行技术创新

所谓技术创新是指一种新的生产方式的引入。这种新方式可以是以新的科学发现为基础的新工序和新工艺，也可以是以获利为目标的经营某种商品的新方法。企业进行技术创新的目的在于满足顾客和消费者不断变化的需求，提高企业竞争优势。具体表现为产品创新和过程创新等。

要提高企业的技术创新能力需要做好以下工作：（1）提高研究开发能力。要加大投入，改善企业的研究开发条件，同时应注意对引进技术的消化吸收，提高自主研发能力。（2）提高科技成果转化能力。企业技术创新的最终目的是要创造经济效益，因此要重视新技术的转化应用。（3）提高市场开拓能力。应通过市场调研和制定正确的营销战略来促进创新产品市场化。

（六）合理配置人才资源

人才是企业的血液，现代企业的竞争最根本的是人才的竞争，企业的各项运作都需要人来实施，特别是在“知本”经济时代，无论怎样强调人的作用都不为过。随着我国加入WTO，人才竞争将越加激烈。由于国内外企业相同层次的人才存在薪资上的差别，使得民族企业在人才竞争中可能处于不利地位。为此，企业必须对人力资源进行合理的配置。

首先，必须高度重视人在企业中的核心地位，树立“以人为本”的观念，从战略高度来研究人才的开发、培养与使用。

其次，要重视管理人才的培养和选拔，这就要求企业做好两方面的工作：一是要重视对现有管理人才的在职培养，以不断提高他们的管理能力；二是要制定科学的管理人才的选拔制度，挑选优秀人才进入管理队伍中。

（七）积极进行国际化经营

一般而言，国际化经营是一个国家加入WTO后经济发展的必然趋势。从事国际化经营将是中国企业在全球化的世界经济中生存和发展的必然选择。我国企业“走出去”进行国际化经营的好处是使企业冲破传统的、狭窄的思维空间，置身于世界市场的大环境中考虑成败得失，站在国际的高度制定经营战略目标。

（八）提高国际市场营销能力

市场营销活动广泛存在于现代企业经营活动之中。通过营销，企业在适当的时间、适当的地点，用合适的产品去满足顾客需要，从而提高经济效益。国际市场营销是国内市场营销在国际市场上的拓展。“入世”后，随着我国企业“走出去”的步伐不断加快，国际市场营销也将发挥越来越大的作用。

提高国际营销水平的途径有很多：(1) 应树立以市场竞争为导向的营销观念，将营销重点放在对市场竞争形势和对竞争对手实力的调查上，增加对市场竞争形势的预测。(2) 应着重在产品特色与质量上下功夫，在品牌质量上运用高差异性策略提高出口竞争力。(3) 应选择资信好、能力强、有经验的经销商和代理商，建立起广泛的产品经销网络，为出口产品提供稳定畅通的销售渠道。(4) 应重视培养专门营销人才，提高营销人员的素质，加强出口企业营销队伍的建设，这是增加出口后劲的长远之计。

【讨论区】

背景 1995 年 5 月 16 日，美国政府单方面宣布，根据美国 1974 年贸易法 301 节、304 节（即单边报复制度的“301 条款”），将对来自日本的豪华轿车征收 100%的关税。日本车占有美国市场 1/4 的份额，而美国车仅占有日本市场 1.5%的份额。在双方的汽车零部件贸易中，美国则有 128 亿美元的逆差。1993 年 7 月，日本虽然同意通过谈判解决汽车市场的开放问题，但实际上却拒绝与美国进入谈判程序。因此美国采用这样的措施，要求日本向世界汽车商开放市场，而且要求日本市场应该具有相应的透明度和竞争性。这涉及世界贸易中的一个原则问题：美国依据“301 条款”进行报复的单边性与世界贸易组织争端解决制度的多边性是否相容？简言之，美国在世界贸易组织争端解决机构做出决定之前，是否有权单方面做出制裁决定并实施制裁措施？出于对美国单边报复制度的不满，1998 年 11 月 25 日，欧盟根据 WTO 规定起诉了美国，认为“301 条款”与 WTO 的相应规定不符，造成了欧盟利益丧失或受损，也损害了关税及贸易总协定和世界贸易组织的目标。

问题 请根据以上背景思考我国如何在世界贸易组织的多边框架下保护本国权利。

分析 专家组最终裁决，美国不可以在世贸组织争端解决机构做出决定之前单方面确定制裁措施，但“301 条款”并不违反世界贸易组织和关税及贸易总协定的有关规定。这一裁决，使得美国事实上仍然可以运用“301 条款”对其他国家实行贸易制裁和威胁，尤其是对世贸组织的非成员国进行单方的制裁。虽然我们面对的贸易争端可以在世界贸易组织的多边框架下获得相应的解决，但也要注意诸如美国实施“301 条款”这样的单边制裁行为对我们的危害。在遇到这样的情况时，应据理力争，联合其他受到损害者共同提出申诉，根据世界贸易组织解决争端的多边机制维护中国的利益。

【本章小结】

本章主要介绍了世界贸易组织的一些基本知识。首先对世界贸易组织的产生、性质做了介绍，并重点论述了世界贸易组织的基本原则，使我们对 WTO 的目的和作用有了基本的了解。在此基础之上，本章着重阐释了世界贸易组织规则的基本框架，对它的运行机制进行了比较详尽的说明。加入世界贸易组织是我国的一个长久的目标，为了更好地参与国际贸易活动、维护国家利益，需要对我国加入世贸组织的问题有清醒的认识，本章最后对此做了充分的论述，并提出了相应的对策。

【复习思考】

1. WTO的基本原则是什么？
2. WTO与关贸总协定有什么关系？
3. 世界贸易组织的规则和制度主要有哪些？
4. 我国“入世”后遇到了什么问题？需要如何面对？

第九章

国际反倾销

【学习导航】

- ⊙ 充分认识国际反倾销在当今国际经济关系中的重要性，以及对我国进出口的重大影响。
- ⊙ 全面掌握国际反倾销基本理论和方法。
- ⊙ 了解我国对外国商品进行的反倾销。

反倾销是一种贸易政策措施，也是一个法律问题。众所周知，反倾销是维护本国的产品及其生产不会遭到进口产品侵害的一种手段，但同时也逐渐成为各国保护本国贸易的手段。从各国反倾销的实际立法中我们不难看出，正像人们所担心的那样，反倾销措施正在随着立法的深入而不断地得到加强，现在已成为最大的国际贸易壁垒。

小词典

反倾销是通过遏制国外产品以低于“正常价值”（出口国国内市场价格或成本价格）的方式大量涌入国内市场，从而达到保护本国相同或相似产品产业的目的。

想一想 反倾销措施设立的初衷是防止本国生产受到国外进口产品的侵害，怎么会发展成为一种贸易保护手段呢？

第一节 反倾销的条件构成

任何反倾销措施的实施通常都必须具备三个条件：一是倾销的行为要件，它体现在产品的出口商以低于正常价值的价格向进口国出口，简称倾销；二是倾销的事实要件，它体现在低价倾销的行为给进口国产业造成了实质性损害或实质性损害威胁或实质性阻碍，简称损害；三是倾销与损害之间存在因果关系。

一、倾销的确定

（一）倾销

倾销，指低价销售商品的行为。按照《1994 年关税与贸易总协定》第 6 条的规定，一项产品以低于其“正常价值”的价格出口，即为倾销。各国法律对此规定也大同小异。

从倾销的概念中我们可以找出两个指标：一个是“正常价值”，另一个是“出口价格”。如果出口价格低于正常价值则被认为具有倾销行为，二者之差是其倾销幅度。倾销的程度被称为倾销幅度（DM），数量上等于正常价值减去出口价格，再除出口价格。用公式表示为：

$$DM=(NV-EP)/EP$$

演算簿

如果一家数码相机的正常价值是 3 000 元，出口价格为 2 500 元，那么 DM=（3 000−2 500）/2 500=20%。

（二）正常价值

正常价值也叫“公平价值”“公平市场价值”“国外市场价值”等。原意是指产品在出口国国内的销售价格。

根据美国反倾销法，正常价值是指外国相同产品在母国或第三国（比较）市场的、经调整的销售价格，或者是目标商品的结构价值。美国商务部比较正常价值与出口价值（或结构出口价格）以计算倾销幅度。

欧盟没有对“正常价值”直接定义，而是规定，如果一个产品向共同体的出口价格低于在正常贸易过程中为该出口国确定的相似产品的可比价格，该产品就将被认为是倾销产品。正常价值一般应基于出口国家的独立客户在正常贸易过程中已支付或者应支付的价格。

正常价值通常是指产品在出口国国内的销售价格，而当出口国国内销售价格难以确定正常价值的情况下，可以采用其他方法确定，包括“向第三国的出口价格”和“结构价格”（或称推定价格）。《关于执行 1947 年反倾销协定》指出，如果在出口国国内市场的正常贸易过程中不存在该同类产品的销售，或由于出口国国内市场的特殊市场情况或销售量较低，不允许对此类销售进行适当比较，则倾销幅度应通过比较同类产品出口至一适当第三国的可比价格确定，只要该价格具有代表性，这种价格就是“向第三国的出口价格”；

或通过比较原产国的生产成本加合理金额的管理、销售和一般费用及利润确定，所确定的价格就是“结构价格”（或称推定价格）。

针对确定正常价值时的特殊情况，《反倾销协定》做了如下规定：

同类产品以低于单位（固定和可变）生产成本加管理、销售和一般费用的价格在出口国国内市场的销售或对一第三国的销售，只有在主管机关确定此类销售属在一持续时间内以实质数量、且以不能在一段合理时间内收回成本的价格进行时，方可以价格原因将其视为未在正常贸易过程中进行的销售，且可在确定正常价值时不予考虑。如在进行销售时低于单位成本的价格高于调查期间的加权平均单位成本，则此类价格应被视为能在一段合理时间内收回成本。

在确定“结构价格”时，《反倾销协定》规定：成本通常应以被调查的出口商或生产者保存的记录为基础进行计算，只要此类记录符合出口国的公认会计原则并合理反映与被调查的产品有关的生产和销售成本。主管机关应考虑关于成本适当分摊的所有可获得的证据，包括出口商或生产者在调查过程中提供的证据，只要此类分摊方法是出口商或生产者一贯延续使用的，特别是关于确定资本支出和其他开发成本的适当摊销和折旧期限及备抵的证据。除非已在成本分摊中得以反映，否则应对那些有利于将来和/或当前生产的非经常性项目支出或在调查期间支出受投产影响的情况做出适当调整。管理、销售和一般费用以及利润的金额应依据被调查的出口商或生产者在正常贸易过程中生产和销售同类产品的实际数据。如此类金额不能在此基础上确定，则该金额可在下列基础上确定：

（1）所涉出口商或生产者在原产国国内市场中生产和销售同一大类产品所产生和实现的实际金额。

（2）被调查的其他出口商或生产者在原产国国内市场中生产和销售同类产品所产生的加权平均实际金额。

（3）任何其他合理方法，但是如此确定的利润额不得超过其他出口商或生产者在原产国国内市场中销售同一大类产品所通常实现的利润额。

提示音

在对待所谓的“非市场经济国家”时，由于国内价格不是由市场决定，而是行政管制的，所以采用“替代国”制度。

“替代国”制度是欧美等西方国家在确定来自“非市场经济国家”产品的正常价值时不使用该产品在出口国国内市场的销售价格，而选择一个经济发展水平与该出口国类似的市场经济国家的同类产品的成本或出口价格作为基础，来计算该产品的正常价值的步骤和措施，因此计算出来的价格即为替代国价格。

非市场经济，又称“国家控制经济”，是反倾销法中一个非常重要的概念。在西方国家的反倾销法中，非市场经济国家通常是指那些实行公有制和计划经济，企业的生产、销售活动和产品价格由政府决定，货币不能自由兑换的国家。《关税与贸易总协定》和《反倾销协定》又将这类国家称为“国家控制贸易国家”。“国家控制贸易国家”的构成要件有两个：一是国家对贸易全部或大体上全部实行垄断；二是由国家规定产品的价格。

美国《1988 年综合贸易和竞争法》以“非市场经济国家”取代了《1979 年贸易协定

法》中的“国家控制经济国家”的概念，并对非市场经济国家做了如下定义：“所谓非市场经济国家是指由美国商业部确定的那些不按成本和价格结构的市场原则运作，商品在该国的销售不反映其公平价值的国家。”该法还规定了美国商业部在认定某一国家是否属于非市场经济国家时应考虑的因素，包括：货币与其他国家货币的可兑换程度；企业与劳工通过自由谈判确定工资率的程度；允许外国公司在国内举办合营企业或进行其他投资的程度；政府对生产资料所有或控制的程度；政府对资源配置以及对企业价格、产量决定权的控制程度；商业部认为适当的其他因素。但在具体的反倾销案件中，某一个国家是否是非市场经济国家，则由商业部依据上述标准做出决定。商业部在根据个案的情况决定某一国家是否属于非市场经济国家时享有相当大的自由裁量权。它不仅可以将其认为适当的各种因素列入考虑的范围，而且就此所做出的决定不能通过司法审查程度予以变更。除非商业部在以后的反倾销案件中做出了相反的决定，否则，其关于某个国家是非市场经济国家的决定将一直有效。

超链接

http://sms.mofcom.gov.cn/article/ztxx/200401/20040100170752.shtml 美国贸易政策评估报告

欧盟的做法与美国有所不同，它没有在反倾销条例中规定界定非市场经济国家的标准，而是在条例中具体列举哪些国家是非市场经济国家。所列举的国家包括中国、朝鲜和蒙古等。

1998 年，欧盟和美国改变了以往的做法即规定有条件地审查中国某项企业是否具有市场经济地位，欧盟的 905/98 反倾销修正案同时也规定了五条考察企业的相当严格的标准，这五条标准包括：(1) 生产投入、销售、投资方面的价格成本要反映市场供求关系，不得有国家干预。(2) 企业要有一套适用于所有场合的，按国际会计标准审计的财会账本。(3) 生产成本和财务状况，包括资产的折旧、债务的偿还等，均按市场经济法则。生产成本构成、财务收支状况的详细说明要反映出市场经济关系。企业财务、记账、分类、合并、账目调整、赊账冲抵、债务偿还及平衡等不得存有计划经济遗留问题。(4) 企业在法律保护下经营，要受破产法和企业财产法的约束，企业的成立与关闭不受政府干预。(5) 汇率方面，要遵从市场汇率。按该 905/98 号法令，一个应诉企业要取得市场经济地位，必须主动提出申请，经过欧盟委员会核查同意，方可取得。

（三）出口价格

出口价格指被指控产品向提起反倾销国家的出口价格，一般包括直接出口价格和间接出口价格。直接出口价格，指有关出口产品如果由出口商直接出售给与其无关的进口商，则出口价格即为出口商向进口商索要的价格，或进口商应当支付的价格。间接出口价格，指有关出口产品如果由出口商首先卖给了与其有关的进口商，则出口价格应为该进口商向首位与之无关买主索要的价格，或首位与之无关买主应当支付的价格。

在反倾销中，所确定的出口价格是“净出口价格”，应扣除折扣或回扣部分，使之恢复到原来的价格。因为折扣或回扣仍被认为是偶然的，不具有稳定性，不能代表真实的价格水平，也表明反倾销具有一定的公平性。

针对在确定出口价格时出现的特殊情况，《反倾销协定》做了如下规定：

如不存在出口价格或据有关主管机关看来，由于出口商与进口商或第三者之间的联合或补偿性安排，而使出口价格不可靠，则出口价格可在进口产品首次转售给一独立购买者的价格基础上推定，或如果该产品未转售给一独立购买者或未按进口时的状态转售，则可在主管机关确定的合理基础上推定。

对出口价格和正常价值应进行公平比较。此比较应在相同贸易水平上进行，通常在出厂前的水平上进行，且应尽可能针对在相同时间进行的销售。应根据每一案件的具体情况，适当考虑影响价格可比性的差异，包括在销售条件和条款、税收、贸易水平、数量、物理特征方面的差异，以及其他能够证明影响价格可比性的差异。在上面所指的情况下，还应对进口和转售之间产生的费用（包括捐税）及所产生的利润进行减免。如在这些情况下价格的可比性已经受到影响，则主管机关应在与推定的出口价格相同的贸易水平上确定正常价值，或应根据本款进行适当减免。主管机关应向所涉各方指明为保证进行公平比较所必需的信息，并不得对这些当事方强加不合理的举证责任。

如需要进行货币换算，则该换算应按销售之日的汇率进行，但是如期货市场上外汇的销售与所涉及的出口销售有直接联系，则应使用期货销售的汇率。汇率波动应不予考虑，且在调查中，主管机关应给予出口商至少 60 天的时间调整其出口价格，以反映调查期间汇率的持续变化。

在遵守公平比较规定的前提下，调查阶段倾销幅度的存在通常应在对加权平均正常价值与全部可比出口交易的加权平均价格进行比较的基础上确定，或在逐笔交易的基础上对正常价值与出口价格进行比较而确定。如主管机关认为一种出口价格在不同购买者、地区或时间之间差异很大，且如果就为何不能通过使用加权平均对加权平均或交易对交易进行比较而适当考虑此类差异做出说明，则在加权平均基础上确定的正常价值可以与单笔出口交易的价格进行比较。

在产品不直接从原产国进口、而自一中间国出口至进口成员的情况下，该产品自出口国向进口成员销售的价格通常应与出口国中的可比价格进行比较。但是如产品仅为通过出口国转运，或此类产品在出口国无生产，或在出口国中不存在此类产品的可比价格，则也可以与原产国的价格进行比较。

二、损害的确定

提示音

在反倾销调查中，确定某项产品是否存在倾销是一个必要条件，但仅有倾销行为是不能构成反倾销的，还要调查倾销是否对进口国工业造成了严重损害或严重损害威胁。

损害的确定十分复杂，大体涉及以下四个方面的问题。

（一）进口国国内产业

1. WTO《反倾销协定》对国内产业的规定

进口国国内产业的定义，是指进口国生产相同或相似产品的生产者的全体，或生产该产品的合计总量占其国内该类产品生产总产量绝大多数的国内生产者。但下列情况除外：

（1）当生产者与出口商或进口商有关系，或者它们自己就是所称的倾销产品的进口商时，“国内产业”是指其他的生产者。

（2）在特殊情况下，为了该项产品把某缔约方的领土分成两个或者更多的具有竞争性的市场，这样，每个市场的生产者可被视为一项单独产业，条件是：1）该市场的生产者在市场销售其生产的全部或几乎全部的有关产品；2）该市场的需求在很大程度上不是由设在该领土其他地方的生产者提供的。在此种情况下，即使整个国内产业的主要部分并没有受到损害，如果倾销的进口产品集中在这样一个孤立的市场，而且倾销的进口产品正在对这个市场内的全部或几乎全部的生产者造成损害，则还是会发现存在损害的问题。

当国内产业被解释为指一定地区内的生产者时，只对运到该地区供最终消费的有关产品征收反倾销税。

当两个或两个以上国家按《1994 年关税与贸易总协定》第 24 条第 8 款第 1 项规定达到了具有单一而统一的市场特点的一体化程度时，在整个一体化区域中的产业应视为《反倾销协定》第 4 条第 1 款所述及的国内产业。

2. 美国《关税法》的规定

美国 1930 年《关税法》第四分篇第四部分第 1 677 节第 4 条规定，“工业”一词指国内所有的相似产品的生产商，或指总产量占国内相似产品总产量的重大比例的该产品的生产商。但是，当生产商与被指称有倾销产品的出口商或进口商有关系，或他们本身就是进口商时，“工业”则指除他们以外的其他生产商。

美国法还对区域工业做了规定。对于某一特定产品市场，美国可以分成两个或两个以上的市场，而每个市场的生产商可以被视为一个独立的工业。条件是：（1）该市场内的生产商在该市场内出售所有或几乎所有的相似产品；（2）该市场的需求不是或大部分不是由位于美国其他地方的产品的生产商供应。

在这种情况下，如果倾销的产品集中进入这一隔离的市场，而且如果该市场内的全部或几乎全部生产商因倾销的进口产品正在受到实质损害或实质损害威胁，或实质阻碍建立一项工业，则即使国内全部相似产品的工业或综合产量占国内相似产品总产量重大比例的那些生产商未受到损害，也可以确定在该工业范围内存在损害。

3. 欧盟《条例》的规定

欧盟《条例》第 4 条第 5 款规定，“共同体工业”应解释为作为一个整体的生产相似产品的制造商，或者指总体的产品产量构成了该产品的共同体全部生产主要部分的那些制造商。但下列情况例外：

（1）当生产商与出口商或进口商有关系，或者它们自己就是被控倾销产品的进口商时，“共同体工业”一词可以解释为其他的生产商。

（2）在例外情况下，对于提出异议的生产，共同体可以被分为两个或两个以上的有竞争性的市场，而且每个市场的生产商均可被视为一个共同体工业。条件是：1）生产商在该市场内出售其生产的全部或几乎全部的产品；2）该市场的需求并非在很大程度上由位于共同体其他地方的该产品的生产商所提供。在这种情况下，如果倾销或补贴的进口产品集中地进入了孤立的市场，并且正在对该市场内的全部或几乎全部的生产商造成损害，即使整个共同体工业的主要部分未遭受损害，也可以确定损害存在。

（二）实质损害

《世贸反倾销守则》对什么是实质损害并未下定义，只是要求在确定损害时要考虑下列三项因素：（1）被调查的进口产品数量；（2）该产品对进口国国内市场同类产品价格的影响；（3）该产品对此类产品国内生产者产生的影响。该守则还明确指出在考虑进口数量时，无论是从绝对数量看还是从相对于进口国的生产或消费数量看，进口产品是否已经大幅增加；至于对价格的影响，要看进口产品是否存在大幅度的削价，或是否严重压制了进口国相似产品的价格或阻止其大幅度上涨；对工业的影响则要分析和审查所有经济因素和指数，包括：产量、销量、市场份额、利润、生产率、投资回收以及设备使用率的实际或潜在的下降；影响进口国相似产品的价格因素；倾销产品对进口国工业的现金收入、库存、雇员及工资增长、筹资能力的实际和潜在的负作用。具体指标体系见图 9-1。

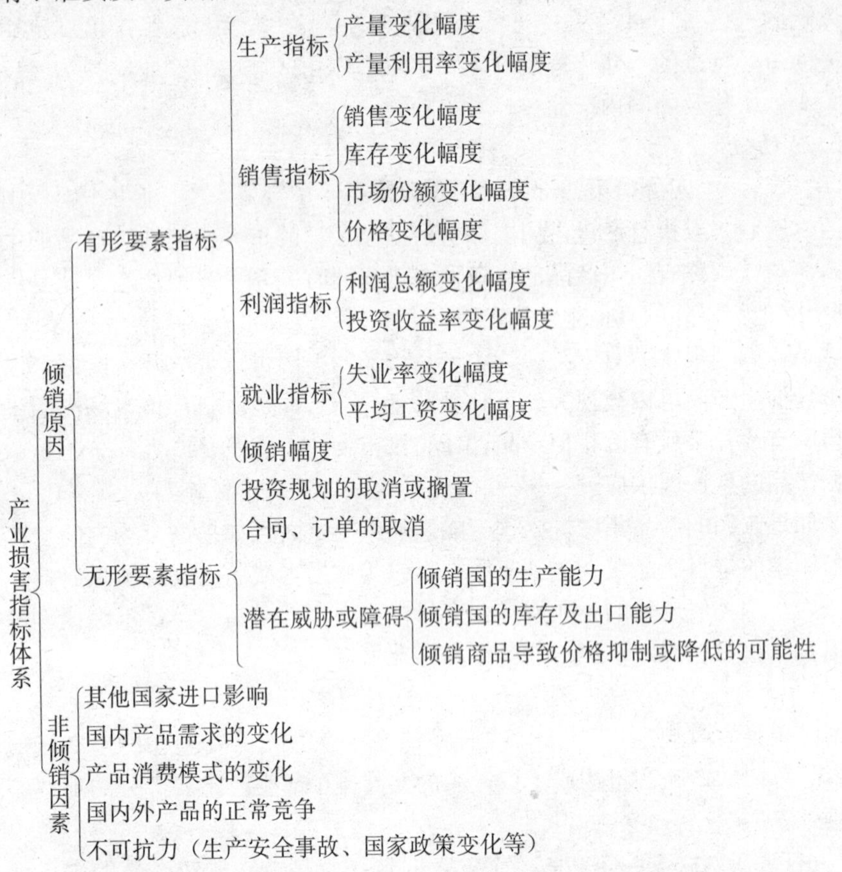

图 9-1　反倾销产业损害指标体系[①]

剪贴板

《美国联邦法典》第 19 卷第 771 章（7）A 规定，实质损害是指“不是微不足道的，不是不重大的或不是不重要的损害”。这个定义下得很含混，按“否定之否定等于肯定”的逻辑推理来理解：“不是不重大”就是重大；“不是不重要”就是重要。所

① 产业损害程度理论与计算方法课题组. 中国反倾销——产业损害幅度测算方法. 北京：清华大学出版社，2003：55.

以，按美国反倾销法对实质损害所下的定义，只能理解为：实质损害就是重大损害或重要损害。至于什么是重大损害或重要损害，含义模糊，不得要领，实质上还是扩大了反倾销的范围。

美国1988年《综合贸易与竞争法》第1 328条专就实质损害做了规定，它要求美国国际贸易委员会在确定倾销的进口产品是否给美国有关工业造成实质损害时，须对每个案件考虑以下因素：被调查产品进口的数量；该产品的进口对美国相似产品价格的影响；该产品的进口对美国生产相似产品的生产商的影响；其他有关经济因素。

该条还规定，在考虑进口产品对国内工业的影响时，美国国际贸易委员会要对与美国工业有关的经济因素进行评估。这些因素包括以下几点，但又不限于以下几点：输出、销售、市场份额、利润、生产能力、投资回收以及利用效率的实际和潜在的衰退；影响国内价格的因素；资金流通、库存、就业、工资、增长情况、提高资本的能力以及投资的实际和潜在的不利影响；国内工业现在的提高和生产能力，包括增加派生产品或类似产品的更高级的品种所受的实际和潜在的不利影响。

这些新规定同过去的规定相比有一点不同，即在考虑价格影响时，不再要求是掠夺性的进口产品的价格对国内相似产品的价格影响，而只要是一般的低价销售即须考虑。

欧盟的《条例》没有对实质损害下定义，只对判定损害时要考虑的因素做了规定：对共同体的生产或消费而言，在绝对或相对的进口数量上是否一直存在重大的增长；倾销进口产品的价格，特别是与共同体的相似产品的价格相比，是否存在大幅度的削价作用；对共同体有关工业造成的后果，要考虑以下这些实际的或潜在的相关经济因素：生产、设备利用率、库存、销售、市场份额、价格（即折旧价格或防止价格增长，否则价格可能会提高）、利润、投资回收、现金流动量和雇工情况。《条例》强调，对以上这些因素要全面考虑，不能只根据其中一个因素或几个因素而做决定。

（三）实质损害威胁

实质损害威胁是指虽未处于实质损害境地，但种种迹象表明进口国工业已经受到了损害的威胁，尽管损害尚未发生，但不制止损害必将发生。这种迹象必须是真实的、迫近的、可以预见的，而不能是一种怀疑、假设或是遥远的。

若进口国有充分理由与证据认为倾销的产品会大量增加，如大量在途货物、出口国拥有巨大生产同类产品的能力或大量闲置设备、出口国计划继续扩大对进口国的出口；进口国的免税仓库或进口商、批发商仓库积压大量商品或库存将大量增加；出口商在进口国建立了一系列推销网点；等等，都可能被进口国主管当局定为造成了实质损害威胁而征收反倾销税。

1988年的美国新贸易法对确定实质损害威胁又增加了新的考虑因素：同一出口商在总协定《反倾销协定》签字国就同一或同类产品的倾销是否具有实质损害威胁；美国的有关工业的发展与生产努力情况，即是否发展新一代产品的努力受阻；在实际可行的情况下，美国国际贸易委员会要累积估计倾销的进口产品和补贴的进口产品的数量和价格对美国工业的影响。《反倾销协定》没有这些新的规定，这使美国可以更多地做出存在实质损害威胁的裁决。

欧盟的《条例》规定，只有存在可能发展成为实质损害的具体情况时，才能做出实质损害威胁的决定。在做此决定时，应考虑如下因素：倾销的进口产品在共同体的增长率；原产地国或出口国的出口能力，包括业已存在的或可预见到的未来投入使用的能力以及可导致向共同体出口的可能性。

（四）实质阻碍了国内新工业的建立

实质阻碍工业的建立是指倾销产品未对进口国的有关工业造成实质损害或实质损害威胁，但若严重阻碍了进口国生产同类产品的一个新工业的建立，进口国也可征收反倾销税。

剪贴板

《1994 年关税与贸易总协定》第 6 条第 1 款、欧盟《条例》第 4 条第 1 款、美国 1930 年《关税法》第四分篇第二部分第 1 673 节、澳大利亚 1975 年《反倾销关税法》第 8 条第 2 款、新西兰 1966 年《关税法》第 29 条第 2 款以及日本《指南》都对实质阻碍工业的建立做了规定，基本含义一致，但都没有对它下定义，也没有关于判定实质阻碍工业建立需要考虑的因素的规定。

确定损害的三个标准，即实质损害、实质损害威胁和实质阻碍工业的建立，最常使用的是第一种，后两种较少使用。在美国，对实质阻碍工业的建立这个标准，几乎没有使用过。在对“加拿大鳕鱼倾销案”中，美国国际贸易委员会曾对这个概念做过解释：

（1）适用重大阻碍标准，不限于还没有投产的工业，还扩大到已开始生产但还没有稳定经营的新工厂。

（2）因为试图确定一项新工业是唯一的，是否对新建工业有重大阻碍，应根据具体案件决定。

（3）对还没有开始生产的工业，必须有充分证据表明该工业的投产有相当约束。

提示音

一般认为，阻碍工业的建立不能理解为是倾销产品阻碍了建立一个新工业的设想或计划，而是一个新工业的实际建立过程受到阻碍，且必须有充分证据。例如，工厂已经建立，设备已经购进，但由于倾销产品的大量进口，或价格下跌，使进口国的某新工业无法开工设厂，就可认为是实质阻碍了某一新工业的建立，进口国就可以此为理由，对进口产品征收反倾销税。

美国 1988 年《综合贸易与竞争法》第 1 329 条要求国际贸易委员会考虑倾销对国内工业现有的开发和生产的努力，包括对开发产品的变形和更改所产生的影响。

实质损害威胁和实质阻碍工业的建立这两个标准虽然使用较少，但由于保护主义势力在不断增强，随着欧洲统一大市场和北美自由贸易区的建立，援用这两个标准的机会可能逐步增多。因为这两种损害的证明标准比实质损害的证明标准低，而且不严格，更能起到保护作用。这对出口商具有潜在的威胁，值得重视。

实际上，三种不同的确定损害的标准的目的都是相同的：针对不同情况采取不同的限制进口的措施，以对进口国工业提供保护。

三、因果关系的确定

产品存在倾销不一定对进口国工业造成损害，进口国工业遭到损害也不一定是由产品倾销造成的。因此，只有能够确定因倾销而导致对进口国工业造成损害的因果关系时，反倾销才能成立。确定因果关系需考虑以下因素。

（一）数量

进口数量，或该数量的任何增加对进口国的生产的影响是否是大幅度的，如果进口数量的增加导致进口国生产数量的大幅度减少，则可能存在倾销；反之，即使进口数量较大，或其增长是大幅度的，但进口国的生产与消费同时增长，则不存在倾销问题。

（二）价格

一是与进口国相同或相似产品相比，进口产品的价格是否一直在大幅度削减；二是进口产品是否大幅度地压低了进口国相同相似产品的价格，或阻止了价格的大幅度上涨。这就是说，在考虑价格影响时，要看倾销的进口产品是否大幅度地削弱了进口国相似产品的价格，是否大幅度地压低或阻止了该相似产品价格的上涨。如果倾销的进口产品的数量大量增加，而进口国申诉人并不能证明这种进口产品造成了进口国相似产品的大幅度削价、压低或阻止价格上涨的事实，则倾销与损害之间就不能确立因果关系。

（三）对进口国工业的影响

如果能证明进口产品对进口国工业产生了前述损害或损害威胁等不利影响，可确定存在因果关系。在审查这种影响时，应评估所有与进口国的工业状况有关的经济因素，包括下列这些因素，但不限于这些因素：在产量、销售、市场份额、利润、生产力、投资回收和开工率方面的实际或潜在的下降；影响国内价格的因素；在现金流通、库存、就业、工资增长、增加资本的能力和投资方面的实际和潜在的不利影响。如果倾销产品对进口国工业产生了以上这些不利影响，可以认为倾销产品与进口国工业损害之间存在因果关系；否则，就不能判定有因果关系。

剪贴板

在实践中，一些国家并不真正要求产品倾销是造成损害的全部原因、主要原因或重大原因等，它们实际上只规定了倾销产品与损害之间的因果关系存在的“最小幅度”，只要因果关系在大于这个最小幅度内，因果关系即告成立。例如，某国规定其最小幅度为“进口产品在进口国消费中增加5%”，申诉人只要能证明进口产品大于这个最小幅度，因果关系即告成立。

第二节 国外对我国的反倾销

自1979年6月欧共体对我国提出反倾销诉讼开始到现在，国外对我国的反倾销投诉已达1 350多起。进入20世纪90年代后，每年都在30起以上，年平均损失超过百亿美元。不仅发达国家对我国频繁发动反倾销，许多发展中国家也对我国发起反倾销攻势，我国似乎已成为国际上反倾销的众矢之的。因此，我们不能坐视不理，需要积极寻找对策。

一、国外对我国提出反倾销诉讼的特点

截至 2016 年 7 月 19 日，全球发起的反倾销案件中共有 1 400[①] 多起涉华产品，中国成为国际上被反倾销次数最多的国家。自 1979 年以来外国对华反倾销案呈不断上升的趋势（如图 9－2 所示），近两年增长势头尤其迅猛，每年都在 30 起以上，多时可达 79 起（2008 年及 2009 年），仅 2016 年 1 月 1 日截至 7 月 19 日，我国就遭受了 46 起反倾销调查案。对华反倾销不仅在数量上不断上升，而且在国家、产品上也逐渐扩散，不仅欧美的一些发达国家频繁地对我国实施反倾销调查，就连一些发展中国家如墨西哥、巴西、印度、韩国等也对我国发起反倾销诉讼（如图 9－3 所示），涉案产品包括五矿、化工、轻纺、机电、医保等 4 500 多种（如图 9－4 所示）。对华反倾销的不断扩散使我国的出口环境更加恶化，严重影响了我国主要产品的出口和主导产业的发展。有关人士曾估算过，中国出口产品遭受国外反倾销每年平均损失 800 多亿元人民币。此外，这还对我国的国际形象产生了很大的负面影响。

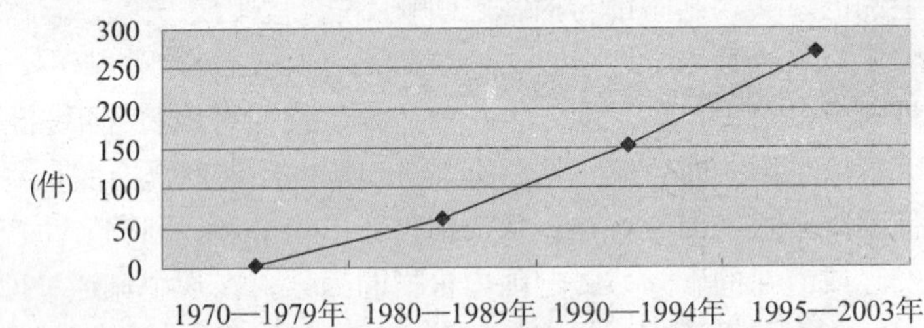

图 9－2　对华反倾销案件总数变化趋势（1970—2015 年）[②]

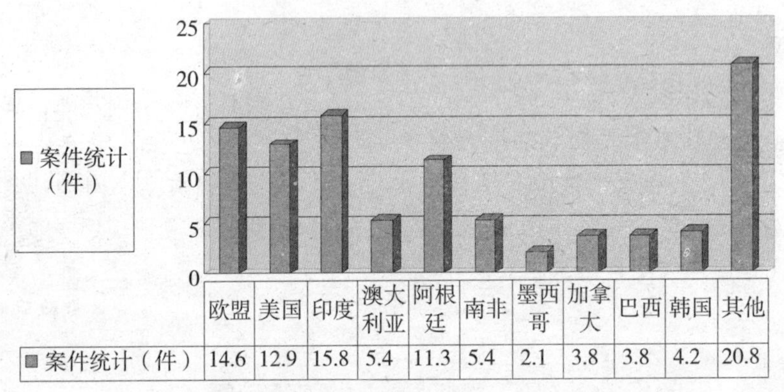

	欧盟	美国	印度	澳大利亚	阿根廷	南非	墨西哥	加拿大	巴西	韩国	其他
案件统计（件）	14.6	12.9	15.8	5.4	11.3	5.4	2.1	3.8	3.8	4.2	20.8

图 9－3　对华反倾销国家地区分布（1995—2015 年）[③]

① 数据来源：根据《天津日报》（2003 年 10 月 17 日）、《中国工商时报》（2016 年 7 月 20 日）、中国贸易救济信息网资料整理。

②③ 数据来源：根据商务部公平贸易局提供的资料整理。

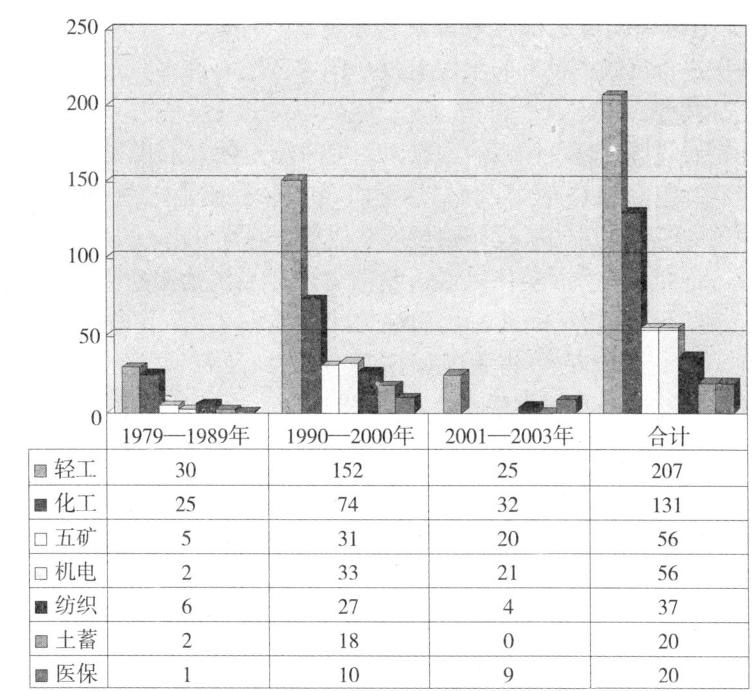

	1979—1989年	1990—2000年	2001—2003年	合计
轻工	30	152	25	207
化工	25	74	32	131
五矿	5	31	20	56
机电	2	33	21	56
纺织	6	27	4	37
土蓄	2	18	0	20
医保	1	10	9	20

图 9－4　对华反倾销产品分布（1995—2015 年）①

近年来国外对我国提出反倾销诉讼的特点主要体现在以下几个方面。

（一）涉及产品的范围越来越广

过去对自行车、鞋类的投诉较多，之后是化工、矿产品较多，现在对机电产品的投诉也越来越多。到目前为止，我国几乎所有类别的出口产品都遭到过反倾销投诉，其中主要针对我国的出口拳头产品。而且，出口增加越快，越容易遭到国外反倾销。2016 年土耳其对中国进口的光伏产品发起反倾销调查后，后又有印度对华彩涂板发起反倾销调查等，涉及产品的范围越来越广。

（二）涉及金额越来越大

20 世纪 80 年代，反倾销诉讼一般涉及几百万美元的出口金额；20 世纪 90 年代以来，涉及出口金额从几千万美元增加到上亿美元。如欧盟对我国旅行箱包的反倾销，涉及出口金额高达 6 亿美元。近年来，国外对我国的反倾销越来越频繁，涉及大案较多。如美国 2003 年 5 月开始的对我国彩电的反倾销案，涉案金额 4.86 亿美元；2003 年 10 月末开始的对我国卧室木制家具的反倾销，涉案金额超过 10 亿美元。而以 2011—2015 年国外对中国发起的案件为例，每年涉案平均金额约 110 亿美元，累计涉案金额约 550 亿美元。

（三）涉及企业越来越多

如美国对我国彩电的反倾销，被起诉的对象包括长虹、康佳、创维、海尔、海信、厦华、TCL 等我国彩电生产企业；对木制家具的反倾销，遭投诉的我国家具生产企业竟多达 135 个。目前，我国遭到国外反倾销诉讼的企业包括我国所有类型的企业，既包括国有企业、集体企业、私营企业，也包括三资企业；既包括贸易企业，也包括生产企业。

---

① 数据来源：商务部公平贸易局资料。

（四）对我国发动反倾销的国家越来越多

对我国进行反倾销投诉的不仅有发达国家，还有许多发展中国家。如墨西哥、印度、巴西、土耳其等。

在所有对我国进行反倾销的国家中，美国最为频繁。我国商品在美国市场仅占6%的份额，但反倾销额却占美国反倾销总额的20%。欧盟也把中国作为反倾销的一个目标大国，对中国的投诉案件占其反倾销投诉案件总数的百分之十几，使中国位居各国之首。

墨西哥自20世纪90年代以来对我国出口产品发动多次大规模反倾销，其规模之大、种类之多、发起之频繁、征税率之高都是世所罕见。涉及我国轻工、纺织、机械、化工等十大类的4 000多种产品，占我国对墨西哥出口产品的80%，影响金额占我国对墨西哥出口总金额的75%。其中鞋类税率竟高达1 105%。

（五）反倾销投诉国仍频繁利用"替代国"制度

由于我国在加入WTO时承诺，国外对我国采用替代国制度需延长15年，因此国外对我国的反倾销仍可采用替代国制度。美国对我国彩电、木制家具的反倾销就仍然采用了这一制度。

二、国外对我国征收反倾销税的后果

（一）直接后果

遭到反倾销的商品，对投诉国的出口都会逐年下降，甚至丢掉该国市场。如我国对美国出口的鬃刷，在1985年遭到反倾销前，对美国出口金额为680万美元。1985年被征收了127.27%的反倾销税后出口急剧下降，1986年降到22万元，1988年仅为8.34万美元，丢掉了美国市场。1994年1月美国对中国的大蒜反倾销案，征税376.67%，把中国大蒜赶出了美国市场。

（二）间接后果

遭到反倾销的产品在国外容易产生连锁反应，后果更为严重。国际上把遭到反倾销的产品视为"洪水猛兽"，一个产品在一国被控反倾销后，其他行业和国家争相仿效，纷纷亮起"红灯"，群起而拒之。例如，中国的彩电业在欧盟遭遇反倾销起诉，涉案金额虽然只有几亿美元，但被征收了44.6%的反倾销税后，中国彩电几乎完全被封杀在欧盟市场之外。

如果某国企业不对他国发动的反倾销指控进行应诉或应诉不力，很容易产生"多米诺骨牌"推倒效应。譬如1994年，美国裁定"中国大蒜反倾销案"之后，起诉方律师注意到中国企业不积极应诉，又鼓动美国蜜蜂行业对中国提起反倾销诉讼。在蜂蜜案件进行之中，这家律师事务所又说服美国自行车行业对中国的自行车出口提出指控，接下来是蘑菇罐头，再继之是靛蓝染料，总共影响中国高达3亿多美元的出口。此外，反倾销对中国的吸引外资还会造成间接影响。如果中国的出口商品屡遭反倾销，不少投资者便会抽回资金转投他国。一些有对华投资意向的人也会因此而观望不前。

又如，1991年，中国自行车在欧共体遭到反倾销，使自行车市场在欧洲"全军覆没"，于是赶紧开拓北美市场。不料，加拿大还没等中国自行车进门，1992年就开征了反倾销税。接着，1993年墨西哥、1994年阿根廷相继对中国自行车进行反倾销，导致中国自行车只好涌向唯一的海外大市场——美国。1991年中国销美自行车为109万辆，1993

年之后每年达到300万辆～400万辆，结果美国也对中国自行车搞反倾销。1995年4月5日，美国商务部对我国出口的各种自行车进行反倾销调查，美国对一大类产品全部提出调查是罕见的。美国国际贸易委员会于1995年5月19日做出初裁，认为有合理迹象表明，中国的自行车以低于正常价值的价格销往美国，给美国的自行车产业造成了实质性损害。后来的结果，应诉企业最好的为零税率，最差的为18%，而对未应诉的，税率均为60%以上。不论怎么讲，中国自行车经过一阵反倾销“追打”后，面临着失去整个海外市场的危险。

三、国外对我国频繁发动反倾销的原因

（一）外部原因分析

近年来国际贸易竞争日益激烈，各国的国内产业都受到了巨大的冲击与威胁，国际贸易保护主义也顺势开始抬头，反倾销因此也被各国频繁采用来保护本国工业。我国产品由于成本低廉而具有相对的价格优势，因此外国生产相应同类产品或替代产品的企业自然也就千方百计地寻找机会来扭转自己的劣势地位。由于进口产品一旦被确认倾销行为存在，将会被课以高额的关税，自然也就丧失了价格上的竞争优势，因此反倾销便被认为是限制我国产品出口的“有效”方法。即使我国的产品在某些领域不具备绝对的竞争优势，它们也可以以此为条件来要求更多的经济利益。此外，社会制度的差异引起的制度偏见也是一些国家采取歧视性措施的缘由之一。

来自外国的进口产品价格低于正常价格或者公平价格在本国市场销售是倾销成立的必要条件。所谓的正常价值或公平价格是该产品在出口国国内市场的销售价格或者销往第三国的出口价格以及结构价格，而它的确定又视出口国为市场经济国家或者非市场经济国家而有所不同。按照东京回合达成的反倾销协议第二次解释：只有全部或几乎全部价格由政府制定的国家，才是非市场经济国家。我国自改革开放以来，已经摒弃了计划经济模式，建立了中国特色的社会主义市场经济模式，国家发改委公布的《中央定价目录》中，将107种商品和服务的价格彻底放开，现由中央定价的仅有13种商品或服务。但是在近几年的诸多外国反倾销调查中绝大多数国家仍然把中国视为非市场经济国家对待，这显然是不合理、不公平的。1998年，欧盟和美国虽改变了以往的做法即规定有条件地审查中国某项企业是否具有市场经济地位，但是欧盟的905/98反倾销修正案同时也规定了5条考察企业的相当严格的标准，其中有的甚至可以称得上是苛刻。这个修正案的政策趋向很明显：鼓励私有制，抑制国有制。在欧盟反倾销中，国有企业常处于十分不利的地位。据统计，在1999年对中国产品调查的9宗案件27家企业中，最后取得市场经济地位的仅有3家，占11%。因此，许多专家批评欧盟的这项修正案本质上是一种消极政策。同样，美国更是如此。

按照欧盟、美国等国家和地区反倾销法的规定，对于非市场经济国家产品正常价格的确定一般采用所谓的替代国制度，也就是选择一个经济发展水平与该国相类似的属于市场经济体制的第三国生产的相似产品的成本或出售价格作为基础，来计算正常价值。并且同时也规定：在一个反倾销案件中，如果符合替代条件的国家不止一个，选择哪一个国家作为替代国，完全由进口国决定。显然这种规定具有很大的灵活度和不合理性。在实际操作过程中被选择为中国的替代国的国家众多，其中不乏与中国市场实际情况相差甚远的发达国家与地区，例如，在“中美小龙虾一案”中，美国商务部采用西班牙从葡萄牙进口的小

龙虾的价格作为替代国成本，不仅认为中国小龙虾对美倾销，且倾销差高达90%～120%。然而，我们从商务部统计表中了解到，用美国、欧盟、中国香港地区、日本作为替代者为数还不少，当然也有以印度或印度尼西亚作替代国的，而进口国在寻找替代国问题上滥用“自由裁量权”在现实中也不乏实例。由此可见，替代国制度的过于灵活与实际操作缺乏规范性已经使它在某些反倾销案件中被用作一种歧视性措施。

剪贴板

在糖精钠案中，美国商务部选盐酸价格时，在美国价每千克3美分，印度价2.8美元，美国选择了印度。在聚乙烯案中，欧盟委员会拒绝用美国作替代国，因为生产聚乙烯的主要原料是天然气，而美国天然气是由官方管理的，天然气价格大大低于欧洲各国。

此外，美国、欧盟等国对华反倾销中执行的“一国一税”政策也极不合理。这种无差别的处理办法无疑极大地打击了应诉企业的积极性，因为无论其应诉与否只要倾销存在都将被统一对待。

小词典

“一国一税” 即对非市场经济国家，不是按一国所属各出口公司的不同出口价格来规定不同倾销差和反倾销税率，而是对该非市场经济国家的所有出口公司规定一个单一税率。

（二）内部原因分析

1. 出口增长速度快

以欧共体为例，20世纪80年代—90年代，美国对欧共体的贸易增长为93%、日本为271%、韩国为277%、中国台湾地区为393%、印度为158%、中国香港为74%，而中国内地则为659%，不能不成为遭受打击的重中之重，即使不倾销，对欧共体的冲击也太大。

2014年，欧盟与中国货物进出口额为6 169.6亿美元，增长9.0%。其中，欧盟对中国出口2 173.0亿美元，欧盟自中国进口3 996.6亿美元。欧盟与中国的贸易逆差1 823.6亿美元，增长4.4%，中国是欧盟最大的逆差来源国。2015年1—7月，欧盟27国与中国的贸易逆差1 093.6亿美元，增长10.5%，中国是欧盟最大的逆差来源国。

2. 出口产品价格低廉、出口秩序混乱，竞相低价销售

目前，我国的经济结构尚不够合理，行业的发展缺乏长远规划，只注重眼前利益。数量众多的企业分散经营，加之行业管理和协调力度不够，出口管理不够规范，国内产品多头对外，却缺乏有效的协调管理，出现了相互削价竞削、自乱市场的现象，使我国某些出口商品的价格越来越低，低于成本价销售，是事实上的倾销。有些企业靠压价出口抢生意，出了事就转产。这些都是引发国外反倾销调查的直接原因。

3. 对国外的反倾销的应诉不力

面对外国的反倾销，我国企业的表现往往不令人满意。一方面，应诉率较低，一些企业不了解遭到反倾销后所带来的后果，不顾大局、不顾影响，不应诉，使本可取得较好结

果的案件也输掉了。虽然这几年应诉率有所提高，然而，与发达国家相比还存在相当大的差异。另一方面，在应诉的案件中，胜诉率也不高。

当前，我国企业普遍缺乏对必要的国际竞争规则和惯例的了解。现代市场经济就是法制经济，参与国际竞争的企业必须要遵守国际通行的竞争法则和惯例。然而我国许多企业经营行为不规范，管理机制不健全。比如，企业会计账簿不全、财务状况不明在国内较普遍，万一被反倾销，不少企业单是“调查问卷”这一关就难过，因为很多费用、账目“说不清楚”，根本不符合国际通行的财会制度。有的企业应诉时交不出相应材料，而没有材料就等于没有证据，裁决机构只能听到起诉方的一面之词，想要打赢官司是不可能的。

第三节　我国对国外产品的反倾销

一、国外产品对我国的倾销

（一）国外产品对我国倾销的特点及原因分析

20 世纪 90 年代中期以来，我国大量国内企业向外经贸部提出要采取反倾销措施，保护国内产业免受国外倾销产品巨大冲击造成的损害。当时，由于我国没有反倾销措施，国外企业大举进入我国国内市场进行倾销，使我国企业被迫让出市场，失去利润，有的甚至濒临倒闭。据统计，国外产品倾销每年至少造成上百亿元人民币的损失，几十万人失业或潜在失业，损害程度非常大。国外对我国的产品倾销不仅使我国已经建立的产业受损，而且使一些新兴产业的建立和发展受挫。国内企业强烈呼吁政府采取措施，制止国外企业的不正当竞争。

例如，1996 年 12 月，以上海石化为龙头的我国 8 家腈纶的主要生产厂家召开行业会议，要求外经贸部严格控制腈纶进口，呼吁国家尽快出台反倾销法。当时，1996 年，我国市场总需求 50 万吨，全年进口腈纶 30 多万吨，比 1995 年增加了 35%以上。国产腈纶 32 万吨，还有 1995 年库存的 8 万吨，全年的腈纶资源超过 70 万吨，而我国全年腈纶的需求大约是 50 万吨，过剩 20 多万吨。腈纶的过剩形成低价倾销。进口腈纶（3B 短纤维）的售价从年初的每吨 1.6 万元，降到 1.31 万元，比许多国内企业的生产成本还低。国内腈纶厂除了上海石化外，全部亏损。安庆石化每吨腈纶短纤维的成本是 2.21 万元，售价 1.26 万元，每吨亏损 9 506 元；上海金阳腈纶厂，管理水平处于国内先进水平，每吨亏损 1 500 元。这使不少企业已被迫停产。

而同时，国外对我国倾销的幅度也很大。如新闻纸的倾销，1996 年我国进口新闻纸 35.37 万吨，占国内总需求的 40%，且以平均每吨低于国内新闻纸 1 000 元～1 500 元的价格出售。“三五牌”香烟在英国售价 1.5 英镑，折合人民币 15 元，而在中国仅售价 8 元。又如彩卷市场的“老大”——柯达公然宣布要在 1997—2001 年间亏损 15 亿美元来占有中国更大的市场份额。可见其目的就是要挤垮竞争对手，独占中国市场，以迅速取得高额垄断利润。

外国产品对我国的倾销与其政府的支持是分不开的，国外政府尤其是西方国家一直采取各种措施积极扶持自己的企业，为本国企业倾销开“绿灯”。国外政府一方面在本国推行贸易保护主义，对中国的出口商品实行歧视反倾销；另一方面又为本国企业积极创造进行倾销的条件。他们不顾中国是一个发展中国家的实际情况，通过政治和经济的方式要求我国全面开放市场，特别是要求我国开放一些竞争力较弱产业的市场，以达到倾销中国市场进而垄断中国市场的目的。

（二）国外的倾销行为对中国经济造成的影响

随着世界经济的一体化和贸易自由化程度的不断加深，以及中国对外开放的逐步扩大，许多外国公司为挤占庞大的中国市场，纷纷把目光对准了中国，他们凭借自己尖端的科学技术和雄厚的经济实力，在中国市场上进行大肆的倾销行为，企图以低于正常价值的价格优势来侵占市场，以达到垄断的目的。国外产品的这种倾销给我国的经济生活造成了严重的危害，主要表现为：

（1）倾销减少了我国经济收入。国外特别是西方一些发达国家的公司把主要目标对住了我国竞争力较弱的行业，向我国大量倾销产品。这种大幅度的倾销行为造成了我国税收等多项收入严重减少。据专家分析，由于倾销每年至少给我国造成上百亿元人民币的关税损失，外汇流失数十亿美元。

剪贴板

新闻纸在1997年国外正常价每吨是550美元，进口到我国每吨是468美元。胶卷在我国市场其倾销的幅度就更是惊人。富士彩卷在我国市场中所占份额是48%，但富士在日本国内的售价每卷是5美元左右，在欧洲每卷是5.28美元，而在我国到岸价格每卷才8元人民币，市场售价仅为20元人民币左右。柯达占中国市场30%的份额，在美国国内其售价为5美元，但在我国的市场售价仅20元人民币左右。

（2）倾销破坏了中国正在建设的公平竞争的市场经济秩序，摧残了我国相关产业的发展，使处于转型期的企业面临着困境。中国的彩卷市场由于受富士、柯达等进口彩卷的倾销冲击，致使中国市场上唯有“乐凯”国产胶卷还占有一席之地，“公元”“福达”等彩卷产品已在市场上销声匿迹了。再如中国反倾销第一案的新闻纸倾销案中，由于加拿大、美国、韩国三国的倾销行为，致使1997年全国纸张订货会上，15万吨国产新闻纸未能订出。国内吉林、江西等九大新闻纸厂家普遍开工率不足、产量下降、销售停滞、库存增加，市场份额大幅度减少。除了该案外，我国在钢铁、化工、汽车、计算机等行业都大量存在着海外进口产品倾销国内市场的问题。如原来依靠其进口部件的国内某企业，经过多年学习摸索，在准备建厂自行生产这一产品时，这一部件的进口价格却骤然下降，且降幅惊人，已低于其正常价值。即使国内新建企业再怎么降低成本、加强管理，也无法与之抗衡。这便是靠倾销抑制一国新兴产业建立的典型实证。

（3）倾销严重阻碍了我国相关产业的发展。如果倾销长期存在，国内市场对国外进口的依赖性就会增加，而且可能使以该产品为主要材料或零部件的国内相关产业对进口产生极大的依赖。这种依赖性在外国出口削减或停止倾销后，会使中国产业无法继续发展下去。

二、我国的反倾销立法

（一）我国反倾销立法的历程及对外反倾销的实践

我国的反倾销立法较晚，从一开始就具有与国际惯例相接轨的特性。

1994 年 7 月 1 日，中国第一部《对外贸易法》正式实施，该法规定在给予国内产业适度保护时，采用国际上通行的反倾销、反补贴、保障措施等制度，国家通过采取各国普遍实行的促进措施鼓励发展对外贸易。

超链接

http://www.npc.gov.cn/wxzl/gongbao/2000-12/05/content_5004617.htm《中华人民共和国对外贸易法》

http://www.people.com.cn/item/faguiku/wjwmhg/F38-1020.html《中华人民共和国反倾销和反补贴条例》

1997 年 3 月 25 日我国正式颁布了《中华人民共和国反倾销和反补贴条例》，使我国反倾销工作有法可依。

1997 年 12 月 10 日，中国对外贸易经济合作部决定对来自美国、加拿大和韩国的新闻纸反倾销正式立案调查。这是国内产业第一次运用中国的反倾销法律手段主张自己的权利。

1998 年 4 月 28 日，欧盟不再将中国列入"非市场经济"名单的决定，对处理针对中国的反倾销问题意义重大。

2000 年 12 月 20 日，外经贸部发布第 14 号公告，决定对原产于英国、美国、荷兰、法国、德国和韩国的进口二氯甲烷正式进行反倾销立案调查。

（二）我国反倾销法的主要内容

《中华人民共和国对外贸易法》（以下简称《对外贸易法》）于 1994 年 5 月 12 日经第八届全国人大常委会第七次会议通过，该法共有 8 章 44 条。2004 年 4 月 6 日第十届全国人大常委会第八次会议对该法进行了修订，修订后的《对外贸易法》自 2004 年 7 月 1 日起施行。

1997 年 3 月 25 日，国务院发布了《中华人民共和国反倾销和反补贴条例》，该条例共 42 条，全面系统地规定了反倾销和反补贴的若干法律规定。2001 年 11 月 26 日，国务院公布了《中华人民共和国反倾销条例》《中华人民共和国反补贴条例》《中华人民共和国保障措施条例》，为我国加入 WTO 后能够依法采取贸易救济措施提供了保障。2004 年 3 月 31 日，国务院对这些条例进行了修订，修订后的条例自 2004 年 6 月 1 日起开始施行。

剪贴板

《对外贸易法》第 41 条规定："其他国家或者地区的产品以低于正常价值的倾销方式进入我国市场，对已建立的国内产业造成实质损害或者产生实质损害威胁，或者对建立国内产业造成实质阻碍的，国家可以采取反倾销措施，消除或者减轻这种损害或者损害的威胁或者阻碍。"

《中华人民共和国反倾销和反补贴条例》（以下简称《条例》）是根据我国外贸法的规定制定的，便于具体实施。其主要内容如下：

1. 倾销的确定

《条例》第 3 条规定：倾销，是指在正常贸易过程中进口产品以低于其正常价值的出口价格进入中华人民共和国市场。

(1) 正常价值的确定。《条例》第 4 条规定：进口产品的同类产品，在出口国（地区）国内市场的正常贸易过程中有可比价格的，以该可比价格为正常价值；进口产品的同类产品，在出口国（地区）国内市场的正常贸易过程中没有销售的，或者该同类产品的价格、数量不能据以进行公平比较的，以该同类产品出口到一个适当第三国（地区）的可比价格或者以该同类产品在原产国（地区）的生产成本加合理费用、利润，为正常价值。

(2) 出口价格的判定。《条例》第 5 条规定：进口产品的出口价格，应当区别不同情况，按照下列方法确定：1）进口产品有实际支付或者应当支付的价格的，以该价格为出口价格。2）进口产品没有出口价格或者其价格不可靠的，以根据该进口产品首次转售给独立购买人的价格推定的价格为出口价格；但是，该进口产品未转售给独立购买人或者未按进口时的状态转售的，可以以商务部根据合理基础推定的价格为出口价格。即进口产品有价格的按价格判定；无价格的按向无利害关系人首次转售价判定，或者由商务部推定。

2. 损害的确定

《条例》第 7 条规定：损害，是指倾销对已经建立的国内产业造成实质损害或者产生实质损害威胁，或者对建立国内产业造成实质阻碍。

(1) 实质损害的确定。《条例》第 8 条规定：在确定倾销对国内产业造成的损害时，应当审查下列事项：1）倾销进口产品的数量，包括倾销进口产品的绝对数量或者相对于国内同类产品生产或者消费的数量是否大量增加，或者倾销进口产品大量增加的可能性；2）倾销进口产品的价格，包括倾销进口产品的价格削减或者对国内同类产品的价格产生大幅度抑制、压低等影响；3）倾销进口产品对国内产业的相关经济因素和指标的影响；4）倾销进口产品的出口国（地区）、原产国（地区）的生产能力、出口能力，被调查产品的库存情况；5）造成国内产业损害的其他因素。

(2) 损害威胁的确定。《条例》未明确规定。

(3) 累积进口评估。《条例》第 9 条规定：倾销进口产品来自两个以上国家（地区），并且同时满足下列条件的，可以就倾销进口产品对国内产业造成的影响进行累积评估：1）来自每一国家（地区）的倾销进口产品的倾销幅度不小于 2%，并且其进口量不属于可忽略不计的；2）根据倾销进口产品之间以及倾销进口产品与国内同类产品之间的竞争条件，进行累积评估是适当的。我国第一个反倾销案，即为“累计评估”，分别对美国、加拿大、韩国等国家的新闻纸一起进行反倾销。

(4) 国内产业。《条例》第 11 条规定：国内产业，是指中华人民共和国国内同类产品的全部生产者，或者其总产量占国内同类产品全部总产量的主要部分的生产者；但是，国内生产者与出口经营者或者进口经营者有关联的，或者其本身为倾销进口产品的进口经营者的，可以排除在国内产业之外。

(5) 同类产品。《条例》第 12 条规定：同类产品，是指与倾销进口产品相同的产品；没有相同产品的，以与倾销进口产品的特性最相似的产品为同类产品。

3. 因果关系

略。

4. 反倾销的调查程序

(1) 立案。对申请人提供的资料加以审查，决定立案，商务部予以公告，并通知申请人、已知的出口商、进口商、出口国政府等利害关系方。

（2）调查。商务部调查时，可向利害关系方发放调查问卷，在利害方请求时，为各利害方提供陈述意见的机会。

（3）初裁。商务部根据调查结果，做出初步裁定，并予以公告。

初裁如果裁定倾销存在，并由此对国内产业造成损害的，可以采取临时反倾销措施：按照规定程序征收临时反倾销税；按照要求提供现金保证金或者其他形式的担保。

征收临时反倾销税由外经贸部和国家经贸委提出建议，国务院关税税则委员会决定，由商务部公告，海关执行。

临时反倾销税的期限，公告之日起为 4 个月；有特殊情形的，可最多延长至 9 个月。与世界贸易组织《反倾销协定》完全相符。

（4）终裁。初裁裁定倾销和损害成立的，应依法对倾销及倾销幅度、损害及损害程度做进一步调查，商务部根据调查结果分别做出最终裁定。终裁裁定存在倾销并对国内产业造成损害的，征收其永久反倾销税。征收反倾销税和价格承诺期限为 5 年。

1984 年欧共体颁布了第 2176/84 号法令，首次规定了“日落条款”即一般情况下反倾销措施在实施 5 年期满时将自动终止。我国则采用了《反倾销协定》中的规定，所以《条例》规定为 5 年。

剪贴板

“日落条款”是指反倾销措施在采取一段期限后自行终止规定的形象比喻，即指《反倾销协定》第 11 条“反倾销税和价格承诺的期限和复审”的规定。该条第 1 款规定，“反倾销税应仅在抵消造成损害的倾销所必需的时间和限度内实施”；第 3 款进一步规定，“任何最终反倾销税应在征收之日起（或在复审涉及倾销和损害两者的情况下，自根据第 2 款进行的最近一次复审之日起，或根据本款）5 年内的一日期终止，除非主管机关在该日期之前自行进行的复审或在该日期之前一段合理时间内由国内产业或代表国内产业提出的有充分证据请求下进行的复审确定。反倾销税的终止有可能导致倾销和损害的继续或再度发生”。这就是说在主管机关对某产品进行反倾销调查终裁确定倾销与损害存在，并采取了征收最终反倾销税的措施之后 5 年内，主管机关和利害关系当事人均不提出复议，则在征反倾销税 5 年后，进口国应自动撤销对此产品的反倾销措施，此规定称为“日落条款”。但是，如果主管机关和利害关系当事人提出复审，经过重新审议确定反倾销税的终止有可能导致倾销和损害的继续或再次发生，则主管机关将确定继续征收反倾销税的期限。

反倾销调查的期限，自立案调查决定公告之日起，至最终裁定公告之日止为 12 个月，特殊情况下可以延长至 18 个月。这与《反倾销协定》完全符合。

【讨论区】

背景 2011 年 10 月 19 日，美国 SolarWorld 公司联合其余 6 家美国太阳能生产企业共同向 DOC 和 ITC 申诉，要求美国政府对自中国进口的晶体硅光伏电池和组件，采取贸易限制措施，施加大于100%的高额惩罚性关税。他们认为中国政府通过给予中国太阳能产业几十亿美元的补贴，帮助中国太阳能电池板生产商以低于其成本和运费的价格向美国倾销光伏产品，违反自由贸易准则，严重破坏美国市场秩序，从而使美国国内光伏生产商利益受损。

2011年11月8日，美国商务部决定立案，并启动了反倾销和反补贴调查程序。2011年12月5日，ITC的初裁以委员会全票赞成表决通过，认定中国光伏生产商已经对美国光伏产业造成实质性损害。2012年3月DOC对中国输美光伏产品的双反调查做出肯定性初裁。2012年10月12日DOC做出肯定性终裁，认定中国政府给予光伏产品非法补贴，使得大量中国产品低价倾销到美国。2012年11月8日，基于DOC的终裁决定，ITC对中国输美光伏产品“双反”终裁落地，标志着本案的调查和裁决结束。介于14.78%至15.97%的反补贴关税自2013年3月开始征收，介于18.32%至249.96%的反倾销关税自2013年5月17日开始征收。

问题 美国对我国光伏产品实施反倾销及反补贴措施对我国会造成什么不良影响?

分析 美国对我国光伏产品实施反倾销及反补贴措施会对我国造成以下不良影响：首先，会加剧我国光伏产能过剩的状况。其次，会使我国光伏产业的企业出现盈利能力下降的状况。同时，美国对华光伏产品实行“双反”会引发示范效应，带动其他国家共同对我国光伏产品实行“双反”。

【本章小结】

倾销与反倾销是国际经济关系中的热点问题之一。如何在阻遏出口商利用倾销手段进行不正当竞争和限制进口国政府滥用反倾销措施片面保护本国民族工业之间寻找一个适当的平衡点，一直是国际反倾销法领域长期以来力求解决而始终未能得到满意解决的课题。改革开放以后，随着我国出口商品的国际竞争力的增强，外国对我国出口商品提起反倾销诉讼和征收反倾销税的案件近年来逐渐增多，并已成为我国商品进一步拓展国际市场的严重障碍。我国应采取何种有效措施应对外国的反倾销诉讼及防止外国商品的倾销，成为当前亟待研究和探讨的重要问题。

【复习思考】

1. 简述反倾销的条件构成。
2. 简述近年来国外对华反倾销的特点。
3. 简要说明反倾销的调查程序。
4. 分析外国频繁实施对华反倾销的原因并提出应对措施。

第十章

贸易保障措施

【学习导航】

⊙ 掌握保障措施的概念，充分认识保障措施作为典型贸易政策措施的特性。

⊙ 明确保障措施的实施条件以及国外实施保障措施对我国的影响。

⊙ 了解我国保障措施的立法及实施情况。

想一想　保障措施和反倾销、反补贴措施有什么区别和联系？

第一节　保障措施概述

一、保障措施的含义

（一）保障措施的定义

从广义上讲，WTO 协定中具有保障机制功能的条款很多，一是发生预先规定的情况而使进口壁垒的临时增加合法化时可以使用的保障措施，如反倾销和反补贴（《1994 年关税与贸易总协定》第 6 条）、国际收支平衡（《1994 年关税与贸易总协定》第 12 条和第 28 条 b 款）、保护幼稚产业（《1994 年关税与贸易总协定》第 18 条 a 款和 c 款）、紧急保护（《1994 年关税与贸易总协定》第 19 条）、一般豁免（《1994 年关税与贸易总协定》第 25 条）；二是对 GATT 一般义务的永久例外条款，如一般例外（《1994 年关税与贸易总协定》第 20 条）、国家安全（《1994 年关税与贸易总协定》第 21 条）、关税重新谈判（《1994 年关税与贸易总协定》第 28 条）。

剪贴板

关贸总协定乌拉圭回合达成的《保障措施协定》规定，保障措施是指当某项产品进口数量急剧增长，对进口国内相关工业造成严重损害或损害威胁时，进口国政府有权对该进口产品采取的进口限制措施。

尽管从广义上讲 WTO 协定中具有保障机制功能的条款很多，但一般所说的保障措施就是指《1994 年关税与贸易总协定》第 19 条和乌拉圭回合所达成的《保障措施协定》中的措施，起初被称为紧急保护措施或称例外条款或免责条款。"保障措施"作为一个正式的法律规则术语，首次出现在乌拉圭回合达成的《保障措施协定》中。

超链接

http://laws.66law.cn/law-98270.aspx《1947 年关税与贸易总协定保障措施协定》

（二）保障措施与反倾销、反补贴措施的比较

在当代国际贸易中，保障措施是多边贸易体制中的一个重要内容。与反倾销、反补贴相似，保障措施也是贸易规则中的调节机制。成员国在履行 WTO 义务的过程中受到某种商品进口冲击时，在既无倾销行为，又无出口国政府补贴的情况下，可通过采取保障措施来缓解进口的激增。因此，保障措施也是贸易体制中的"安全阀"。

但与反倾销、反补贴相比，前者与后两者之间在性质、实施的实体条件和程序条件、措施的实施方式、利益受损方可援引的救济手段等方面都存在明显的差异。

1. 性质差异

提高各成员社会福利的总水平、保障充分就业是多边贸易体制追求的一个重要目标。如果某成员因履行 WTO 所规定的义务或因不可预见的原因，其国内产业因进口产品的大量增加而蒙受了严重损害或损害威胁，以致产业竞争力极度削弱，失业明显增加，即使是在正常贸易条件下导致的这种后果，显然也与上述目标不符。为此，WTO 允许成员在符合实体和程序要求的前提下采取适当的保障措施限制产品进口，以便使其国内遭受损害或损害威胁的特定产业有一个合理的调整和适应过程，逐步恢复竞争力，或是进行产业结构的调整。不难看出，保障措施的一个突出特征是，它是针对公平贸易条件下的产品进口实施的限制措施。与保障措施不同的是，反倾销和反补贴措施主要是针对不正当竞争行为，意图在于维护公平的竞争秩序。反倾销和反补贴措施是根据 WTO 所倡导的公平贸易原则所确立的，其主要目的是遏制不正当竞争。因为倾销、补贴均会扭曲市场价格机制，并进而破坏公平的市场竞争秩序。如果某产业因倾销、补贴等不正当竞争行为招致损害或损害威胁，则理应对其予以保护，这是完全符合逻辑的。

2. 实体条件差异

正因为保障措施是针对公平贸易条件下的产品进口实施的，因此从逻辑上讲，实施保障措施所必须满足的前提条件要比实施反倾销和反补贴措施的前提条件更为严格。实施保障措施必须首先存在短期内产品进口大量增长的事实，这种进口增长必须是造成进口国国内产业的严重损害或严重损害威胁的重要原因。而在实施反倾销或反补贴措施时，只要认定进口方相关产业遭受了实质损害或实质损害威胁即可。首先在损害程度上即比保障措施所要求的损害程度要轻一些；其次，从WTO成员的实践看，往往只要能证明倾销或补贴是造成实质损害或实质损害威胁的原因之一即可。

3. 程序差异

从程序角度讲，《保障措施协定》的要求更严格一些。这种严格更主要体现在通知义务和磋商等方面。《保障措施协定》要求提议实施保障措施的成员应将采取的行动（如发起调查、做出裁决或决定等）立即通知保障措施委员会，在实施保障措施前还要与利益相关的出口方进行磋商，以期达成谅解。而在实施反倾销或反补贴措施时，尽管也有相应的程序要求，但在通知的时间要求、内容要求等方面相对要宽松一些。

4. 实施范围的差异

《保障措施协定》要求成员必须在非歧视原则的基础上公平地将保障措施适用于所有其他成员，不得区别进口产品的来源。而反倾销和反补贴措施本身就是针对特定成员的特定出口产品，即那些倾销或受补贴出口的产品。

5. 实施期限和方式的差异

保障措施的实施期限只能是4年，经延长也不得超过8年。而且对于实施期限在1年以上的保障措施，《保障措施协定》还规定，在整个实施期间保障措施必须按固定间隔逐步放宽。经延长的保障措施在进口限制水平和程度上应比之前的保障措施更为宽松，这种放宽是强制性的。此外，对于保障措施实施的频度，《保障措施协定》中也有严格的规定。

反倾销和反补贴措施的实施期一般为5年。此类措施的取消、继续维持主要以是否仍存在倾销或补贴为前提。只要经调查证明存在倾销或补贴，且倾销产品或受补贴产品的进口造成了进口方相关产业的实质损害，则反倾销或反补贴措施可以不断地使用，即没有一个最长的期限限制，也没有频度限制。另外，对于反倾销和反补贴措施，WTO的相关协定并没有规定强制性的逐步放宽的要求。

6. 出口方成员获得补偿或行使报复权方面的差异

在某一成员实施保障措施的情况下，权益受到影响的出口成员方有权要求实施保障措施方提供相应的贸易补偿，如双方不能达成相互满意的补偿协定，则利益受损的出口方可以暂时中止实质对等的关税减让或其他义务，即有权实行实质水平对等的报复。

而在实施反倾销或反补贴措施的情况下，因为此类措施针对的是不公平竞争行为，根本不存在对出口方进行利益补偿的问题，更谈不上出口方行使报复权的问题。

二、保障措施的国际规则

保障措施制度的产生与发展同美国的实践有着紧密的联系。正是在美国的坚持下，保障条款才由国内立法到双边协定直至被纳入多边贸易框架中来。美国在《1934年贸易协定法》中最早提出了保障措施问题，目的为维护国内生产者的利益。而1943年生效的《美墨互惠贸易协定》第11条规定的保障条款，首次把保障条款纳入国际协定中来，即所谓的“免责条款”，这也是后来《1947年关税与贸易总协定》第19条保障条款的原型。

1947年，美国在与21个国家就关贸总协定谈判时，要求所有贸易协定都应依照美国《互惠贸易协定纲领》的规定包含一项保障条款。经过对美国提出的草案建议进行若干修改以后，国际贸易组织日内瓦会议上正式将该免责条款纳入 GATT 中，即《1947 年关税与贸易总协定》第 19 条。之后，在《1947 年关税与贸易总协定》第 19 条的基础上，经过多次谈判，终于在乌拉圭回合后达成《保障措施协定》，形成了现在的 WTO 保障措施法律制度。

剪贴板

《1947 年关税与贸易总协定》第 19 条规定：在特定的紧急情况下允许任何一个缔约方为保障本国经济利益而免除总协定的一定义务。

（一）1947 年关贸总协定中的有关规则

1947 年 GATT 对贸易保障方面的问题做出了一些规定。我们知道，关贸总协定的基本出发点是通过关税减让消除贸易壁垒和歧视性待遇，促进贸易的自由化。但同时也承认，在推进贸易自由化的进程中，保护缔约方境内工业正常发展是合法性的。因此，规则中超过一半的条款都附带有针对关税减让、最惠国待遇和国民待遇的例外规定。

《1947 年关税与贸易总协定》的贸易保障措施是一个广义的概念，包括对不公平贸易实行反倾销和反补贴，维护国际收支平衡，发展中国家保护本国新兴产业，即幼稚工业保护，保护本国经济与资源安全——一般例外，如维护公共道德，保障本国人、动植物的健康和生命，实施垄断，保护专利、商标及版权，以及防止欺诈等措施等 9 类情况，保护国家安全（第 21 条——安全例外，如武器、军火等军事的、国防的问题，裂变材料及其原料，战时国际关系的紧急情况等），其中，最有代表性的条款就是第 19 条——“对某种产品的进口的紧急措施”，通常称为“保障措施条款”。

《1947 年关税与贸易总协定》第 19 条以 3 款内容确立了保障措施制度。其标题为“对某种产品进口的紧急措施”。内容主要涉及实施保障措施的实体条件、程序条件、利益受保障措施影响的其他缔约方的报复权及临时保障措施等问题。

《1947 年关税与贸易总协定》第 19 条确认：即使关税减让分阶段实施，缔约方的某些工业、农业部门在短期内也可能会在适应新的竞争环境中遇到困难，这些困难可能源于其未能使产业结构合理化或未能采用技术创新措施以提高生产率。为了向这些受到影响的产业提供适应新的竞争环境的时间，防止由关税减让导致的进口急剧增加造成国内经济混乱，GATT 规定了保障条款，并希望通过这一“安全阀”使各国政府在接受自由贸易政策的同时能最大限度地做出关税减让和市场准入的承诺。

《1947 年关税与贸易总协定》第 19 条允许缔约方通过国内立法提供保障措施救济。从 1947 年起，包括美国、欧共体、澳大利亚和加拿大在内的许多 GATT 缔约方都在各自的国内法中引入了与《1947 年关税与贸易总协定》第 19 条相对应的保障措施制度。保障措施条款就其本质来讲是一种“免责条款”，因此在 GATT 缔约方的国内法中保障条款均是以“免责条款”的形式出现，而没有直接称之为“保障措施”。《1947 年关税与贸易总协定》第 19 条实际上也没有用“保障措施”这一概念，而是用了“紧急行动”这一措辞。

（二）WTO的有关规则

1.《1994年关税与贸易总协定》第19条与《保障措施协定》

剪贴板

在乌拉圭回合的谈判中，各缔约方对《1947年关税与贸易总协定》第19条进行了修改，并于1994年4月15日在摩洛哥南部城市马拉喀什签署了《保障措施协定》。该协定作为乌拉圭回合一揽子协议最后文件的内容之一，适用于WTO的所有成员。

WTO现行保障措施制度包括两个部分，即《1994年关税与贸易总协定》第19条和《保障措施协定》。简单地说，《1994年关税与贸易总协定》并不等同于《1947年关税与贸易总协定》，因为前者还包括在WTO成立前由GATT缔约方全体或理事会达成的谅解、做出的决定等。但是就第19条的规定而言，《1994年关税与贸易总协定》与《1947年关税与贸易总协定》并没有什么差异。因此，从实质角度讲，《1994年关税与贸易总协定》第19条的规定并没有发生变化。需要强调的是，虽然从文字上看《1994年关税与贸易总协定》第19条与《1947年关税与贸易总协定》第19条并没有什么不同，但因为现在有了《保障措施协定》，使得WTO保障措施制度更加完善和具体。

《保障措施协定》作为乌拉圭回合谈判的一个重要成果，其重要意义在于，从制度上强化了对GATT第19条保障措施的多边控制，在更大程度上保证了保障措施实施标准和程序的统一性，提高了保障措施的透明度，对成员在WTO规则之外寻求进口限制（即所谓“灰色区域”措施）的行为予以了明确的禁止。应该说，如果该协议能够得到WTO成员的严格遵守，将会更为有效地防止扭曲贸易行为的泛滥，有利于进一步推动贸易自由化。

剪贴板

《保障措施协定》第1条规定：本协定为实施保障措施制定规则，此类措施应理解为《1994年关税与贸易总协定》第19条所规定的措施。

该条规定意味着，就WTO保障措施制度而言，它包括两个部分，即《1994年关税与贸易总协定》第19条和《保障措施协定》，两者的关系好比法与实施条例。《1994年关税与贸易总协定》第19条确定了保障措施的基本制度，内容比较原则，程序性规则不够详细；而《保障措施协定》规定的是实施保障措施的实体规则和程序规则以及多边监督，是对《1994年关税与贸易总协定》第19条的一个补充和细化。因此，《保障措施协定》并不是关于WTO保障措施制度独立而唯一的规则。WTO成员在实施保障措施时，既要遵守《保障措施协定》，也要遵守《1994年关税与贸易总协定》第19条。

2.《服务贸易总协定》保障措施条款

上述论及的以《1994年关税与贸易总协定》第19条和《保障措施协定》为主体的WTO保障措施制度是在WTO框架下针对货物贸易规则而言的。就服务贸易规则来讲，《服务贸易总协定》第10条规定了类似于《1994年关税与贸易总协定》第19条的紧急保障措施，二者在原则上是一致的。它准许成员在由于没有预见到的变化或由于某一具体承诺而使某种服务提供的进口数量太大，以至于对本国的服务提供者造成严重损害或严重损害威胁时，可以部分或全部中止此承诺以弥补这一损害。然而，该条款是不完善的，缺乏实质内容，只是做了某些日程安排。因此，如何建立服务贸易规则下的保障措施制度仍是WTO成员有待进一步谈判的议题。

3. 保障措施实施的原则

从保障措施实施的实质要件和程序来看，按《保障措施协定》适用保障措施时必须遵循以下原则：

（1）保护程度的适度性。在实施保障措施时，应使保护限于防止或补救这种损害所必需的程度内。例如，如果用8%的关税能有效地保护国内工业，就不应该使用高于8%的关税。

（2）保护时间的暂时性。实施保障措施并不是永久的，而是暂时性的。实施保障措施的期限原则上不超过4年，可延长期限，但需满足的条件是受损害的工业正在调整之中。此外，期限最长不能超过8年，发展中国家成员可以延长到10年。

（3）保护的递减性。适用期1年以上的保障措施必须随着“受保护工业的恢复而逐渐递减”。在适用期超过3年的情况下，还应进行中期评审，并适当加快撤销或放宽限制。延长适用期的限制与首次限制的末期相比应宽松些。

（4）保护的再次适用原则。对同一进口产品不得两次适用保障措施，而且期限相同，除非两次保障措施之间的不适用期超过2年。但是，如果保障措施的适用期只有180天或少于180天，则自保障措施实施之日起的一年后可再次对该产品适用保障措施；或者在保障措施实施之日前的5年之内对同种产品采取的保障措施不超过两次的，亦可再次适用短期保障措施。

（5）保障措施的非歧视性原则。《保障措施协定》第5条规定，成员在实施保障措施时，应该非歧视地适用某一进口产品，而不论其来源。保障措施的“选择性”问题在GATT/WTO内争论不休。

小词典

选择性指进口方在实行保障措施时，可以有选择地对某一出口方或某几个出口方的产品实行限制，而不是一视同仁地对所有出口方进行限制。

这种“选择性”实际上是一种歧视性，有悖于限制的非歧视性原则。由于发达国家成员频繁利用“选择性”保障条款对发展中国家成员实施限制，发展中国家成员在乌拉圭回合中极力反对把“选择性”引入保障条款。双方经过激烈争论，形成了该原则。但第5条允许有两个例外，一是保障措施委员会如果认为从某成员的进口在代表性时期内相对于进口增加总量不成比例时，可以违背非歧视性原则有选择地分配配额；二是根据GATT其他规定的措施可以不受这一约束。如果成员在加入WTO时承担选择性保障条款，那么，可以歧视地实施保障措施。中美WTO双边协定的特殊保障条款规定允许美国仅对来自中国的产品进行限制而非对所有成员就是一例。

4. 保障措施制度的“例外”

在WTO货物贸易规则框架下，有两类商品关于保障措施制度的规定游离于《保障措施协定》，即农产品和纺织品服装。由于这两类商品均为国际贸易领域中的“敏感”商品，因此，对其保障措施的规定目前还不适用《保障措施协定》。关于农产品贸易，由于《农产品协定》针对关税化了的农产品规定了保障措施，因此，农产品一般适用《农产品协定》中的特殊保障条款。至于纺织品和服装，乌拉圭回合达成的《纺织品与服装协定》规定，目前一些进口国对纺织品歧视性限制将在 10 年内分四个阶段逐步取消。分阶段实施的期限内，协定允许在纺织品进口大幅度增加对进口国工业造成严重损害的情况下，该进口国对这一进口可歧视性地实施保障措施。据此规定，只有在 2005 年 1 月 1 日之后，《保障措施协定》的有关规则才能适用于纺织品贸易，因为届时《纺织品与服装协定》将不复存在。

农产品与纺织品和服装的这种游离，原则上是与 WTO 规则相违背的，但由于其商品本身的特殊性，其向 WTO 规则的回归还需要一段时间。

超链接

https://www.wto.org/english/docs_e/legal_e/16 - tex_e.htm《纺织品与服装协定》

三、《保障措施协定》的主要内容

《保障措施协定》由 14 个条款和 1 个附件组成。主要内容包括：实施保障措施的条件、保障措施调查、严重损害或损害威胁的确定、保障措施的实施、临时保障措施、保障措施的期限和审议、补偿谈判与报复、对发展中成员的特殊待遇、禁止“灰色区域”措施、通知和磋商、多边监督及争端解决等内容。附件所列举的是欧共体与日本之间于 1999 年 12 月 31 日终止的一项“灰色区域”措施。

小词典

灰色区域是指缔约双方通过自愿出口限制、有秩序的市场安排、数量限制等形式来限制进出口贸易的措施。此类措施由于透明度很低、法律地位不明确，往往成为贸易保护主义的保护伞，因而被称为“灰色区域”。

（一）实施的条件

第一，正在进口至其领土的一产品的数量与国内生产相比绝对或相对增加。

进口增加指的是数量的增加，而不是进口价值的增加或金额的增加。绝对增加，是指产品进口数量在某一段时间内的绝对增加；相对增加，是指在某一段时间内，产品的进口数量相对于进口方内部生产而言的增加，尽管绝对数量不一定增加，但可用进口国国内市场份额的改变来判定，表现在进口方内部生产的同类产品的市场占有份额减少。

第二，由于进口增加，对进口国国内产业造成严重损害或严重损害威胁。

严重损害，应理解为对一国内产业状况的重大全面减损。严重损害威胁，指明显迫近的严重损害。对严重损害的确定应根据事实，而非仅凭指控、推测。国内产业，指一成员领土内进行经营的同类产品或直接竞争产品的生产者全体，或指同类产品或直接竞争产品的总产量占这些产品全部国内产量主要部分的生产者。

第三，产品数量的增加与造成的严重损害或严重损害威胁存在因果关系。

保障措施应针对一正在进口的产品实施，而不考虑其来源，遵循非歧视性原则。即实施保障措施时，只能针对产品而不能针对国家，对来自所有国家的同类进口产品一律限制或禁止进口。

（二）调查程序

调查程序包括调查的程序、内容与方法。

调查的程序，一成员只有在其主管机关根据以往制定的程序进行调查，并进行公开后方可实施保障措施。该调查应包括对所有利害关系方做出的合理公告，及进口商、出口商和其他利害关系方可提出证据及意见的公开听证会或其他适当方式，包括对其他方的陈述做出答复或提出意见的机会，特别是关于保障措施的实施是否符合公共利益的意见。主管机关应公布一份报告，列出其对所有有关事实问题和法律问题的调查结果和理由充分的结论。

调查的内容与方法，在调查中主管机关应评估影响该产业状况的所有有关的客观和可量化的因素，特别是有关产品按绝对值和相对值计算的进口增加的比率和数量，增加的进口所占国内市场的份额，以及销售水平、产量、生产率、设备利用率、利润和亏损及就业的变化。调查结束后，主管机关应迅速公布对被调查案件的详细分析和对已审查因素相关性的确定。

（三）补偿与报复

前已述及，由于保障措施针对的是公平贸易条件下的产品进口，因此，保障措施的实施必然会影响出口方的正当利益。为此，《保障措施协定》第 8 条要求双方就保障措施对贸易产生的不利影响商议贸易补偿的有效方式。如果 30 天内达不成协定，出口方可以在保障措施实施的 90 天内以及货物贸易理事会收到书面中止通知之日起 30 天内，对进口方中止实施货物贸易理事会不反对的、《1994 年关税与贸易总协定》项下的实质相等的减让或其他义务。

协定对报复权还有一种限制，即如果采取保障措施是因为进口的绝对增长，并且该措施符合协定的规定，则利益受影响的出口成员在保障措施的第一个 3 年中不得对等中止义务。

（四）“灰色区域”措施问题

鉴于“灰色区域”措施对国际贸易的危害，协定明确规定，任何成员不得在进口或出口方面寻求、采取或维持自愿出口限制、有秩序的销售安排或其他形式的“灰色区域”措施。成员不应鼓励或支持公私企业采用或维持与上述做法效果相同的非政府措施。

对于 WTO 成立前已经实行并仍继续生效的“灰色区域”措施，一方面，各成员应将该类措施通知保障措施委员会；另一方面，成员应列出时间表逐步取消此类措施，或使其符合《保障措施协定》的规定。根据该协定要求，到 1999 年底，所有的“灰色区域”措施都被取消。

（五）发展中成员的优惠待遇问题

从对保障措施案件的统计数字来看，采取保障措施的大都是发达国家，主要对象是新兴工业国和日本，发展中国家处于被动地位。由于时代背景的局限，《1947 年关税与贸易总协定》第 19 条没有对发展中成员的待遇做任何特别规定，但《保障措施协定》体现了对发展中成员利益的特别关注。协定规定，如果某一发展中成员的出口在进口成员方总进口中的份额不超过3%，几个发展中成员所占的份额之和不超过9%，则保障措施不能适用于此类发展中成员的出口产品。此外，发展中成员采取保障措施的期限比发达国家成员长一些，其最长适用期可为10年，并且在再度适用方面的限制较发达国家少。

四、保障措施实施的方式

（一）保障措施的实施方式

保障措施的实施应仅限于防止或补救严重损害并便利调整所必需的限度内，从实践来看，保障措施可采用的方式大体包括修改减让、提高关税、实行数量限制，或提高关税和数量限制并用（如关税配额）等。目前，各国多使用提高关税和数量限制并用的办法，具体做法是采用关税配额的方式，即在一定的配额数量之下，适用普通的关税税率，一旦超过配额数量，则征收较高的关税。

采用数量限制方式，则该措施不得使进口量减少至低于最近一段时间的水平。该水平为可获得统计数字的、最近三个代表年份的平均进口。

采用配额方式，实施限制的进口国应当与其主要出口国（供应有关产品具有实际利益的所有成员）达成一个配额份额分配的协议，如果难以达成，则可根据主要出口国在以往一代表期内的供应量占该产品进口总量或进口总值的比例进行分配。但是，如果某一或某些主要出口成员在代表期内向进口成员出口过多，其增长的百分比与进口的增长总量不成比例，则可对其做出专门的限制。因为它们需要对进口国造成的严重损害负主要责任，但这一做法不能针对“严重损害威胁”的情况。

实践中，数量限制虽然可以直接采用，但更多的是与关税配额结合使用。

（二）临时保障措施和永久性保障措施

保障措施分为临时保障措施和永久性保障措施。

1. 临时保障措施

临时保障措施是指在延迟进口限制会对进口国造成难以弥补的损害的紧急情况下，进口成员国根据现已掌握的证据进行判断，如果证据明确表明，增加的进口已经或正在威胁造成严重损害时，可做出初步裁定限制该产品的进口。

临时保障措施的期限不得超过200天，措施的形式主要为提高关税和关税配额。采取临时保障措施后，需要对进口产品情况做进一步的调查。如果在随后继续调查中发现并不存在进口已对国内产业造成严重损害或损害威胁时，需要立即将提高的关税退还；如果临时保障措施变为永久性保障措施，则临时措施已实施部分的期限应计入保障措施可实施的期限中。也就是说，实施永久性保障措施的期限应当连续计算，从采取临时保障措施算起。

2. 永久性保障措施

永久性保障措施是指正式的保障措施，也称保障措施。只有在因大量进口已造成国内相关产业的严重损害时方可采用。保障措施的期限一般不得超过4年，如果期限届满前，进口国经调查认为停止实施有可能重新导致对国内产业的严重损害，则可延长，但从临时措施开始计算，最长不得超过8年。

如果采取的保障措施期限超过1年，适用该措施的成员方应当在适用期间通过定期审查予以逐步撤销；超过3年的，应在适用的中期对适用情况进行审查，决定何时撤销适用；如果经审查需要延长适用的，延长期采取的措施不得比起始期结束时更加严厉，并应继续予以逐步撤销。

3. 保障措施授权的“报复”

如果一方实施或延长保障措施，应与可能受该措施的出口成员进行磋商，努力维持与其在《1994 年关税与贸易总协定》项下存在的水平实质相等的减让和其他义务水平，保持相互间的权利义务平衡，如果不能平衡，实施方需要通过协商对出口成员贸易的不利影响议定适当的贸易补偿方式；如果磋商未能达成协议，受影响的出口成员有权在保障措施实施后，提出中止实施《1994 年关税与贸易总协定》项下实质相等的减让或其他义务。但是，如果保障措施的实施是由于进口的绝对增长而采取的，并符合本协定的规定，中止的权利不得在保障措施有效的前 3 年内行使。但协定没有限制相对增长采取报复措施的行使时间。

提示音

对“相对增长”这一概念的解释目前尚有争议，人们可理解为，当进口国国内生产下降或消费需求暂时下降时，即使进口绝对数量没有增加，甚至还有所下降的情况下，仍可以解释为进口的相对增长，显然为制造非关税壁垒提供了条件。因为，当经济不景气时，相对增长更容易发生，等于进口国把国内产业调整的负担转移到外国产品身上，为贸易保护主义提供了机会。

WTO 对成员国实施保障措施的管理机构是在货物贸易理事会下设立一个保障措施委员会。它向货物贸易理事会报告实施情况，判断受影响的成员采取的保障措施是否符合协定的规则和程序，并可帮助协商、监督执行和取消保障措施的情况等。

第二节　国外实施保障措施对我国的影响

一、国外保障措施实施的现状

（一）WTO 成立之前保障措施实施的情况

WTO 成立之前，引用《1947 年关税与贸易总协定》第 19 条的情况，1950—1994 年共 150 次，平均每年三次多。GATT 作为一种多边机制，仅是凭《1947 年关税与贸易总协定》第 19 条这一个条款来规范和监督缔约方的保障措施实践的。然而，由于其固有的局限性，长期以来，《1947 年关税与贸易总协定》第 19 条受到了广泛的质疑。主要问题包括以下五个方面：（1）对“严重损害”没有一个被广泛接受的定义，给进口方自行解释留下了太大的余地；（2）进口方采取保障措施的国内程序透明度不够；（3）GATT 针对保障措施所规定的通知和磋商程序不适宜；（4）尽量缩短保障措施期限的目标未很好地实现；（5）选择性的“灰色措施”完全逃避了 GATT 的规则和纪律。《1947 年关税与贸易总协定》第 19 条的这些缺陷产生了两种极端的后果，一是缔约方在实施保障措施过程中透明度不高、随意性较大；二是慑于补偿和报复的巨大代价，缔约方纷纷在 GATT 规则之外通过双边途径解决贸易争端，致使“灰色区域”措施长期泛滥。

“灰色区域”措施的盛行可以说是《1947 年关税与贸易总协定》第 19 条执行以后一个重要的“副产品”。从 1947 年到 1988 年，GATT 缔约方共约实施了 130 例保障措施（其中名列前位的是：澳大利亚 38 例、美国 27 例、欧共体 25 例、加拿大 22 例），而用以解决问题的“灰色区域”措施却有 284 起。由于《1947 年关税与贸易总协定》第 19 条规定本身存在的问题以及实践中大量出现的缔约方规避多边纪律的现象，造成《1947 年关税与贸易总协定》第 19 条规定的失灵。重建关于保障措施的多边纪律和规则，是摆在 GATT 所有缔约方面前一个不容回避的议题。为了有效地解决《1947 年关税与贸易总协定》第 19 条规定失灵的问题，GATT 各缔约方做出了长期的努力。经东京回合和乌拉圭回合近 15 年的谈判，才形成了目前以《1994 年关税与贸易总协定》第 19 条和《保障措施协定》为主体的 WTO 保障措施制度。

（二）WTO 成立之后保障措施的实施现状

WTO 成立以来，从 1995 到 2014 年 12 月底，成员国发起保障措施调查共计 295 起，平均每年 14.75 起。但从各年份来看，1995 年只有 2 起，1996 年 5 起，1997 年 3 起，1998 年 10 起，1999 年 15 起，2000 年 25 起，2001 年 12 起，2002 年 34 起，2003 年 15 起，2004 年 14 起，2005 年 7 起，2006 年 13 起，2007 年 8 起，2008 年 10 起，2009 年 25 起，2010 年 20 起，2011 年 12 起，2012 年 24 起，2013 年 18 起，2014 年 23 起。从 2007 年至 2014 年每年的发起调查数均维持在 10 起以上，平均每年可达 18.86 起。发起数量有不断上升的趋势，而且越用越频繁。

截至 2014 年底，发起保障措施的国家有 46 个，其中发达国家以美国发起的次数最多，共 10 起；发展中国家以印度为最，共 39 起。此外，发起较频繁的国家有印度尼西亚 26 起，土耳其 20 起，约旦 17 起，智利 15 起，菲律宾 11 起，埃及 11 起。可见，保障措施频繁发起的成员国比较集中。2001 年美国发起“201 钢铁保障措施案”，导致各国积极防御。2002 年针对钢铁的保障措施共有 8 起，连锁反应突出，构成了 2002 年的突出特点。

提示音

从 1995 年到现在，保障措施的实施国逐渐增加，那么在日后其是否有进一步扩大的趋势呢？此前成员国更注重于反倾销，现在是否也开始重视保障措施呢？这是值得我们进一步思考的。

二、国外保障措施实施对我国的影响

由于我国加入 WTO 相对较晚，其他成员国对我国动用保障措施的还比较少，尽管该措施对我国的出口贸易已开始产生影响，但与反倾销等措施相比，影响也还比较小。

目前，对我国已实施的保障措施也都是小案件，如日本对我国三项农产品实施的保障措施，在中日贸易中还微不足道；美国对其钢铁进口实施保障措施，虽然我国钢铁出口也受到了一些影响，但该措施并不是主要针对我国。

但是，目前的情况不能代表未来。保障措施是 WTO 允许采用的合理合法的保护措施之一，各成员国也都对此高度关注，如欧盟、加拿大等善于利用反倾销措施的成员，现在也开始利用该措施。所以，我国在加入 WTO 之后，在频繁遭到反倾销的同时，还会频繁遭到贸易保障措施的限制。这不是一种单纯的理论推断，而是未来必然会发生的。因此，这一措施必须引起我们的高度重视。

另外，我们应重视并防范国外的“特保措施”。由于我国在入世议定书中有允许成员对中国出口产品采取特殊保障措施的承诺，“入世”后，WTO成员纷纷加强了对华特别产品过渡性保障机制的立法工作。这些立法主要是大幅度降低了立案标准，同时可以仅针对中国，从而避免保障措施针对全球所带来的压力。

剪贴板

据统计，已有美国、欧盟、韩国、加拿大、澳大利亚、新西兰、印度等国家（地区）制定了对华保障措施法规条款。从1995年到2015年间，国外对中国共发起特别保障措施共89起，这应引起我国有关方面的关注。

由于《中国入世议定书》中的特殊保障措施是针对我国情况而制定的，因此，其特殊性可能导致其被进口国大量运用，这对中国“入世”后的出口造成了严重的影响。为防止特保措施条款对我国“入世”后的出口造成严重影响，我们建议：

第一，企业和进出口商会应对关键出口产品实行重点监控，及时向企业发出信号，建立预警机制，关注国际市场对中国产品的反馈，避免国外对中国产品提起特别保障措施调查。

第二，一旦进口国对中国的出口产品提起特保措施调查，则相关出口企业应当积极应诉，据理力争进行抗辩，避免进口国对中国的出口产品采取特保措施。各出口企业还应注意“贸易转移”的问题，避免由于对某一国的出口受阻而迅速扩大对其他国家的出口，防止授人以柄，导致连锁反应。

第三，出口企业应与我国有关政府部门保持紧密沟通。如果进口国政府已经提出磋商请求，则可以在适当情况下与该国政府进行磋商，达成协定。如无法达成一致意见，并且进口国政府将对中国出口产品采取特保措施，企业应当积极进行调查取证，做出分析报告，看其行为是否违反WTO规则。必要时，我们要求助于WTO争端解决机制，一方面可以澄清《中国入世议定书》和《中国加入工作组报告书》中规定不明确的条款；另一方面也可以对其他WTO成员今后采取特保措施产生一定的遏制作用。

三、国外对我国实施保障措施的原因

（一）保障措施制度存在的基本原因

推动自由贸易从而带动经济增长是WTO的目标之一，而保障措施制度却赋予进口成员方在特殊情况下限制公平贸易条件下的进口产品。显然，保障措施与WTO所倡导的贸易自由化的基本原则并不一致。从经济学角度讲，公平贸易行为带来的进口增长与进口国进口竞争产业的损失只是贸易双方遵循比较优势这一最基本的经济学法则运作的结果，从经济学意义上看也是最有效率的结果。既然保障措施是没有经济效率的，那么，为什么WTO成员方会蔑视市场经济原则而允许缔约方背离其承诺呢?

首先，“情势变迁原则”是保障措施存在的法理基础。保障措施是国际法上“情势变迁原则”在国际贸易关系中的具体运用。这项原则的原意是：契约本身具有在缔约时的情势不变的情况下才持续有效的含义。这一原则的合理性在于：当发生缔约时完全未能预料到的情势变化，而使缔约方享有的条约上所规定的利益受到严重损害，与另一缔约方之间发生权利义务的严重失衡时，该缔约方为保护自身利益可以终止条约或寻求某种补救措施。

尽管"情势变迁原则"并未获得各国国内法的普遍采纳，但许多国际法学者已将这个民商法原则引入国际法领域，认为国际条约也适用这一法理，基于此，保障措施制度被GATT所接受，并得到WTO的继承和发展。

其次，幼稚产业保护论为保障措施的存在提供了基本理论依据。幼稚产业保护是现代国际贸易中比较流行的一种保护理论，这一理论创始于18世纪，由美国著名政治家和经济学家汉密尔顿首先提出。19世纪中叶德国著名思想家李斯特对其做了进一步发展，并使这种理论系统化。随后，著名经济学家、自由贸易理论积极倡导者穆勒竭力倡导、宣扬和发挥了这一理论，他认为，在自由贸易世界中，幼稚产业保护是一个国家实施贸易保护措施的唯一理由。这一理论在国际贸易学说中占据了重要地位，成为世界各国实现贸易保护的基本理论。

由于WTO各成员国之间经济发展水平存在差异，这就使得在贯彻自由贸易机制的过程中，会造成一种事实上的不公平。长此以往，会使落后国家国内相关产业受到损害或损害威胁，在经济、政治上受制于发达国家，不利于民族独立和经济发展。这也是当代国际贸易实践对以"比较优势"为基础的传统贸易理论提出的挑战。作为多边贸易自由化的一项例外，保障措施制度是各国进行产业保护的"安全阀"，其实施为各国在贯彻自由贸易原则过程中可能遭受的冲击提供了一个"缓冲"的机会。保障措施实施过程中采用的行政干预，可以克服市场对产业结构调整的滞后性弱点，也可以为行业比较利益或竞争优势的提升以及市场资源的重新配置争取更多的时间，从而使市场经济"公平竞争"的原则得到合理的体现。

再次，保障措施规则的建立进一步推动了贸易自由化。保障措施制度是平衡WTO自由贸易造成的事实上不公平的一个杠杆。这种机制的存在使得WTO这一多边贸易体制更具有吸引力，因为它赋予了各成员一种救济权，使成员方在特殊情况下可以为本国产业创造一个通过产业调整来提高国际竞争力的机会，即当推动贸易自由化出现意外情况时（如国内产业受到严重损害），可以合法地采取进口限制措施，达到贸易救济的目的。有了这种"免责"机制，WTO各成员才可能有充分的信心和胆量，通过不断地降低关税、削减非关税壁垒大力推动贸易自由化。

最后，保障措施也成为贸易保护主义的"政治安全阀"。政府实施保障措施与其说是从经济利益角度出发，还不如说是从政治角度考虑更为确切，因为产业界的政治影响力是相当大的。在实践中，WTO成员政府往往会被利益集团所左右，并受一些政治因素的影响实施一定措施来保护国内产业。"美国201钢铁保障措施案"就是一个很好的例证。WTO保障措施规则的建立为政府提供了在某些情况下违背特定贸易自由化承诺的手段，从而减少了进口国对于贸易自由化原则采取更为强烈的背离措施的压力，提高了多边贸易体制的长期稳定性。事实上，在事先的贸易自由化和事后施加进口保护措施两者的博弈中，保障措施起到了平衡的作用。

（二）国外对我国实施保障措施的原因

1. 从微观摩擦看，实际上是经济实力对比的改变

微观摩擦一般是由贸易一方对另一方出口激增造成的，表现为不同产业的冲突，但多由双方在国际分工中地位的变化所引起。如A国向B国出口的重点是甲类产品，B国向A国出口的是乙类产品。当B国甲类产品自身生产能力不断增强之后，从A国进口甲类产品的增长率相对下降，而A国对B国乙类产品的增长率不变或有提高的情况下，贸易摩擦形成。

剪贴板

从中日进出口结构来看，2000年中国纺织品、金属、矿物出口占对日出口的48.9%，从日本进口的电器产品和通用机器占47%，中国主要出口的是低附加值产品，而进口的是高附加值产品，两国间具有明显的互补性。

但是，进一步分析发现，随着日本对中国制造业投资的增加，从中国进口机电产品扩大，已由1993年的8.7%增加到2000年的26.1%，双方水平分工的增加，竞争性产业的扩大，引起微观摩擦。也就是说，中国与日本的水平分工的距离拉小了，原来从日本进口的产品数量减少了，而中国对日本出口的产品又增加了。

2. 从宏观方面来看，两国间的贸易顺差或逆差是摩擦产生的一个根源

宏观摩擦是由一国巨额的贸易顺差或逆差引发的两国间宏观经济政策的摩擦，包括两国间直接的顺差逆差，也包括同第三国贸易顺差逆差的增减。

例如，由于中日统计口径的不一致，2000年中方统计对日贸易大体平衡，而日方统计却是日方出现了高达249亿美元的巨大逆差，占当年日本贸易逆差的1/3，创出自1988年以来，日本连续13年对华逆差的最高纪录。同时，在日本最大的出口市场美国，2000年中国取代了日本成为美国最大的贸易顺差国，挤掉日本在美国相当大的市场。在越南，中日摩托车市场大战，中国占了上风，1999年起，打破了日本的长期垄断，以单价只有日本30%～50%的绝对优势，占领了越南一半的市场。在印度尼西亚，中国出产的电动自行车，约有30个品牌以便宜的价格参加竞争，2000年1—8月间，出口到印度尼西亚的电动自行车就有50万辆，使本田等日本公司感到威胁巨大。这些都从不同方面打击了日本巨额贸易顺差的来源。

3. 从产业保护角度看，是进口国对产业调整过程的保护

例如，2002年美国动用“201条款”，对美国钢铁工业实施保障措施就是一个典型案例。本来作为传统产业的钢铁工业不断衰落是美国产业结构高级化的必然结果，美国钢铁产业向国外转移是国际分工的必然趋势，也是经济规律发挥作用的必然轨迹，但美国政府却将经济规律作用的结果看作是进口钢铁造成的损害，并实施WTO给予经济弱势国家保护弱势产业的保障措施，其实质就是对国内产业的过度保护。

4. 从贸易角度看，是进口国对本国贸易利益的极力保护

一方面，进口国利用贸易政策使贸易利益均衡。尽管许多贸易政策都是成本大于收益，会对公众造成巨大的损失，但为了“均衡”依然去做。此外，一国对进口品征收关税会影响到世界价格，尤其是大国。从整个世界来看，提高贸易保护，贸易福利必然下降。

另一方面，本国利益至上。任何贸易纷争的背后都是贸易利益的纷争。自由贸易理论的核心是阐明了贸易利益的创造机制，国际贸易的发生是由于交换产生了贸易利益，为整个世界增加了财富，并使交换各方都能获得贸易利益。但该理论在贸易利益如何具体分配方面却缺乏论证。事实上，在现实的国际经贸关系中，贸易利益的分配有时更能起到决定性的作用。

第三节　我国保障措施的立法及实践

一、我国保障措施的立法

（一）我国保障措施的基本立法

在《中国入世议定书》中，我国承诺在加入 WTO 后将实施保障法规，以使保障措施得以规范化。新法规的内容将完全与《保障措施协定》相一致。为此，我国正在起草保障措施法，《1994 年关税与贸易总协定》第 19 条以及《保障措施协定》是多边国际条约，虽然我国宪法没有明确规定国际法如何在国内适用的问题，但从目前的情况看，实际上采取了转化的方式，而且关于保障措施的国内立法已基本形成体系。

我国保障措施的立法包括《中华人民共和国对外贸易法》（以下简称《对外贸易法》），该法于 1994 年 5 月 12 日经第八届全国人大常委会第七次会议通过，共有 8 章 44 条，经 2004 年 4 月 6 日第十届全国人大常委会第八次会议修订，修订后为 11 章 70 条，进一步适应了我国外贸的发展。

2001 年 11 月 26 日国务院发布了《中华人民共和国保障措施条例》（以下简称《保障措施条例》），2004 年 3 月 31 日国务院对该条例进行了修订。

1.《中华人民共和国对外贸易法》

我国实施保障措施方面的法律规定是《对外贸易法》中的第 44 条～第 46 条，分别对货物贸易、服务贸易和因第三国采取限制措施导致我国进口急剧增加等方面做出了规定。但该法对保障措施无具体操作措施内容的规定，因而无法具体实施。《对外贸易法》关于保障措施问题的规定，成为制定《保障措施条例》的法律依据。

2.《中华人民共和国保障措施条例》

《中华人民共和国保障措施条例》是根据我国《对外贸易法》的规定制定的，目的就是便于具体实施保障措施。该条例包括总则、调查、保障措施、期限与复审及附则。

根据上述法律法规的规定，我国保障措施实施的基本程序为：递交申请—立案审查—立案—通知 WTO 保障措施委员会—初步调查（临时保障措施—就实施临时保障措施通知 WTO 保障措施委员会—政府磋商）—继续调查（实地核查、听证会分析答卷、公共利益审查等）—就调查结果通知 WTO 保障措施委员会—终裁决定—就提议实施最终保障措施通知 WTO 保障措施委员会—信息披露—政府磋商（提议实施或延长）—最终保障措施—复审（超过 3 年的）。

3.《保障措施调查立案暂行规则》和《保障措施调查听证会暂行规则》

原外经贸部作为保障措施调查的主管机关之一，已及时地根据上述条例所赋予的调查职能以及立法授权，制定了相应的部门规章，主要是以 2002 年 2 月 10 日第 9 号、第 11

号部令发布的《保障措施调查立案暂行规则》《保障措施调查听证会暂行规则》，两规则均已经于2002年3月13日生效。这些暂行规则针对条例中规定的一些较为原则的问题的具体实施做了相应的细化。随着我国保障措施调查工作的进一步开展，还会有其他相关规则陆续出台。

超链接

http://www.law-lib.com/law/law_view.asp? id=17038《保障措施调查立案暂行规则》

http://www.law-lib.com/law/law_view.asp? id=17040《保障措施调查听证会暂行规则》

总之，从立法层次来看，我国已初步形成了基本法、行政法规、部门规章这样一个比较完整的关于保障措施的法律体系。同我国加入WTO之前相比，无疑是有了重大的进步。对于规范我国调查机关依法行使调查职权及其他相关职能、保证保障措施调查的公正性和透明度、充分利用这一贸易救济来合理保护国内产业，具有重要意义。

此外，原外经贸部已经按照我国承担的国际义务，将《中华人民共和保障措施条例》和上述两个暂行规则及时地通知了WTO保障措施委员会。

（二）《中国入世议定书》第16条

中国“入世”谈判中，WTO成员对中国“入世”后对其出口大量增加的可能性表示担忧，因此提出针对中国进口产品采取保障措施在适用《保障措施协定》上予以保留。这一保留最终规定在《中国入世议定书》第一部分的第16条“特定产品的过渡性保障机制”中。根据该条的规定，在加入WTO后的12年内，如果中国产品出口激增，对其他WTO成员造成市场扰乱，那么双方应进行磋商。如果双方一致认为中国产品出口造成了这种情况，并有必要采取行动，那么中国应自行采取补救措施；如果磋商不一致，那么WTO成员只能在补救冲击所必需的限度内，对有关产品撤销减让或限制进口。WTO成员在采取该条款时，必须满足一系列条件和标准，并需要进行公告；如果采取临时保障措施，则其期限不得超过200天。

由于上述特殊保障措施是针对我国情况而制定的，它与一般保障措施的实施有很大的区别：其一是其他WTO成员可以只针对中国的出口产品采取保障措施；其二是在磋商中若一致认为中国的出口产品造成其他成员国内产业损害时，中国应采取诸如自动出口限制等措施控制出口。因此，可以预见，由于取消了实施保障措施的一些要求，对我国出口产品实施保障措施要比对其他成员实施更方便，加之近年来各成员方实施保障措施呈逐年递增的趋势，我国“入世”后出口产品可能会招致外国频繁适用保障措施，成为外国适用保障措施的一个主要目标。

（三）我国的《保障措施条例》

1.《保障措施条例》的基本内容

由于我国的《保障措施条例》是适应我国加入WTO的需要而通过的，所以其内容与《保障措施协定》非常一致。《保障措施条例》对保障措施调查的基本程序、采取保障措施的形式和期限、磋商以及调查机关的职能分工等问题做了较为全面的规定。其中关于保障措施的适用条件、进口数量增加的确定、“国内产业”的定义、调查中有关资料的保密、临时保障措施、保障措施的实施、保障措施的期限和复审都直接参考了《保障措施协定》的规定甚至表述。

《保障措施条例》规定，进口产品数量增加，并对生产同类产品或者直接竞争产品的国内产业造成严重损害或者严重损害威胁时，可依照本条例规定进行调查，采取保障措施。与国内产业有关的自然人、法人或者其他组织可以向外经贸部（现为商务部）提出保障措施的书面申请；外经贸部（现为商务部）没有收到采取保障措施的书面申请，但有充分证据认为国内产业因进口数量增加而受到损害的，也可以决定立案调查。

《保障措施条例》还规定，对损害的调查和确定，由国家经贸委负责。条例对以下内容做了规定：对进口产品数量增加、国内产业、进口数量增加与国内产业损害之间因果关系的确定、调查和裁决的程序等做了明确规定；保障措施可以采取提高关税、数量限制等形式；保障措施的实施期限不超过 4 年，同时对符合法定条件的保障措施的实施期限可以适当延长。保障措施实施期限超过 3 年的，外经贸部、国家经贸委（现为商务部）应当在实施期间对该项措施进行复审，并且规定对同一产品再次采取保障措施的，与前次采取保障措施的时间间隔应当不短于前次保障措施的实施期限，至少为 2 年，同时也规定了例外情形。

另外，任何国家或地区对中华人民共和国的出口产品采取歧视性保障措施的，中华人民共和国可以根据实际情况对其采取相应措施。

2.《保障措施条例》的科学性

《保障措施条例》对《对外贸易法》第 29 条的规定给予了更全面的诠释和扩充，它不仅说明了保障措施的含义，而且对保障措施的实施条件、实施程序等都做了明确的规定，为我们更好地执行 WTO《保障措施协定》奠定了基础，是我国保障措施制度建立的良好开端。

《保障措施条例》基本沿用了《保障措施协定》的规定，同时又兼顾了我国的实际情况。该条例并不仅仅是片面地保护因进口产品数量增加而受到严重损害的国内产业，而是更加强调国内产业能在保障措施所提供的保护期限内通过进行积极的结构调整来增强国际竞争力。

剪贴板

《保障措施协定》规定：“一成员应仅在防止或补救严重损害并便利调整所必需的限度内实施保障措施。”

3.《保障措施条例》的局限性

（1）保障措施实施要件方面。中国按照 WTO 协定要求公布的《保障措施条例》与 WTO 的《保障措施协定》相比较而言，在立法层面上，《保障措施条例》是符合《保障措施协定》要求的，但仅仅在立法层面与《保障措施协定》保持一致是不够的。《保障措施条例》在保障措施实施要件的规定上与《保障措施协定》基本一致，所欠缺的是对“严重损害”和“严重损害威胁”给予法律上的专门定义。此外中国在运用保障措施时除了注意各要件的法律含义之外，对于每一要件的推理证明过程应具体详细。因此，中国应及时跟踪和系统研究 WTO 的相关案例，为在实践中运用保障措施法律制度获取必要的信息。只有结合WTO的有关案例对保障措施的实施要件做深入研究，才能使中国对于这项法律制度得以充分认识、正确运用，从而达到在国际贸易中维护自身权益的目的。

（2）保障措施的非歧视性问题。2002年5月24日，我国启动对部分钢铁产品的保障措施调查程序，首次实施临时保障措施，并于2002年11月19日做出对部分钢铁产品实施保障措施的终裁决定。我国积极完善和使用保障措施法律的做法已经收到很好的效果，得到国内外专业人士的好评。但由于缺乏经验，也暴露出一些对非歧视原则理解和运用的问题。

《保障措施条例》第22条确认了非歧视原则，明确“保障措施应当针对正在进口的产品实施，不区分产品来源国（地区）”，与《保障措施协定》的规定是一致的。但值得注意的是在附则中又通过第31条规定“任何国家（地区）对中华人民共和国的出口产品采取歧视性保障措施的，中华人民共和国可以根据实际情况对该国家（地区）采取相应的措施”。第31条的表述很容易被理解为是对第22条的例外规定。在整部《保障措施条例》与《保障措施协定》高度一致的情况下，出现这种特殊的规定，应该不是立法的疏忽。可以想象这是立法者考虑中国“入世”后外国可能对我国采取特殊保障措施，特意埋下的伏笔。或者也可能是承袭我国1994年《对外贸易法》第7条的规定，“任何国家或者地区在贸易方面对中华人民共和国采取歧视性的禁止、限制或者其他类似措施的，中华人民共和国可以根据实际情况对该国家或者该地区采取相应的措施”。无论出于怎样的考虑，《保障措施条例》第31条的规定非常值得商榷，根据《保障措施协定》的有关规定和WTO的法理来考察很难经得起推敲。

二、我国对国外实施保障措施的实践

2002年4月19日，中国钢铁工业协会以及宝钢、鞍钢、武钢、首钢、邯钢向外经贸部正式递交了《关于对钢铁产品进行保障措施调查的申请》，对进口钢铁产品对国内钢铁产业造成严重损害的事实进行了详细的分析和说明，并附具相关证据。

外经贸部（现为商务部）经审查认定申请人的申请符合程序，递交的材料符合要求，同年5月20日发布公告，决定立案调查。被调查的产品包括普通中厚板、普通薄板、硅电钢、不锈钢板、其他普通钢带、普通盘条、普通条杆、普通型材、无缝管、焊管和钢坯等11大类25小类84个税则号的进口产品。初步裁定，有9大类17个小类48个税则号的产品使国内产业处于紧急情况。

鉴于此，外经贸部（现为商务部）于5月21日发布第30号公告，对上述产品实施临时保障措施，5月24日开始实施。实施形式以配额形式，配额内仍按原关税，配额外加征7%～26%的特别关税。配额采取“全球配额，先来先办”的方式，表明非歧视。这个保障措施的实施自5月24日到11月19日，共计180天。

该案是我国第一起进口保障措施案件，也是中国“入世”后应对国际钢铁大战而采取的重要举措之一。第一起钢铁产品保障措施案的开启，是中国加入世贸组织利用WTO规则有效保护国内产业迈出的第一步，从而开创了中国合理运用这一法律手段保护国内产业合法权益的先河。

三、我国实施保障措施需要注意的问题

（一）实施保障措施确实必要

我国经济正处于上升时期，增长比较快，不能对所有的产业都进行保护，不存在类似美国对落后的钢铁工业实施保护的问题。因此，在实施保障措施时，重点考虑的还应当是对幼稚工业的保护。

在实施保障措施的过程中，把握好产业保护的“度”是一个非常重要的问题。既不能忽视保障措施的运用，也不能把保障措施作为国内产业的庇护伞而频繁使用以致形成过度保护。因此，应充分认识实施保障措施的两面性，慎重采取保障措施。

保障措施有其积极作用，但同时也要付出相应代价（即贸易补偿或其他成员可能的报复）。另外，对产业的过度保护并非真正有利于该产业竞争力的提高，很有可能使受保护的产业长期处于“幼稚”阶段，无力参与公平市场竞争。因此，评估贸易利益的得失是实施过程中最为重要的一步。长远而言，保障措施是为国内产业结构调整和升级赢得时间与外部环境。利用保障措施期间加速进行国内产业结构调整和升级才是重要和根本的。

（二）充分利用 WTO 保障措施的原则

遵循 WTO 的规则是我国应尽的义务，但 WTO 的规则也并不是完善的，而且事态都是发展和变化的，贸易保护的演化有时会超出规则，甚至使国际规则一时间成为空白，容易为某些国家“钻空子”，如美国启动的 201 钢铁案，从一开始就知道在争端解决中会打输官司，但这可利用 WTO 争端解决规则的时间限制尽量拖延，以达到其利用这段时间保护、调整钢铁工业的目的。所以，我们利用 WTO 保障措施的原则，一方面同这样的国家据理力争，另一方面也可以考虑采取类似的办法与之抗衡。

超链接

http：//business. sohu. com/35/25/article211022535. shtml 美国 201 钢铁案报道

（三）实施保障措施还需要积累经验

加入 WTO，意味着原来较为随意地单方面采取保障措施的方式已不再可行，管理对外贸易将真正纳入法制轨道。然而，我国有关部门缺乏运用《保障措施协定》的经验，甚至缺乏对《保障措施协定》的准确把握。这将会造成其他成员方自如地对我国的出口实施保障措施，而我国却束手无策。

我国的保障措施运作机制也不健全。我国依据《中华人民共和国反倾销条例》《中华人民共和国反补贴条例》等有关法规，已开始过几次立案调查，对合理保护国内相关产业取得了一定成效和经验，但是一方面保护力度还不够，另一方面运作机制上也有不完善之处。比如我国的反倾销调查单位涉及四个部门，即外经贸部（现已改革为商务部）、国家经贸委（现已改革为商务部）、国务院税则委员会和海关总署，各部门在协调意见及审批文件等事务方面耗费了大量的时间和人力。据悉，澳大利亚只有一个政府部门负责反倾销调查工作，一个案子从立案到终结只有 155 天（加拿大 266 天、美国 280 天、欧盟 365 天），而我国的一例新闻纸案却用了足足一年半的时间。如此反倾销运作机制导致工作效率极其低下，如果也将其运用于保障措施方面，就不仅会给外方留下某些口实，更严重的

是必然降低我国运用保障措施等武器合法保护国内产业的效力。此外，缺乏谙熟世贸组织规则的人才，也将成为妨碍我国全面理解、准确把握、灵活运用世贸组织协定和条款的重要因素。

尽管我国已有这方面的立法可以实际操作，但还需要提高操作技巧，做到有理、有力、有节，避免引起其他成员国的强烈报复。

【讨论区】

背景 2010 年 6 月 30 日，欧委会对中国数据卡（又称无线宽域网络调制解调器）发起反倾销和保障措施调查。9 月 16 日，欧委会又对该产品发起反补贴调查。该案是欧盟首次对中国出口的同一产品同时进行反倾销、反补贴和保障措施三种调查，涉及中国企业出口额约 41 亿美元。这是迄今中国遭遇涉案金额最大的贸易救济调查。

问题 欧委会对中国同一产品同时实行三种调查说明了什么？

分析 这一方面表明，在 2008 年经济危机后的一个相对稳定但同时又充满各种确定因素的时期，针对同一个案件，同时或相继运用多种贸易救济措施来制造贸易摩擦正受到许多国家的青睐；另一方面，这一事件的发生也预示着保障措施正在成为各个国家制造贸易摩擦并保护因进口增长而引起损害的国内产业的新的焦点。

【本章小结】

一般所说的保障措施就是指《1994 年关税与贸易总协定》第 19 条和乌拉圭回合所达成的《保障措施协定》中的措施，起初被称为紧急保护措施或称例外条款或免责条款。“保障措施”作为一个正式的法律规则术语，首次出现在乌拉圭回合达成的《保障措施协定》中。1947 年 GATT 对贸易保障方面的问题做出了一些规定。在乌拉圭回合谈判中，各缔约方对《1947 年关税与贸易总协定》第 19 条进行了修改，并于 1994 年签署了《保障措施协定》，形成了目前以《1994 年关税与贸易总协定》第 19 条和《保障措施协定》为主体的 WTO 保障措施制度。《保障措施协定》由 14 个条款和 1 个附件组成。主要内容包括：实施保障措施的条件、保障措施调查、严重损害或损害威胁的确定、保障措施的实施、临时保障措施、保障措施的期限和审议、补偿谈判与报复、对发展中成员的特殊待遇、禁止“灰色区域”措施、通知和磋商、多边监督及争端解决等。从实践来看，保障措施的形式大体包括修改减让、提高关税、实行数量限制，或提高关税和数量限制并用（如关税配额）等。与反倾销、反补贴措施相比，WTO 成员实施保障措施的绝对数量及相对水平都不很高。但近年来，保障措施的发起数量有不断上升的趋势，且越用越频繁，这不得不引起我们的关注。根据《中国入世议定书》的承诺，在加入 WTO 后，中国将实施保障法规，以使保障措施得以规范化。从立法层次上来看，我国已初步形成了基本法、行政法规、部门规章这样一个比较完整的关于保障措施的法律体系。

【复习思考】

1. 简述我国在实施保障措施中应注意的问题。
2. 简述保障措施的实施方式。
3. 简述保障措施的实施原则。
4. 保障措施与反倾销、反补贴的本质区别有哪些？

新编 21 世纪远程教育精品教材

公共基础课系列

书名	作者
大学语文（第二版）	黄鹤
应用写作（第五版）（“十一五”国家级规划教材）	孙秀秋
计算机应用基础	李刚
马克思主义哲学原理（第二版）	霍福广
“毛泽东思想和中国特色社会主义理论体系概论”教学专题研究	王向明
全国高校网络教育大学英语词汇必备手册	王建华
全国高校网络教育大学英语学习与考试辅导	王建华
高等数学“学习包”（第二版）	张家琦　曹承宾
北京地区成人本科学士学位英语统一考试历年试题解析	常红梅
北京地区成人本科学士学位英语统一考试辅导（第三版）	常红梅
大学英语学习与考试辅导	常红梅
数据库基础教程	苏俊
毛泽东思想概论	江长仁

经济与管理系列

书名	作者
西方经济学	缪代文
西方经济学（微观经济学部分）（第二版）	刘凤良
西方经济学（宏观经济学部分）（第二版）	刘凤良
消费心理与行为学	赵冰
管理学原理	孙喜
经济法概论（第三版）	宋立成
互联网金融的法律与政策	邢会强
国际金融（第二版）	刘震
税务管理	王秀芝
邮政储汇实务	周艳海
中国税制（第三版）	杨虹
投资银行学教程（第二版）	胡海峰　等
金融学概论（第三版）	宋玮
国际贸易实务（第二版）	王晓明
财政管理	王秀芝
保险学	戴稳胜
证券投资学（第三版）	赵锡军　李向科
统计学教程（第三版）	金勇进
财政学（第二版）	安秀梅

续前表

书名	作者
中国政治制度史	侯力
经济学原理	韦曙林
商务英语	王学文
国际贸易理论与政策（第二版）	王亚星
国际投资	胡曙光
人力资源开发与管理（第五版）	姚裕群
项目管理（第三版）（“十一五”国家级规划教材）	李涛
物流管理（第四版）（“十一五”国家级规划教材）	刘刚
组织行为学（第二版）	徐建平
公共政策原理	谢明
公共政策案例分析	谢明
公共管理伦理学	李传军
公共政策导论（第二版）	谢明
公共经济学导论	代鹏
公共关系学（第二版）	李兴国
领导力	祁凡骅
企业战略管理	邹昭晞
管理学原理	安维
公务员管理	王甫银
秘书工作实务（第二版）	张大成
人员选拔与聘用管理	苏进　刘建华
绩效管理（第二版）	徐斌
质量管理学（第二版）	李晓光
营销渠道决策与管理	吕一林
高级会计学（第三版）	张志凤　谢瑞峰
公司财务管理（第三版）	肖万
财务管理学（第四版）	孙茂竹　范歆
基础会计学（第三版）	徐泓
管理会计（第二版）	孙茂竹
审计学（第三版）	杨闻萍
财务会计学（第三版）	郭建华
成本会计	曹伟
纳税筹划教程	张中秀
会计制度设计（第二版）	阎至刚
计算机会计理论与实务（第二版）	蔡立新
税务筹划教程	张中秀
国际税收（第二版）	杨志清

法学系列

书名	作者
刑事诉讼法（第三版）	王新清　李蓉
民事诉讼法（第二版）	汤维建　等
行政法与行政诉讼法（第四版）	胡锦光　罗杰
宪法学（第三版）	胡锦光　任端平
劳动法和社会保障法（第三版）	黎建飞
保险法（第三版）	贾林青
刑法学（第二版）	黄京平
中国法制史（第二版）	赵晓耕
企业和公司法学（第二版）	王欣新
税法（第三版）	朱大旗
海商法（第三版）	贾林青
刑法学	徐松林
继承法（第二版）	孙若军
破产法学（第二版）	王欣新
经济法（第三版）	吴宏伟
国际法（第二版）	白桂梅　朱利江
法理学（第二版）	张曙光
法律文书写作（第二版）	陈卫东　刘计划
民法学（第三版）	龙翼飞

汉语言文学系列

书名	作者
中国古代文学史（一）（先秦至魏晋南北朝）（第二版）	叶君远
中国古代文学史（二）（隋唐五代宋辽金）（第二版）	冷成金
中国古代文学史（三）（元明清及近代）（第二版）	张国风
古代汉语（第二版）	殷国光
现代汉语（第二版）	吴永焕
外国文学作品导读（第二版）	刘洪涛
中国民间文学概论（第二版）	黄涛
美学概论（第二版）	牛宏宝
文学概论（第二版）	许鹏
中国古代文学作品选读（一）	诸葛忆兵
中国古代文学作品选读（二）	王燕
中国文学理论史简编	成复旺
中国现当代文学作品导读	姚丹
影视文学教程	邹红
电视剧批评与欣赏	刘晔原

续前表

书名	作者
中国现当代文学（第二版）	刘勇
语言学概论（第二版）	岑运强
西方文论概要	杨慧林
新时期文学思潮（第二版）	张永清
文艺心理学	金元浦

新闻与传播系列

书名	作者
新闻理论教程	陈力丹　张建中
中国新闻传播史	赵云泽　孙萍
外国新闻传播史	陈力丹　钱婕
新媒体实务	黄河
广告学概论	王菲
新闻采访与写作	张征

图书在版编目（CIP）数据

国际贸易理论与政策/王亚星主编. —2 版. —北京：中国人民大学出版社，2018.7
新编 21 世纪远程教育精品教材 . 经济与管理系列
ISBN 978-7-300-24735-9

Ⅰ. ①国… Ⅱ. ①王… Ⅲ. ①国际贸易理论-教材 ②国际贸易政策-教材 Ⅳ. ①F74

中国版本图书馆 CIP 数据核字（2017）第 194488 号

新编 21 世纪远程教育精品教材 · 经济与管理系列
国际贸易理论与政策（第二版）
主编 王亚星
Guoji Maoyi Lilun yu Zhengce

出版发行	中国人民大学出版社		
社 址	北京中关村大街 31 号	邮政编码	100080
电 话	010－62511242（总编室）		010－62511770（质管部）
	010－82501766（邮购部）		010－62514148（门市部）
	010－62515195（发行公司）		010－62515275（盗版举报）
网 址	http://www.crup.com.cn		
	http://www.ttrnet.com（人大教研网）		
经 销	新华书店		
印 刷	北京溢漾印刷有限公司	版 次	2005 年 6 月第 1 版
规 格	185 mm×260 mm 16 开本		2018 年 7 月第 2 版
印 张	14.5	印 次	2018 年 7 月第 1 次印刷
字 数	340 000	定 价	32.00 元